红色文化蕴青州

樊光湘　樊步青　刘　畅 ◎ 主编

线装書局

图书在版编目（CIP）数据

红色文化蕴青州／樊光湘,樊步青,刘畅主编 . --

北京:线装书局,2021.11

ISBN 978－7－5120－4784－6

Ⅰ.①红… Ⅱ.①樊… ②樊… ③刘… Ⅲ.①革命史

—史料—青州市 Ⅳ.①K295.24

中国版本图书馆 CIP 数据核字（2021）第 221474 号

红色文化蕴青州
HONGSE WENHUA YUN QINGZHOU

主　　编:樊光湘　樊步青　刘　畅

责任编辑:姚　欣

出版发行:**线 装 书 局**

　　　　　地　　址:北京市丰台区方庄日月天地大厦 B 座 17 层(100078)

　　　　　电　　话:010-58077126(发行部)　010-58076938(总编室)

　　　　　网　　址:www.zgxzsj.com

经　　销:新华书店

印　　制:三河市华东印刷有限公司

开　　本:710mm×1000mm　　1/16

印　　张:15.5

字　　数:246 千字

版　　次:2022 年 5 月第 1 版第 1 次印刷

定　　价:68.00 元

线装书局官方微信

编　委　会

主　任：樊光湘

副主任：孙子磊

委　员：樊步青　刘　畅　马荣喜　胡晓华

　　　　纪　哲　冀秀娟

主　审：樊光湘

副主审：孙子磊

主　编：樊光湘　樊步青　刘　畅

副主编：孙子磊

编　辑：马荣喜　胡晓华　纪　哲　冀秀娟

前　言

　　《红色文化蕴青州》由樊光湘、樊步青、刘畅共同编纂。

　　《红色文化蕴青州》是在收集整理全市红色资源的基础上编纂而成的。这是青州市政治生活中的一件大事，也是青州市加强党员干部和大中小学生红色文化宣传教育的又一重要成果，可喜可贺！

　　为深入学习党的十九大和十九届历次全会精神，贯彻落实习近平总书记"要把红色资源利用好，把红色传统发扬好，把红色基因传承好"的重要指示精神，根据中共中央今年在全党开展中共党史学习教育的决定和中国关工委、省关工委关于开展"传承红色基因，争做时代新人"主题教育的部署要求，我们始终坚持立德树人根本任务，传承红色基因，培育时代新人，将红色育人贯穿德育育人全过程，充分挖掘利用红色文化中蕴含的丰富思想政治教育资源，深入推动红色教育资源进教材、进学校、进课堂，以帮助广大党员干部和青少年学生准确把握、自觉传承红色基因为己任，共同编纂《红色文化蕴青州》。

　　青州市隶属于山东省潍坊市，因地处东海和泰山之间，位于中国东方，东方属木，木色为青，故名青州。青州市地处山东半岛中部，为古九州之一。青州是革命老区，是一片被烈士鲜血染红的土地，有着悠久的历史文化、优良的生态环境和鲜明的红色历史基因，红色文化资源十分丰富。早在中国共产党建立之初，许多优秀的青州儿女就怀着救国救民的远大抱负，或在家乡宣传马克思列宁主义，或远渡重洋探寻革命真理，或投笔从戎、为革命冲锋陷阵，为人民的解放事业前仆后继、英勇奋斗。大革命时期，青州是党组织建立较早、活动影响较大的地区之一。中国共产党诞生前后，共产党员王翔千，一大代表邓恩铭、王尽美就在青州省立十中、四师等学校宣传马克思主义，发动和指导学生、工人运动，帮助建立党、团组织。1923 年，成立了社会主义青年团青州小组，1925 年 1 月，中共青州支部建立。因此，青州便成为山东省建党较早的县市之一。青州能够较早地产生党的组织不是偶然的，这是青州近代社会发展的必然结果。从此，青州人民的革命斗争在党的领导下揭开了崭新的一页。1926 年 10 月，中共益都地方执行委员会建立后，领导青州人民不断掀起革命高潮，沉重地打击了反动统治阶级，扩大了党的影响，党组织得到迅速发展。1927 年，中共青州地方执行委员会和共青团青州地方执行委员会建立，青州成为益都、临朐、广饶、昌乐、潍县等地的革命活动中心。大革命失败后，白色恐怖笼罩全国，党的斗争屡遭挫折。从 1928 年至 1932 年，仅中共益都县委就连续四次遭到破坏，大批共产党员和革命群众惨遭杀害。但是，青州的共产党人并没有被敌人的嚣张气焰吓倒，而是接过烈士手中的战旗，掩埋了同志的尸体，揩干身上的血迹，继续同敌人展开顽强不屈的斗争。1932 年 8 月，党领导的益都暴动，虽因遭到反动派的镇压而失败，却显示了青州党组织和人民群众不屈不挠的斗争精神。抗日战争时期，青州是胶东抗日民主根据地的中心区域，抗日战争爆发后，青州人民在中共益都县委领导下，高举抗日民族统一战线的旗帜，一面积极恢复、发展党组织，一面广泛领导和发动抗日救亡运动，积极创建革命武装，于 1938 年 3 月组成"八路军鲁东抗日游击队第十支队"，与马保三、韩明柱及廖容标司令领导的"抗日游击队第八支队"、杨国夫司令领导的"八路军山东纵队第三支队"密切配合，开辟了益（都）临（朐）淄（川）博（山）四边县联合办事处和益（都）寿（光）临（淄）广（饶）四边县两大抗日根据地。根据地人民拥军优属，支援前线，反"扫荡"，反"蚕食"，与日、伪、顽进行了殊死的搏斗。青州党组织在血与火的斗争中不断发展壮大，革命武装在与人民的血肉联系中，由少到多，由弱到强，既而茁壮成长。解放战争时期，青州党组织在党中央的英明领导下，带领人民群众同国民党反动派进行了顽强的斗争；实行土地改革，消灭封建势力；踊跃参军支前，保卫胜利果实。这里的人民为参军支前，表现出了极大的革命热忱。1946 年，仅境内铁路南弥河西地区就有 700 多名青年踊跃参军；铁路北地区就有 42000 名民工争上前线，护送军需物资和伤病员。1948 年 3 月，中共中央华东局和华东军区及山东省委、省政府领导机关进驻青州境内，陈毅、粟裕、张云逸、曾山、康生、傅秋涛、向明、郭子化、许世友、彭康、李林、袁也烈等党政军高级领导曾在这里运筹帷幄，指挥战争，解放潍县、济南等城，在这片土地上留下了老一辈革命家奋斗的足迹，书写了许多英勇悲壮的红色史实，产生了不少弥足珍贵的革命胜迹、战斗遗址、英雄壮举。中华人民共和国成立后，境内处于执政地位的益都、益临、益寿三县党组织，肩负起了建设新政权、恢复和发展国民经济的新的历史使命。1951年至1956年，青州三县及三县合并后的益都县党组织认真贯彻执行党中央的路线、方针、政策，领导青州人民开展了抗美援朝、"结束土改"、镇压反革命和"三反""五反"运动，基本完成了对农业、手工业和资本主义工商业的社会主义改造，巩固了新生的人民民主政权，为开始全面建设社会主义做了充分的准备。1957年，我国开始进入全面建设社会主义时期。在党的社会主义建设总路线的指引下，益都县广大党员、干部和人民群众发挥了高度的社会主义积极性和创造精神，各项事业都取得了很大成就，为国民经济的进一步发展奠定了物质基础和技术基础。党的十一届三中全会以后，勤劳、勇敢、智慧的青州人民更是勇立潮头，积极探索改革发展之路。特别是1986年3月，国务院批准撤销益都县，设立青州市以来，发展更是日新月异、突飞猛进。这些极其宝贵的红色遗产和精神财富，是开展爱国主义、革命英雄主义、集体主义和革命传统教育的典范。全面系统地收集、整理红色教育资源，充分利用和发挥其教育引导的社会效应，以培养担当民族复兴大任的合格共产党员和时代新人为着眼点，以践行社会主义核心价值观为根本，在全市党员干部特别是在广大青少年中，进一步加深党史国史和爱国主义教育，对坚定广大党员干部尤其是青少年的理想信念，培育广大党员干部尤其是青少年爱党、爱国、爱社会主义的家国情怀，积极当好红色基因的传承者和实践者具有积极的意义。

《红色文化蕴青州》共设两部分：第一部分是红色文化宣讲稿选编；第二部分是青州市党性教育基地解说词选编，是开展党史国史教育、爱国主义教育及革命传统教育的本土读本。

在全市党员干部中开展中共党史学习教育和在青少年中开展"传承红色基因，争做时代新人"主题教育，就是要让广大党员干部尤其是青少年从中华民族站起来、富起来到强起来的历史进程中见证时代奋斗精神，从而使一代代广大党员干部尤其是青少年知党恩、听党话、跟党走，立志做一个有理想、有本领、有担当的合格建设者和时代新人。在全党开展中共党史学习教育和在青少年中开展"传承红色基因，争做时代新人"主题教育，核心是爱国主义教育，这是中华民族精神的精髓。在新时代进行伟大斗争，建设伟大工程，推进伟大事业，实现伟大梦想，需要一代代人前赴后继，必须大力弘扬爱国主义精神。进行爱国主义教育就是要把爱党、爱国、爱社会主义有机地统一起来，不断增强对中国特色社会主义的道路自信、理论自信、制度自信和文化自信，培养有共产主义远大理想和中国特色社会主义共同理想的有志之材。在全市党员干部中开展中共党史学习教育和在青少年中开展"传承红色基因，争做时代新人"主题教育，就是要让广大党员干部和青少年做到学史明理、学史增信、学史崇德、学史力行，学党史、悟思想、办实事、开新局，以昂扬姿态奋力开启全面建设社会主义现代化国家新征程，以优异成绩迎接建党一百周年；就是要引导广大党员干部尤其是青少年传承坚定的理想信念，树立正确的历史观、民族观、国家观、文化观，将自己的成长发展与祖国和民族的命运紧密联系在一起，把红色传统、红色记忆、红色基因牢牢植入他们的心灵，培养他们爱党、爱国、爱社会主义的思想情感，把建设中国特色的社会主义事业一代又一代地传下去，为夺取全面建设社会主义现代化国家新胜利、实现中华民族伟大复兴的中国梦贡献智慧和力量。

我们期望，此书的出版发行，能产生一定的社会效应，起到一定的教育作用。

如是，甚慰。

樊光湘

2021 年 3 月

目 录
CONTENTS

第一编 **01**

红色文化宣讲稿选编

　　红色文化是在革命战争年代，由中国共产党人、先进分子和人民群众共同创造并极具中国特色的先进文化，蕴含着丰富的革命精神和厚重的历史文化内涵。红色基因则是中国共产党革命精神和厚重的历史文化内涵禀赋的集中体现，包含着党的理想信仰、顽强意志、进取精神、纪律宗旨和忘我情怀，是中国共产党战胜一切敌人的内生动力。正因为有这样的红色基因，中国共产党才能始终勇立潮头、继往开来，不断创造新的历史辉煌。红色资源在红色基因的传承过程中具有无可替代的重要地位，它使得红色基因更加生动鲜活、立体清晰。广大党员干部、群众尤其是青少年置身于红色资源中，就是沉浸在红色基因的濡染中。

　　改革开放 40 多年来，人们的物质生活得到极大的改善，在拥有丰裕物质生活的同时，一些人的心灵深处却出现了"荒漠"。很长一段时期过后，许多人看腻了"风花雪月、无病呻吟"的言情剧，厌烦了"虚无缥缈"的武侠剧和"兄弟反目、父子相残"、充满血腥味的宫廷戏，转而开始羡慕那些有理想、有信仰和富有献身精神的人，渴望从那些物质贫乏但精神富足的革命者身上发现生命的意义和快乐的真谛，"红色文化热"的兴起恰好满足了人们心灵的需求。这一时期，红色小说的再版，红色电影的播放，红色之旅的推出，红色歌谣的传唱，收到了意想不到的效果，唤醒了人们储藏在心底的美好记忆，使人们获得精神的满足和超越，"红色文化热"的兴起迎合了大众对红色文化的情感期盼和灵魂托付。

　　红色文化是一种重要资源，包括物质文化和非物质文化。青州是著名的革命老区，红色资源丰富、底蕴深厚、特色鲜明。青州市高度重视青州红色文化传承教育工作，为进一步发挥境内党史教育基地在传承好红色基因和弘扬红色文化方面的作用，助力红色文化品牌建设，积极整合现有的红色资源，不断创新宣讲形式，结合新时代传播特点，创造红色讲台、开创 24 小时在线直播等，取得了良好传播效果。

　　作为红色作家，中国红色旅游网（中红网）专栏作者，中国当代作家联合会会员，中国当代作家联合会签约作家，潍坊市"五老"志愿者关爱宣讲团成员、党史国史宣讲队副队长，青州市"五老"志愿者关爱宣讲团副团长，樊光湘因为肚子里装满了通俗易懂的"红色故事"，成为青州红色文化宣讲界的佼佼者。从 2003 年起，他就志愿红色文化宣传教育进机关、进乡村、进社区、进学校、进企业、进单位、进军营进行宣讲，把党的理论、国家政策、国际形势转化为群众语言，接地气地讲给党员干部、广大群众、学生和家长听，使广大党员干部尤其是青少年学生接受革命历史、光荣传统和国情、市情、乡情教育，从而培养广大党员干部尤其是青少年学生的红色气质、家国情怀，培养红色基因代代相传的社会事业合格建设者和可靠接班人，走好新时代的长征路。他的讲课目前累计已达 10000 多课时，听众达 16 多万人次，受到党员干部、广大群众、学生和家长的热烈欢迎。这里，我们选载他的部分红色文化讲稿，以飨读者。

今年是中国共产党建党 100 周年，从诞生到现在，我们的党走过了 100 年艰辛与辉煌的历程。党的百年历史，蕴含着丰富的经验和智慧，是一笔宝贵的精神财富。在中国共产党成立 100 周年之际，习近平总书记在党史学习教育动员大会上的重要讲话，提出了"三个必然要求"，深刻阐述了开展党史学习教育的重大意义；深刻阐明了党史学习教育的重点和工作要求，对党史学习教育进行了全面动员和部署，为我们开展好党史学习教育指明了方向、提供了根本遵循。党史学习教育不仅是党员干部提高政治素质的重要方法，也是培养青少年树立正确的世界观、人生观、价值观的重要途径。教育引导全市党员干部尤其是青少年理解"为何学"、把握"学什么"、懂得"怎样学"是我们的重要任务，更是我们亟须研究的重要课题。下一步，我们按照在全市党员干部中开展中共党史学习教育的通知要求，引导全市各级关工委和广大"五老"深入学习宣传贯彻习近平总书记在党史学习教育动员大会上的讲话精神，以习近平同志《论中国共产党历史》一书为主要教材，迅速掀起学习宣传贯彻落实的热潮，学有所思，学有所悟，学有所得；按照习近平总书记的要求，学史明理、学史增信、学史崇德、学史力行；按照习近平总书记的讲话精神，大力发扬"为民服务、无私奉献"的孺子牛精神，"创新发展、攻坚克难"的拓荒牛精神，"艰苦奋斗、吃苦耐劳"的老黄牛精神，以不怕苦、能吃苦的牛劲牛力，不用扬鞭自奋蹄，为培养社会主义建设者和接班人做出新的更大贡献！胸怀千秋伟业，恰是百年风华，我们办实事、开新局，以优异成绩迎接建党 100 周年。

第一讲　中共青州地方史讲稿

——青州党组织的光辉历程及其深刻的历史启示

樊光湘

各位领导、同志们，上午好！

中国共产党从 1921 年成立以来，为了求得民族独立和人民解放，实现国家的繁荣富强和人民的共同富裕，已经走过了 100 年艰辛而辉煌的历程。从"伟大的开端"到"民族的新生"，从"春天的故事"到"新时代的华章"，党史连着光荣的过去，通向辉煌的未来。一切向前走，不能忘记走过的路；走得再远，不能忘记为什么出发。

中国共产党是伟大的光荣的正确的党。从党的成立到中华人民共和国的诞生，是党领导的新民主主义革命阶段。从中华人民共和国成立到党的十一届三中全会召开，是党领导的从新民主主义转变为社会主义和社会主义革命及建设的阶段。从党的十一届三中全会到党的十八大召开，是党领导的改革开放和社会主义现代化建设的新时期。党的十八大以来，是党领导的中国特色社会主义新时代。在这四个历史时期，中国共产党完成和推进了四件大事（开天辟地：中国共产党在新民主主义革命时期完成救国大业；改天换地：中国共产党在社会主义革命和建设时期完成兴国大业；翻天覆地：中国共产党在改革开放和社会主义现代化建设新时期推进富国大业；惊天动地：中国共产党在中国特色社会主义新时代推进并将在 21 世纪中叶实现强国大业），铸就了中国共产党百年辉煌。

对于中共党史，在座的同志听得多，看得多，都比较熟悉。但是对于青州地方党史，生于斯，长于斯，工作于斯的在座诸位，可能很陌生。所以，今天借讲座向在座的同志们讲讲青州地方党史。总的来看，我讲两个问题。

一、青州地方党史的特征

青州地方党史是中共党史的一个窗口，但它又有自己独有的特征。

（一）青州地方党史的历史比较长

这可以从以下三个层面来看：

第一个层面，从青州产生的第一批党员来看，青州的地方党史，比中国共产党的成立晚四年。那么，青州的第一批中共党员到底是谁？他们是何时加入中国共产党的？这批党员就是王元昌、赵文秀、李春荣。1922 年 10 月，山东早期共产党员王翔千受党的派遣，以与其胞弟王振千对换教学为掩护来青州山东省立十中任国文教员，撒播革命火种，揭开了马克思主义在青州传播的光辉一页。同年冬，他介绍学生李耘生（李殿龙）加入了中国社会主义事业青年团，成为青州历史上第一个团员。随后，刘俊才（刘子久）、刘序工、王元昌、赵文秀等相继入团。1923 年 1 月，中国社会主义青年团青州团小组建立，负责人为李耘生。5 月，在青岛《胶澳日报》担任副主编的中共一大代表邓恩铭来青州以探亲（其叔父时任县知事）为掩护，在省立第四师范学校秘密进行革命活动。在他的组织发动下，6 月，四师掀起驱逐压制民主、专横跋扈的校长刘尚敬的学潮。7 月，团小组领导青州小车夫，开展了抗议县署强令增加车税的罢工斗争，取得胜利，初步显示了工人阶级团结起来的力量。11 月 24 日，在十中学生集会上，李耘生痛斥帝国主义干涉中国内政，侵略中国的罪恶行径。同时，赵文秀、王元昌等在城里掀起为"猪仔议员"郭广恩铸"铁猪"的活动，有力地打击了封建统治阶级的嚣张气焰。1924 年春，李耘生被调往济南地委工作后，青州团的工作由刘俊才负责。4 月，团中央决定在青州建立团支部，中共一大代表王尽美、邓恩铭先后来到青州，具体指导帮助建立了中国社会主义青年团青州支部，刘俊才任支部干事长，团员有数十人。6 月，刘俊才十中毕业后，被调往中共济南地执委工作，团青州支部书记由王元昌担任。团支部发起了反对帝国主义利用基督教进行文化侵略的受贿教育活动，并通过东关县立第一高小教员杜华梓组织发动了全县小学教员增薪罢课运动，迫使县教育当局答应了教师的合理要求。8 月，团中央局批准，建立团青州特别支部，直属团中央领导。9 月，中共一大代表王尽美第二次来到青州，在十中作旅欧考察报告，历数第一次世界大战期间,帝国主义国家统治集团加紧压迫剥削劳动人民,大发战争横财的罪行;而苏联在列宁的领导下,建立了第一个共产党领导的劳动人民当家做主的社会主义国家,给广大青年学生指明了中国革命的前景。11月,中共中央特派员尹宽来青州检查指导工作,指出学生运动与工农群众相结合的必要性,使学生运动沿着健康道路发展迈出了重要的一步。12月至翌年元旦,王尽美以孙中山特派员的身份第三次来到青州,通过与各界协商,成立了国民会议促成会,对于推进国共两党合作,建立革命的统一战线产生了积极的影响。是年冬,团员王元昌、赵文秀、李春荣转为中共党员,成为青州历史上第一批党员。1925年1月,杜华梓由团员转为党员。同月,青州历史上第一个党组织——中共青州支部诞生,书记为杜华梓。所以,从这方面来看,青州的地方党史比中国共产党成立才晚四年。

第二个层面,从党领导下的运动来看,青州的地方党史仅比中共党史晚四年左右的时间。同志们都知道,中国共产党成立于1921年7月23日,我们现在把7月1日作为建党节,那是1935年遵义会议时毛泽东同志建议的。当时就在中国共产党成立的第四个年头,即1925年12月,在中共青州支部的组织下,农民群众纷纷行动起来;有的将反动官府的收税官员打走;有的借春节之际将"打倒帝国主义""打倒封建军阀"的春联贴在门上;有的将传单撒满大地,宣传党的政策,扩大党的影响,反帝反封建、反贪官污吏的革命气氛十分浓厚。这些活动的开展,在群众中扩大了党的影响。1926年5月,在中共益都地方执行委员会和共青团益都地方执行委员会的领导下,青州城东东圣水村、城南涝洼村分别建立了农民协会,共有会员60多人,多是党、团员。农民协会成立后,领导农民进行了一系列的抗租抗税、抗抓丁拉夫和抢坡的活动与斗争。这些农民运动都是在中国共产党领导下进行的。从这个方面看,青州的地方党史和中共党史,仅差四个年头的时间。

第三个层面,是从青州成立县级中共党组织(益都县地执委)来看的。1926年10月,宋伯行根据中共山东区执委指示,到益都县城东东圣水村,代表区执委领导益都、寿光、临淄、广饶、临朐、昌乐六县的党、团组织,经过努力工作,整顿健全了青州、寿光、临淄、广饶等地党、团组织,并利用各种关系,通过多种渠道,选派党、团员到临朐、昌乐等地开展工作,发展党、团员,建立党、团组织。同时,其建立起益都城关、涝洼、东圣水三个村党支部；随之，在此基础上，建立了中共益都地方执行委员会，隶属中共山东区执行委员会，驻地涝洼村。宋伯行任书记，杜华梓任组织部部长，商勤学任宣传部部长。青州历史上第一个党的县级组织由此诞生，宋伯行就是青州历史上第一任党的县级组织负责人。中共益都地方执行委员会下辖益都城关、涝洼、东圣水三个村党支部：益都城关村党支部，商勤学兼任支部书记；涝洼村党支部，杜华梓兼任支部书记；东圣水村党支部，魏复中任支部书记。从这方面来看，青州的地方党史也有 90 多年了。

所以，无论从哪个方面看，青州的地方党史都是源远流长的。

（二）青州地方党史的亮点多

第一个亮点：青州有中国共产党历史上最早的一批党员，这就是我上面所讲的王元昌、赵文秀、李春荣，于 1924 年冬入党，他们都是知识分子。

第二个亮点：青州有中共历史上最早的工人党员。这位党员就叫李秀堂，他是东益火柴公司工人，1925 年春天加入中国共产党。我上面所讲的四位党员，他们都是知识分子。当时，共产国际向中国共产党提出建议，中国共产党作为工人阶级的组织，应在发展知识分子入党的同时，重视在工人中发展党员，中国共产党接受了这一建议，从此开始在工人中发展党员。李秀堂就是中共党史上最早的工人党员之一。

第三个亮点：青州党组织的建立有一个显著的特点，就是经历了一个先建团、后建党，由学生到工农，从城市到农村的过程。

第四个亮点：青州党组织领导下的革命运动。

1923 年 6 月至 1927 年 7 月，在中国大地上爆发了轰轰烈烈的反帝国主义反封建军阀的革命运动。这是中国共产党成立以后领导的第一次大革命。这次革命运动席卷全国，规模之宏大，发动群众之广泛，影响之深远，是中国近代革命历史上前所未有的。青州地区在全国革命形势的推动下，工人运动、农民运动、学生运动都有了很大的发展，给了帝国主义、封建势力以沉重的打击。

1. 工人运动兴起，反帝爱国运动向前发展

1923 年 6 月，中国共产党第三次全国代表大会召开。在这次会议的指引下，青州党组织领导工人运动的主要工作，是深入工人队伍中，宣传和动员工人群众，成立自己的工会，并领导工人群众开展经济斗争。在青州党组织

的领导下，帮助青州地区的工人运动纷纷兴起。

1923年7月，青州工人群众为打击日本商人，唤醒民众，阻止奸商贩卖小麦给日本商人，在青州党组织的领导下，青州学联发布《警告父老输麦出境书》。随后，青州工人群众组织暑假留校职员和工人轮流赴北关、东关调查小麦出境事宜，并派代表王元昌等5人赴金岭镇进行调查。同年8月，益都县署强令增加小车夫车税，许多小车夫怨声载道。青州团组织便趁机发动小车夫举行罢工，在北门外滚水桥集会，抗议县署的无理命令，迫使县署取消了车税，小车夫工人的罢工斗争取得了胜利，从而初步显示了工人的战斗力量。是年冬，觉悟了的青州小车夫认识到了团结起来的力量，于是在中国社会主义青年团青州小组的领导下，成立了自己的工会组织"小车夫工会"，开展了一系列进步活动，如小车夫和杂役全体罢工，不拉日本人，不给日本人送水，不为日本人磨面，不充当日本人仆役，等等。

1923年11月，中共中央召开三届一中全会，会议要求山东大力开展以胶济铁路沿线为重点的工人运动。1924年8月，王尽美以各界联合会和国货维持会的名义，发起成立山东反帝大同盟，并为它起草了4条反帝纲领：①凡为帝国主义国家，皆在我们反对之列；②凡是帝国主义的侵略一律要反对；③对于帝国主义走狗，也要猛烈地加以反对；④形成一个国际的反帝国主义联合战线。反帝大同盟成立后，山东各地展开反对帝国主义的斗争。同年8月，青州商学联合会发表废约运动宣言，号召工人、商界共同努力废除与帝国主义国家签订的一切不平等条约。宣言指出"万恶的国际帝国主义者，在中国蛮横已极，肆无忌惮"，视中国为"俎上之肉"，主张"联合世界反帝国主义者，向国际主义者猛攻"，"各界同胞一齐起来，成立联合战线，共同推翻撕裂一切不平等条约"。并且，青州商学联合会组织工人举行罢工罢市，清查日货，查出奸商20多家。他们还揭露奸商破坏清查日货，贿赂政府官员的卑劣行为。在广大工人群众支持下，斗争取得了胜利。此后，青州各地抵制日货的情绪更加高涨。

在青州党、团组织的有力指导和社会各界的大力支持下，工人罢工规模逐渐扩展，斗争逐步深入。

1924年间，青州东益火柴公司招收了大量青年徒工，资本家对这些工人进行残酷剥削和压迫。他们每天工作达14个小时，月薪仅15枚铜圆，300人同住一宿舍，又脏又臭。针对这种状况，1924年11月，团青州特支派团员去东益火柴公司指导工人运动。在组织部分工人对下一步工人运动的开展进行讨论后，提出了一系列指导性的意见：公司工人受帝国主义的残酷统治和压榨，生活格外艰苦，应最大限度地把他们组织起来，为自身的利益而斗争；工会是工人的台柱子，要尽快把各业工会都组织起来，工人才能形成巨大的力量；工人要能文能武，智勇双全，要组织工人学文化，学革命理论，提高斗争艺术；工人面对的敌人强大而狡猾，要提高警惕，防止敌人反扑；要组织教育工人，帮助改造工人团体，培养工人骨干，向青年工人宣讲革命道理，鼓励他们进行斗争。公司工人在革命道理的启发下，在工会的领导下，为了维护工人的合法权益，开始有组织地开展罢工和抗议活动，给资本家以打击，得到了工人的拥护和支持，鼓舞了工人的斗争信心。工会组织的影响迅速扩大，工人纷纷要求入会。

同时，在青州党、团组织的正确指导下，各业工会相继建立。各业工会还利用一些合法的节日和纪念日，组织开展了以改善经济状况、提高政治地位、维护自身利益为主要内容的一系列活动，提高了工人的觉悟和组织能力。随着各业工会的相继建立，工人的地位不断提高，工会的威信大增，只要工人有事，无论大小或公私，都去找工会。工会组织的迅猛发展，把青州工人运动推向了一个新的阶段。

在党、团组织和各业工会的领导下，其他一些工厂也相继发动工人开展了维护自身利益和反对工头领班的几次怠工与罢工，斗争取得了部分胜利，改善了工人的政治、经济地位，显示出工会组织和工人阶级的力量，进一步推动了反帝爱国运动的深入开展。

各业工会的逐步建立，标志着青州工人运动的开展已从分散转向集中统一，从组织上、领导上将青州工人运动一步步推向高潮。

2. 农民运动广泛，反帝反封建的斗争更加深入

中国共产党对于农民问题是十分重视的，早在建党初期，党的创始者就开始注意这个问题。1922年党的二大发表的宣言中就明确提出了反对帝国主义、反对封建主义的民主革命纲领，强调"中国三万万的农民，乃是革命运动中的最大要素"，并第一次分析了农村的阶级。在党的三大上由毛泽东等起草的《关于农民运动决议案》中，强调了农民问题的重要性。1925年1月党

的四大上明确提出"农民运动是中国革命中的重要成分，天然是工人阶级之同盟者"，指出宣传组织农民的方法，强调要建立农民协会和农民自卫军。

青州党组织对于农民问题也很重视，把发展农民运动作为重要工作来抓。因而，青州的农民运动开展得较早，反帝反封建的斗争持续不断。

1924年5月，青州团支部干事长刘俊才在团中央主办的《中国青年》杂志上发表题为《山东广饶县农民生活》的调查报告，用大量事实揭露了农民生活之艰辛，号召农民起来进行革命。

1925年"五卅"运动以后，青州党组织进一步认识到了农民问题的重要性。特别是从中央到省地执委对农民运动都有了极为明确的指示和要求。9月，中共中央举行扩大执行委员会议，听取了山东工作报告，通过了《山东报告议决案》。中央要求山东党组织继续进行党和工会的秘密组织工作，立刻开展农民工作。1926年2月，中共中央在北京召开特别会议，提出党目前的主要任务是：在积极迎接北伐革命的过程中，加紧农民工作，并以建立工农革命联合为基础，达到国民革命全国范围的胜利。会议分析当时形势认为：党在现时政治上重要的任务是从各方面准备广东政府的北伐；而北伐的政纲必须是以解决农民问题做主干。会议指出："'五卅'运动以后国民革命中工人阶级的孤立隔离，更证明农民斗争的奋起，是国民革命成功所必不可少的条件，是工人阶级最需要最靠得住的同盟军。"因此，青州党组织把工作重点放在农民运动方面，努力扩大革命势力，迎接北伐胜利，这与中国革命的大环境是一致的。在这种大好形势下，青州地区的农民运动，在中共青州支部的组织领导下，迅速深入地开展起来。

1926年3月7日，中共山东省地方执行委员会在济南召开农民运动扩大会议。青州的杜华梓出席了会议。会议学习、研究农民运动的理论和策略原则，通过了农民问题、组织问题和党的策略问题等决议。9日至10日，国民党山东省党部在长清召开农民代表会议，青州的杜华梓作为代表参加了会议，与会的30多名代表中绝大部分是中共党员和青年团员。在共产党的指导下，会议制定了农民协会章程和农民自卫军大纲等，并全体通过了加入赤色农民国际的决议，以表示全世界农民运动的联合。通过这两次会议，培养了各地农民运动负责人。会后，决定派特派员赴各地指导农民运动。共产党员杜华梓被委任为农民运动特派员返回青州，负责在当地开展农民运动：通过广泛地发动农民，不断在广大农村发展农民协会会员，建立和扩大农民协会组织；开展农村革命，发动农民开展反帝反封建、反贪官污吏和揭露地主剥削压迫的斗争；培训农民运动骨干，为促进农民运动的高涨和迎接北伐做好干部和组织方面的准备，为青州农民运动的深入开展，发挥了很大的作用。

1926 年 3 月，毛泽东在广州主办第六期农民运动讲习所，5 月开学，9 月结束。这期讲习所不仅对学员进行中国革命理论和农民运动的教育，还进行军事教育和军事训练，既为在北伐战争中发展农民运动培养干部，也为后来农民运动同革命战争的结合做准备。中共青州支部选派共青团员王元盛、冀三纲参加了这期学习班。10 月，王元盛由广州农民运动讲习所归来，被委任为益都县农民运动特派员。随着全国大革命形势的发展，中共益都地方执行委员会和共青团益都地方执行委员会同时建立，党、团组织和党、团员的影响在青州地区已经相当广泛。这时，国共合作统一战线在青州地区已经建立起来，给青州地区党、团组织开展农民运动提供了更加有利的环境。

根据中共中央建立农民协会和"利用红枪会去发展农民协会"的方针，中共益都地方执行委员会和共青团益都地方执行委员会开始加强对农民运动的领导。青州党、团组织积极发动农民建立农民协会。

1926 年 5 月，在中共益都地方执行委员会和共青团益都地方执行委员会的领导下，青州城东东圣水村、城南涝洼村分别建立了农民协会，共有会员60 多人，多是党、团员。农民协会成立后，领导农民进行了一系列的抗租抗税、抗抓丁拉夫和抢坡的活动与斗争；还利用会议、散发传单、张贴标语等形式，向农民揭露反动军阀张宗昌的腐败和当地土豪劣绅压迫、剥削农民的行为，以及宣传俄国十月革命取得成功后，农民有饭吃、有地种、不受苦、不受罪，没有人压迫人、人剥削人的美好生活。中国农民要过好日子，摆脱受压迫的地位，就要进行革命的宣传启发了他们的觉悟，增强了他们的革命信心。农民协会还相继成立了农民夜校，除帮助农民学政治、学军事、学文化外，还向农民宣讲北伐斗争形势，揭露地主的剥削和压迫，号召农民群众团结起来，同地主阶级做斗争，打倒军阀地主，反对苛捐杂税，抗粮抗税，迎接北伐胜利。这些活动与斗争，进一步提高了农民协会的威信，促进了党、团组织和农民协会的发展，有力地支持了北伐战争。

1927 年 1 月，全国农民代表大会在武汉召开。3 月，毛泽东同志的《湖南农民运动考察报告》公开发表。这篇光辉著作大大地推动了农民运动的开展。是月，中共山东区委书记吴芳到青州，在东圣水村和涝洼村协助中共益都地方执行委员会书记宋伯行开展农民运动。

1927年春节前后，北伐军分三路向安徽、浙江、江苏等省进攻。各地人民纷纷起来响应革命，北伐进展顺利。中共益都地方执行委员会和共青团益都地方执行委员会根据山东区委的指示，为配合北伐军北进，打击张宗昌的统治势力，广泛组织发动党、团员去农村，向农民介绍南方各省农民运动及俄国十月革命胜利后的农民状况，同时，组织发动党、团员，农会会员，青年学生开展反对军阀统治的斗争，推动农民运动的开展。此外，其还在农村大力推广建立农民协会，并领导农民进行一系列的抗租抗税和抢坡活动。有的农民协会还率领会员举行暴动，占领地主的宅院，缴获地主、恶霸的枪支，揪斗地主、恶霸，烧毁地主的账簿，开仓放粮。有些暴动虽因遭敌镇压而失败，但都不同程度地打击了军阀和封建势力的反动统治；年幼的农民协会组织也在运动中经受了风雨，积累了经验，扩大了影响。随着农民协会的发展，农民运动由抗租抗税发展到反对封建迷信、封建宗法势力的斗争。农民协会的影响非常大，成为左右当地局势的一支重要力量。

3. 青州青年学生运动高涨，大力声援"青沪惨案"

青州的学生运动开展得较早。早在五四运动后期，青州的爱国学生就深入农村、工厂做了很多宣传鼓动工作。山东党组织建立后，王尽美、邓恩铭、王翔千等对青州的学生运动一直很重视，自1922年起便开始在青州学生中进行马克思主义的宣传教育，并发展了第一批团员。1923年5月，为了研究社会的发展，青州省立十中、四师、甲种农校的学生在城里冯家花园成立了平民学会。平民学会经常组织学生召开座谈会、讲演会，探讨马克思的社会主义。8月，中国社会主义青年团第二次全国代表大会召开。会议指出：在山东，"除济南外，应在胶济铁路全路、淄博各矿及青岛设法扩充"团的组织。此后，社会主义青年团烟台支部、青岛支部、青州支部等团组织相继建立。青州团的活动和青年学生运动在党、团组织的统一领导下开展起来。

11月，在济南反帝反封建浪潮的影响下，24日，青州省立十中学生召开大会，李耘生以"欧洲好的地方在哪里？"为题发表讲演，揭露帝国主义国家干涉中国内政，侵略中国的阴谋活动。同年，益都籍国会议员郭广恩在曹锟贿选总统时，受贿 5000 元，被群众称为"猪仔议员"。为了揭露其受贿行为，青州省立十中团员学生赵文秀、王元昌等利用多种形式，广造舆论，联络各校，募集生铁，准备铸造"铁猪"，将郭广恩的名字铸上，使其名声扫地。1924 年 4 月，团青州支部成立后，决定全体团员均以个人名义加入平民学会，其主要工作是：①反对基督教；②利用学生会开展工作；③深入乡村进行演讲，在本校校刊撰写宣传文章。9 月，王尽美在青州省立十中大教室里，向 300 多名学生做旅欧考察报告，向学生指明须唤起民众推翻帝国主义，推翻封建军阀的道理。同月，为开展反帝国主义文化侵略基督教的斗争，在团青州特支的领导下，"青州非基督教大同盟"成立。10 月下旬，团青州特支组织十中学生停课集会，上街游行示威，愤怒声讨广州地主买办商团军发动武装叛乱，妄图推翻广东革命政府的反动行径，支持国民革命军镇压叛乱的正义之举。十中教务主任黄继文企图以举行考试的方式，阻挠学生的爱国行为，学生群集教务处，与其争理。黄继文在气恼之下，第二天暴病而死。这次学潮罢课坚持了三天，在整个社会震动很大。

1925 年 5 月，"青岛惨案"和上海"五卅惨案"爆发，因两起惨案接连发生，时称"青沪惨案"。"青沪惨案"发生后，中共中央立即号召全国被压迫阶级的群众起来反抗帝国主义野蛮残暴的大屠杀。在中国共产党的领导和推动下，全国各地反帝爱国运动达到了高潮，以各种方式声援"青沪惨案"。6 月 5 日，中共青州支部、共青团青州特支召开联席会议，研究声援青沪罢课措施。团济南地委书记李耘生与团青岛地委书记孙秀峰及时赶来指导。会议决定恢复学生联合会，并以其名义领导声援青沪运动。推选邓章符为会长，李振华为组织部部长，刘书琴为宣传部部长。学生联合会于 6、7、8 日分别召开了学生会委员会、商会会长及各界联席会议。会议决定全市学生一律罢课；印发宣言，组织宣传队，进行宣传，控诉帝国主义罪行；组织募捐队，支援青沪工人；举行集会，进一步鼓动广大人民群众的反帝爱国情绪。9 日下午，罢课开始。10 日，全城学生大会召开。十中、四师、甲农、师范讲习所等 11 所学校，2000 多名学生到会，群情激愤。各校代表沉痛悼念惨遭杀害的同胞，愤怒声讨日、英帝国主义的残暴罪行。会议做出三项决议，号召全市学生执行：凡属英、日两国纸币，拒绝使用；凡属英、日两国货物，拒绝使用；尽力募捐，救济罢工工人。会后学生们分头到街上演讲，一边揭露帝国主义杀人罪行，一边募捐。12 日，市民大会召开，进一步扩大宣传。14 日、15 日，十中、四师、甲农 3 校派出以党团员为骨干的代表分赴寿光、广饶、临淄、潍县、长山、昌乐、博山、淄川、安丘、诸城等县与当地学生联系，组织罢课，进行演讲，扩大宣传，激发师生员工对帝国主义屠杀中国人民的无比仇恨，帮助建立学生联合会和各界后援会等团体，宣布对日经济绝交，组织声讨大会，游行示威，查禁日货、英货。14 日，王元盛赴临淄县与各机关、学校联系，并在西关小学讲演，号召工人、农民团结起来，抵制日货，组织募捐，声援青沪人民的反帝斗争。15 日，他又到临淄师范讲习所、西关乙种蚕校、城内高等女校与教职工及教育局局长洽谈，成立学生会。17 日，在成立大会上，王元盛做了讲演，陈述中国将来的道路，号召各界团结起来，打倒帝国主义和封建军阀。

声援青沪运动不仅促进了青州人民反帝爱国情绪的普遍高涨，也促使青年学生运动与工人、农民运动更紧密地结合在一起，增进了工人、农民、学生的革命感情和战斗友谊，将青州的反帝反封建斗争推向了一个新的高潮。

4. 青州党组织保持革命警惕，采取有效措施，防止形势逆转

在大革命的高潮中，1926 年 7 月 9 日，国民革命军从广州正式出师北伐。随着北伐战争的胜利进军，工农运动空前地高涨起来。但此时，革命阵营内部的危机也迅速加深。1927 年 4 月 12 日，以蒋介石为首的国民党右派在上海发动了反革命政变，使第一次大革命遭受严重挫折。7 月 15 日，汪精卫做出"分共"决定，使大革命最终失败。因为青州国共合作的基础较好，党的组织和革命力量一时未受明显影响。但是，军阀政府却借此对共产党下了毒手，少数国民党右派分子和反动地主阶级也见风使舵，蠢蠢欲动。在急剧变化的新形势下，为了防止国民党右派分子叛变，避免国共两党公开分裂，中共青州党组织从以下两个方面坚持开展党、团的工作。

一是号召青州及益都两级党、团地执委和所属基层党、团组织及全体党、团员保持革命警惕，在艰难的形势下努力工作。根据全国革命形势的突然变化，中共益都地执委采取有针对性的措施，尽量避免国共两党公开分裂，保持革命形势的持续发展。1927 年春，中共益都地方执行委员会书记宋伯行派赵一萍去济南，向山东区执委汇报工作，并带回山东区执委的指示信。信中告诫党内同志，隐藏在革命队伍中以蒋介石为首的反动集团，勾结帝国主义

和封建势力，不断制造反共暴行。国共两党有分裂危险，全党同志要有充分准备。中共山东区执委的指示给益都的党组织敲响了警钟。4 月，随着革命形势的发展和党组织的壮大，根据中共山东区执委的指示，中共青州地方执行委员会建立。青州地执委下辖益都、寿光、临淄、广饶、临朐、昌乐 6 县党的组织。5 月，中共山东区执委、团山东区委与中共青州地执委在青州东圣水村举办青州地方党、团负责人短期训练班。参加短训班的有寿光的王云生、赵一萍，益都的杜华梓、王元盛，潍县的郭家瑞等 20 多人。中共山东区执委书记吴芳、团山东区委书记王伯阳、中共青州地执委书记宋伯行、青州地执委组织部部长杜华梓分别为短训班学员轮流讲课，主要内容有《共产主义ABC》；当前形势分析，如何发展党、团组织和发动工农群众，以及研究国民党叛变后我们应采取的措施等。其间还印发了石印的小册子。训练班结束后，中共青州地执委按照中共山东区执委的要求，每周在东圣水村对党、团员进行一次政治训练，使全县党、团员普遍受到了一次政治教育。

　　二是在全国斗争形势发生急剧变化的严峻时刻，青州及益都两级党、团地执委和所属基层党、团组织仍采取各种方式继续进行革命斗争。7 月，中共山东区执委委员丁君羊、团山东区委书记王伯阳在益都东圣水村召开青州地区各县党、团组织负责人联席会议。会议传达了中共五大及共青团四大精神，进一步研究分析了蒋介石背叛革命后出现的新形势及工作方针，提出了立即停止迎接北伐的准备工作。这次会议后，青州和益都两级党组织立即利用工人和农民夜校等形式，向广大工农群众传达会议精神，进行反帝反封建的教育，揭露蒋介石叛变革命，屠杀共产党人的罪行，教育大家认清形势，坚定信念，继续坚持革命斗争。要求青州及益都两级党、团地执委和所属基层党、团组织更加提高革命警惕性，头脑保持清醒，准备在形势发生突然变化时，使革命免遭重大的损失。

　　总之，第一次大革命时期的中共青州及益都两级党、团地执委和所属基层党、团组织，由于认真贯彻了党的国共合作的正确方针，不断发展壮大，工人运动、农民运动、学生运动不断深入开展；尤其是在蒋介石叛变革命的严重局面下，青州没有出现叛变行为，保持了革命斗争的持续发展。但是，由于汪精卫政府和蒋介石叛变革命三个月后就背叛了孙中山制定的国共合作政策和反帝反封建纲领，同共产党实行彻底决裂，并对共产党员和革命群众实行大逮捕、大屠杀；加上中共主要领导人陈独秀在大革命后期犯了右倾投降主义的错误，第一次大革命归于失败。

后来，由于革命形势恶化，青州及益都两级党、团地执委和所属基层党、团组织，相继遭到严重破坏，有些党组织的负责人和共产党员、革命群众遭到逮捕、杀害，益都党员由170人减少到不足30人，党的活动被迫转入地下，革命形势从此陷入低潮。在严重的白色恐怖笼罩下，青州党、团组织并没有吓倒，停下战斗的步伐。他们仍然满怀坚定的共产主义信念，不屈不挠，前赴后继，带领青州人民投入了更加艰苦卓绝的斗争。

第五个亮点：东圣水村魏嵋家是整个青州红色历史的一个起始点，是研究青州近代革命史的一个切入点，它与辛亥革命、五四运动以及山东和青州地区早期党的建设都有着千丝万缕的联系。革命初期，我们党面临的很大难题就是缺经费。魏嵋家庭富裕，从1911年，他就支持孙中山的辛亥革命，中国共产党初建，他又提供会议场地，提供食宿，因此当时中共山东区执委、中共青州地执委的领导都常驻东圣水。当时就有个说法，南陈北李中圣水，南陈是陈独秀，北李是李大钊，中圣水就是山东青州的东圣水，这里一度被称为红色"耶路撒冷"。东圣水魏嵋家，继1925年魏复中加入中国共产党后，魏家三子魏复民、四子魏复庄、六子魏复功、女儿魏复丽都先后加入中国共产党，就连魏家的孙辈，孙女魏玉生、魏玉新，孙子魏玉聪、魏玉成都成了中国社会主义青年团团员，其中，魏玉生、魏玉新还分别与宋伯行（1892—1928，名孟宣，山东潍县人，时任中共益都地方执委会书记）、王伯阳（1905—1932，原名王励刚，又名北洋、卓甫，河南新安县人，1927年春，王伯阳接替关向应任共青团山东省委书记）结为革命夫妻。在整个革命战争年代，魏家先后有8人为革命捐躯。可是，为劝降土匪而被杀害的魏复功烈士，为掩护和保全革命武器而英勇牺牲的魏玉新烈士，因叛徒出卖在济南被害的宋伯行烈士、在开封被害的王伯阳烈士，大多尸骨无存，难觅最好归宿。只有1946年被还乡团杀害的魏复功烈士被埋在北城社区一个荒废的院落里——魏复功1946年任13个村的联防大队长，有一天，他不幸被敌人逮捕，在狱中受尽了酷刑，但是，他始终保守党的机密，最后，敌人拿他没办法，就把他杀害了。

第六个亮点：青州市，播下了山东抗日最早的火种。青州市，培育了一批出生入死的抗日英雄。

当年青州市的益北地区和西南山区名噪一时。一大批抗日志士从这里走出，著名抗日英雄刘旭东、冯毅之等就出生在这里。

1. 抗日英雄刘旭东"一门九英烈"

刘旭东（1899—1941），名晓亭，字旭东。青州市高柳镇南段村人，1937年加入中国共产党。1941年1月牺牲。在长达40多年的革命生涯中，他从事过教师、医生职业，历任中共益寿临广四边县七区区委书记、中共益寿县委组织部部长等职。

（1）接受进步思想教育，宣传抗日救国道理

1899年，刘旭东出生于名门之后，一个中医家庭。刘家的老祖宗，是第五代衡定王朱翊镆的姑爷，而今他们家的"钉子门"保存尚为完好。刘旭东的父亲刘裕祥是中医，精通针灸，自己兼坐堂医生，他有文化、有手艺，是益北地区的知名人士。在古大道西侧开有"聚祥堂"药铺，裕祥生意做得很火红。

刘旭东，自幼好学，聪慧伶俐，性格活泼，遇事乐观，风姿潇洒，仪容修整，长于演说论辩，具备先天组织才能。6岁的时候他就被望子成龙的父母送进了私塾，进行启蒙教育。聪明伶俐的他，7岁就读完了《论语》《孟子》；八九岁就能把刚学习的《大学》《中庸》倒背如流；10岁的时候花了近一年时间融会贯通了《孝经》；11岁的时候，已经能很流利地把《春秋左氏传》默写出来了。他非常喜欢书里的历史故事，一遇到不懂的就去找先生求教，每次先生的答案都不能满足他的求知欲，先生只好推托说，等你长大了再细细地研究探讨《春秋左氏传》这本书，就会明白其中的道理了！因此，他以勤而好学，聪明睿智，深得塾师赏识。

后考入益都师范讲习所，在校学习期间，由于受以《新青年》杂志为号角，以陈独秀为首倡导的新文化运动影响，他生出了"中国不自救，便将亡于外人之手"的想法。面对清政府的腐败无能，国土沦陷、生灵涂炭的现实，他满腔激愤，希望有一天可以参加救国的行动，以自己微薄的力量为"光复汉业"做些有益的事情。因此，他一面努力学习文化知识，一面在同学中进行革命宣传，带领同学进行反帝反封建斗争。此外，他同先进的知识分子一道打起了民主和科学两面大旗，并以磅礴的气势冲击封建主义传统思想，唤

醒了广大师生的新民主主义觉悟。

于 1916 年益都师范讲习所毕业后，他一边在朱良高级小学任教，一边跟着父亲习医。他在教授《论语》等古籍的同时，还把孙中山先生的事迹编成小故事，在课堂上讲给学生听，鼓励学生要善于思考，勇敢面对现实，摆脱束缚，走革命的道路，在国家民族危亡的时刻，承担起拯救民族的重任。

1919 年 5 月 4 日，五四反帝爱国运动爆发。青州人民奋起响应。他受党组织委派，曾给革命青年讲过政治理论，教育青年要把革命理论记在脑子里，落实在革命行动上。同时，他还组织数百名学生上街举行以集会、游行示威、街头演讲宣传为主要形式的群众爱国运动，声援北平学生，历数西方帝国主义列强在中国的累累罪行，慷慨激昂地痛斥曹汝霖、章宗祥、陆宗舆等的卖国行径，反帝爱国热情进一步迸发出来。

教学 7 年后，刘旭东效仿孙中山先生以行医为名，宣传救国思想，置个人生死于不顾，拯救民族于危难之时的做法。子承父业，弃教从医，在暗中从事革命活动。贫苦农民一旦有病，他主动登门施治，不收取医疗费用，在附近村中享有盛誉。

旭东是一个热血男儿，国共合作的北伐战争时期，他曾加入过国民党，积极宣传北伐，从事救国活动；国共分裂后，他不满国民党的作为，自动脱离了国民党组织；抗日战争一爆发，他便积极响应中共中央北方局"脱下长衫，到游击队去""有人出人，有钱出钱，有力出力，有枪出枪"的号召，成为自发的抗日宣传员，对他的弟子和族属们大讲抗日救国道理，鼓励他们投笔从戎，报效祖国。

（2）投身抗日救亡运动，建立段村第一个党支部

1937 年 10 月，山东省党组织派遣在我党多方努力下营救获释出狱的共产党员胡维鲁、彭瑞林、李云鹤等先后到青州活动，宣传抗日主张，组织开展抗日救亡运动，寻找失去联系的共产党员，恢复和建立党的地方组织。11 月底的一天深夜，潜居于东朱鹿村领导益北人民抗日的胡维鲁因得急性绞肠痧，由陈诚一陪伴来到一河之隔的南段村，求刘旭东医治。一来二去，两个人混熟了，从此结为好友。在胡维鲁的启发、引导下，他的阶级觉悟逐步提高。不久，旭东就在段村一带组织起了抗日救亡团，带领村民与官府和豪绅进行了坚决斗争。

1938年1月8日，日军侵占益都县城，并不断到乡村进行骚扰。日寇到处奸淫烧杀，大肆掳掠，无恶不作，特别是火烧郭集村，血洗金家村、大田庄村的残忍行径，激起了热血青年刘旭东的满腔怒火。他多次对家人说："一个小日本，占我们大半个中国，我能坐当亡国奴吗？"对日寇的暴行，他忍无可忍，决心亲自动手，为民报仇，为国杀敌。是年，胡维鲁介绍他加入了中国共产党，成为中共东朱鹿村党支部建立后发展的第一批党员，从此走上了追求革命真理的道路，同时也点燃了段村抗日救亡运动的星星之火。为筹集党的活动经费、抗日经费和购置枪支弹药费用，积极发动组建并参加抗日武装工作，他不惜卖掉一个自家药铺。并且，他积极建立农村基层组织——儿童团、妇救会、农民协会等，在本村抗日积极分子中发展党员，建立段村第一个党支部，并担任段村第一任党支部书记。

教师与医生，是农村中最受人们敬仰的两类人物。刘旭东既是教师，也是医生，自然被当地人视作圣人。在旭东的影响下，他的兄弟刘观亭、刘芝亭，儿子刘汉鼐、儿媳王秀英，侄子刘汉玉、刘汉鼎、刘汉儒，侄女刘兰英，以及段村的一大批村民先后加入了共产党，成了益北抗日力量中的一批生力军。

（3）走上领导岗位，带头扩大发展益北抗日组织

1939年，组织上调刘旭东任中共益寿临广四边县七区区委书记，其间，他亲自派出大批干部，深入各镇区和村庄，大搞群众组织发动工作。利用召开各界民众大会、走村串户个别启发教育等各种形式，宣传党的路线和革命理论，通过发动反奸除霸等群众斗争，激发群众的抗日积极性，然后在群众觉悟不断提高、抗日激情越来越高涨的基础上，在七区各镇、村都陆续建立了抗日救国自卫团、农民抗日救国会、青年抗日救国会、妇女抗日救国会、儿童团等群众抗日团体。

1940年4月，为了加强领导，扩大发展益北（胶济铁路北益都县各区）抗日根据地，中共清河地委决定撤销四边县委、行政办事处，建立中共益寿县委、益北行署，辖胶济铁路北益都县各区及寿光五区。韩洪甫任书记，刘旭东任组织部部长，张鲁泉任宣传部部长，李明村任民运部部长。县委建立后，在刘旭东的努力下，益北党组织发展得很快。到冬天，段村周围已有18个村建立党支部，并建立了四边县抗日武装"六大队"，成为益北地区发展抗

日武装的核心力量，为开辟、巩固和发展益北地区抗日根据地做出了贡献。

（4）英勇就义，群英齐荣，光耀古州

1941年1月4日上午，益寿县委，在寿五区八户村开会。得到敌人要来扫荡寿五区阳河一带根据地的情报，当时正在益寿县视察工作的清东地委组织部部长李寿岭，由县委组织部部长刘旭东和宣传部部长张鲁泉陪同，县委秘书陈诚一同志带领，傍晚顺着洋河两岸，秘密潜入了东朱鹿村。

1月5日拂晓，伪军徐振中带领朱良据点的日寇熊谷曹长、汉奸杨荆山（外号杨勾鼻）等300多人，包围了抗日堡垒村——东朱鹿村，制造了当年在山东清河区抗日根据地轰动一时的东朱鹿惨案。因那天是农历腊月初八，故又称"腊八惨案"。当时，李寿岭、刘旭东、张鲁泉等藏在陈凤春家的地窖内，由于叛徒陈劝三出卖，敌人逼着陈凤春下地窖抓人，陈凤春宁死不屈，被活活烧死。汉奸杨勾鼻又命其警卫下地窖，被刘旭东开枪打死。敌人在无计可施的情况下，在洞口点上柴草和辣椒，用扇车往地窖内扇风。在这紧急关头，刘旭东、李连臣为了掩护同志和群众，冒着生命危险上来，一出洞就被敌人捆绑毒打，威逼追问洞里的情况。他俩坚定地说："洞里没有别人了。"狡猾的日寇熊谷曹长不相信，下令继续向洞里吹烟。中午，日本鬼子和汉奸，把抓捕的抗日革命同志和群众，通通押送到该村的十字路口。被打得鲜血淋漓的刘旭东，被押在队伍的前面，但他依然昂首挺胸。汉奸徐振中曾是刘旭东的学生，他与日寇熊谷曹长密语了几句后，走到刘旭东面前，假惺惺地叫了声老师，想在刘旭东面前施展什么伎俩。当即，刘旭东破口大骂："安（徐振中的乳名），你这个狗汉奸，民族的败类，谁是你的老师？我早晚要看到你们这些畜生的灭亡！"徐振中立即露出了凶残的嘴脸，命令日本士兵将刘旭东绑在路边的老槐树上，残忍地挖掉了他的双眼，但刘旭东骂声不绝，敌人又割去了他的舌头，然后将其活活砍死。

张鲁泉在地窖内用自己的身体堵住进火口保护其他同志，腰部左侧被烧烂，因伤势过重，医疗条件极差抢救无效而牺牲。这次惨案有12名同志牺牲，另有6名群众受伤。

恶有恶报！1948年，在解放济南的战役中，杀害共产党干部群众的罪大恶极的国民党投降派、汉奸徐振中，被我军活捉。在益寿广大群众的强烈要求下，万人公审控诉大会在当年益寿县抗日根据地阳河村召开了，血债累累的汉奸徐振中被枪决。

（5）在刘旭东影响下，刘家族属们先后有八人为国壮烈捐躯，被誉为"一门九英烈"

刘旭东牺牲后，受其影响，刘家族属们相继走上革命道路，积极投身于抗日救国的伟大洪流之中，为赢得中华民族解放斗争的胜利做出了重要贡献，也付出了重大牺牲，先后有八人为国壮烈捐躯，被誉为"一门九英烈"。

刘芝亭，刘旭东之三弟，1901 年生，中共党员。1940 年参加八路军，后任清河军区直属团司务长。1940 年 9 月，在寿光牛头镇一次反扫荡战斗中牺牲。

刘观亭，刘旭东之四弟，1905 年生，中共党员。1938 年参加抗日游击队，任清河军区直属团营长。1942 年 10 月，在小清河以北地区发生的一次战斗中，英勇牺牲于广饶县陈家寨。

刘汉玉，刘旭东之堂侄，1938 年投身革命，同年加入中国共产党，1939 年参加八路军，不久任某部政通队指导员。1942 年，任中共寿五区区委书记，在护送运粮队向小清河北根据地转移时，被日伪军包围，最后在广饶县码头村光荣献身。

刘汉鼐，刘旭东之独子，1919 年生，1939 年参加革命，不久加入了中国共产党。后来受组织派遣，到鲁南抗日军政大学学习，1942 年病逝，1947 年被追认为革命烈士。

刘兰英，刘旭东之堂侄女，1938 年，加入中国共产党。1939 年当选为益寿临广四边县寿五区妇救会主任。1941 年，受组织派遣，到清河区干校学习，结业后在垦利县妇救会工作期间遇害于广饶县八大组。

王秀英，刘旭东之儿媳，刘汉鼐之妻，1918 年生，1939 年加入中国共产党，参加段村妇救会、任我党地下交通员。1942 年，由于汉奸告密，被敌人杀害于北段村。

刘汉儒，刘旭东之堂侄，1912 年生，中共党员，1939 年参加革命。1941 年春，调任清河军区通讯科科员，1943 年在参加六区区委会时被日伪军包围，最后与敌人同归于尽。

刘汉鼎，刘旭东之堂侄，1939 年参加八路军，同年加入中国共产党。1945 年被调入渤海军区新组建的胶济大队，任普通武工队指导员。1946 年 9

月，被混入武工队内部的特务分子杀害于临淄县境内的毛家庄子。

抗战胜利后，1945 年益寿县人民政府赠给刘旭东的后人一面"群英齐荣"的锦旗（现珍藏于青州市博物馆）。

抗日英雄刘旭东"一门九英烈"光照日月、名垂青史，将世世代代为人民所敬仰。值得一提的是，刘旭东一家在长达一个世纪中所形成的"爱国、气节、团结、奋斗、奉献"的光荣家风，是宝贵的精神财富，在当今历史条件下，仍然有重大价值，需要继承和发扬。

抗日英雄刘旭东"一门九英烈"的革命事迹，讲述了在黑暗统治的腥风血雨中，先烈们表现出了坚定的共产主义理想和信念，这正是我们今天要弘扬的社会主义核心价值观的集中体现；他们为了共产主义事业的献身精神和不屈意志，正是我们始终要树立的正确的世界观、人生观和价值观；他们为了民族解放事业，经受住各种威逼利诱和严刑拷打，不惜牺牲自己的精神，正是我们要继承和发扬的革命遗志。作为一名党员，我们要用先烈的精神激励自己，鞭策自己，努力提高思想觉悟和政治素质，一切从我做起，从本职做起，脚踏实地，勤奋工作，在平凡的岗位上，为中国特色社会主义事业贡献力量，为实现共产主义奋斗终身！

2. 抗日英雄冯毅之"一门忠烈"

冯毅之（1908—2002），字仙洲，原名冯仙舟，笔名峰毅、鲁风。1908 年生于山东益都县（青州市）长秋村（地处山东省青州市庙子镇，背山临水，占据着鲁山的北大门，地理位置非常险要，被称为抗战时期的"小延安"，是坚强的"抗日堡垒"），中共党员，高中毕业，历任北平左联组织部部长、中共益都县整理工作委员会宣传部部长、中共益都县委组织部部长、八路军四支队新一营营长、益都县县大队队长、益都县抗日民主政府县长、益（都）临（朐）淄（川）博（山）四边县联合办事处主任、鲁中区文艺协会主任、青州市市长、中共山东省委文艺处处长、山东省委宣传部文艺处处长、山东省文化局局长兼党组书记、山东省文联主席兼党组书记、山东艺术学院院长等职。他 1932 年开始发表作品，1949 年加入中国作家协会，著有短篇小说集《日月星》，诗集《萤火诗集》《淄流》《六十年作品选》等，2002 年去世。

（1）求学和逃亡路上，追求革命真理

1908 年，冯毅之出生于一个农民家庭。家境不甚富有，却是当地有名的书香门第。从小入私塾，诵读四书五经、诗词歌赋。13 岁入益都高等小学读书，他自幼聪慧、好学，深得老师赏识。时值"五四"新文化运动的高潮，新的思想给予他极大极深的熏陶影响。高小毕业，考入省立第十中学（益都）后，他更热衷于陈独秀主办的《新青年》等进步书刊，这对于他人生观的积淀起了奠定作用。1928 年他从省立十中毕业，考入山东省立高中（济南一中）。由于他思想活跃、主持正义，受到同学们欢迎，被推选为学生会主席。当年，胡也频、楚图南在省立高中任教，胡也频还是冯毅之的班主任和国文老师，冯毅之接受了他们进步思想的熏陶，以进步教师和学生为骨干，组成一个几百人参加的文学研究会，进行普罗文学的研究和宣传，并公开出版文学月刊。1930 年，在省城纪念"五七"国耻日（1915 年初，日本趁欧战方酣，提出灭亡中国的苛刻条约。当时的"中华民国"袁政府，与日本多次会谈交涉。1915 年 5 月 7 日，日本向"中华民国"下最后通牒，限于 5 月 9 日晚答复同意，否则武力进攻。不得已，中方于 5 月 9 日下午被迫接受日方大部分条款。故，5 月 7 日被定为当时的"国耻日"。学界和很多地方遂以 5 月 9 日为"国耻日"）的大会上，冯毅之代表学生会讲话，宣传抗日救亡运动，以示勿忘国耻，警惕帝国主义瓜分我中国的野心。胡也频发表了更为激烈的即兴演讲，引起国民党省党部的注意，旋下令逮捕他们。冯毅之闻讯随胡也频、丁玲经青岛逃亡至上海，参加"左联"举办的暑期学习班，有幸聆听"左联"领导人冯雪峰、鲁迅、茅盾、潘汉年等的教诲，阶级觉悟不断提高。

"从喷泉里出来的都是水，从血管里出来的都是血，我们所需要的作品不是后面添上去的口号和矫作的尾巴，而是全部的真实生活。"这些话成为冯毅之毕生遵循的文学创作思想。

（2）投身革命，宣传抗日主张

1930 年 10 月，冯毅之从上海经山东去北平，参与创办北平"左联"，并加入中国共产党。他在北平"左联"的三人小组中任组织部部长，开始了文学创作，写了《洋车夫日记》、短篇小说《日月星》《母与子》《西瓜》及诗集《寒夜行》等作品，奠定了他从事革命和文学事业的基础。

1931 年夏，冯毅之自北平回到济南，通过刘玉轩（临朐人，中共早期党员，中华人民共和国成立后在山师艺术系任教）向山东省委汇报工作。此时，中共山东省委派段亦民赴益都整理党团组织，段亦民同冯毅之一起来到益都，冯毅之在东关高等小学当小学教员做掩护，参加党团组织的整理工作。段亦民来益都不久，便建立了中共益都特别支部，1932年5月，中共益都县委成立，段亦民任书记。1932年8月，因益都暴动失败，党组织遭到破坏，段亦民被捕牺牲。

（3）投笔从戎，武装抗日

1937年，"七七事变"爆发，山东各地展开了轰轰烈烈的抗日斗争。在中共益都县整理工作委员会领导下，全县掀起了抗日救亡运动。冯毅之积极响应中共中央北方局"脱下长衫，到游击队去""有人出人，有钱出钱，有力出力，有枪出枪"的号召，投笔从戎。

是年冬，冯毅之受中共益都县整理工作委员会派遣，以中共益都县整理工作委员会宣传部部长身份回到家乡青州西南山区，收集枪支，举办抗日民众训练班，积极投入组织抗日武装的准备工作。一个多月的时间，他跑遍了四区的金岭镇、披甲乡、毛托乡、湖田乡、张赵乡、炳墟乡、大庙乡、蓼坞乡、南仇镇、王寨乡10个乡镇和三区的部分村庄，组织了百十人的游击队伍，为组建抗日武装培养了骨干，打下了基础。为尽快提高游击队的战斗力，对游击队伍集中进行了冬季整训，整训一开始，冯毅之就打开自家的粮仓，腾出自家的房子，为队员们提供食宿。他说："先吃完我家的，然后再吃大伙的。"他全家老小整天磨面、做饭，全力为部队服务，被队员们亲切地誉为"游击队的后勤部"。更难能可贵的是，他支持儿子的革命行动，帮助冯毅之发展党员，建立党的组织，发动20多名进步青年武装抗日，组建"抗日自卫团"，公开打出抗日救国的旗帜。为鼓动参军，他率先垂范，带领祖孙三代一起参军。在他的带动下，全县掀起了参军的高潮。

12月，按照中共鲁东工委的指示，在八路军山东游击队第四支队司令员廖容标的指导下，冯毅之、孙同山、孙萌南、白金、宋岳、刁愈之等共产党员和在西南山区活动的国民党翟汝鉴、李思亮部共同组成了一支千余人的游击队。翟汝鉴任司令，李思亮任副司令，冯毅之任政治部主任。

1938年3月，为了贯彻我党抗日民族统一战线政策，山东人民抗日救国军第五军司令廖容标、政委姚仲明亲赴太河镇，与国民党委任秦启荣指挥的吴鼎章、翟汝鉴、王葆团、刘兴堂、周宗鼎等八个游击队谈判与协商，最后成立了"淄河流域抗日联军办事处"——益（都）临（朐）淄（川）博

（山）四边县联合办事处。冯毅之任办事处主任，每个部队派一名代表驻办事处，统一作战行动和筹措军费供给等事宜。是年夏，国民党顽固派秦启荣多次调集兵力，制造摩擦，国共关系恶化，抗日联军办事处名存实亡。

7月，身在曹营心在汉的国民党翟汝鉴部的李思亮副司令已秘密投靠张店侵华日军金井队长。冯毅之想充分利用翟汝鉴、李思亮之间的矛盾，尽快铲除李思亮，把部队拉出来，组成一支真正的抗日武装。

8月，经领导批准，冯毅之将李思亮击毙，拉出该部一个大队，脱离翟汝鉴部，正式改编为八路军山东游击队第四支队新编第一营（简称新一营）。冯毅之任营长，孙同山任副营长，白金任副指导员，陈圣溪任供给处主任。营下辖两个连，王文训任一连连长，王洪义任副连长，宋岳任指导员，冯保庆任二连连长，白金兼任指导员。这个营装备很强，绝大部分是钢枪，有两门迫击炮和两挺机枪。新一营建立后，他们招募了博山师范学校一批有觉悟的青年学生为骨干，队伍很快就发展壮大起来，屡立战功，成为插进敌人心脏的一把尖刀，多次受到四支队廖容标司令员、姚仲明政委的表扬。至今，淄河一带仍盛传"冯司令的抗日传奇故事"，称他是"青州李向阳"。冯毅之在家乡打游击，让日寇闻风丧胆，鬼子几次扫荡他的老家长秋村，始终未抓到这个"冯铁头"。

1939年3月，新一营接到情报，侵华日军为了迫使国民党投降，在张店、淄川、博山集结兵力，前往沂水，进攻国民党山东省政府。冯毅之营长带领一连连长王文训的一个班，带上一挺机枪，西渡淄河，发现日伪顽大队向土湾村开来，这个村东有三个岔路口，向东是朱崖村，向南是西崖头村，发现敌人千余人向朱崖村进犯，王文训连长带领队伍从正面扑向敌人，冯毅之从侧面发起冲锋，敌人腹背受敌，伤亡过半。这次奇袭，共打死敌人20余人，缴获机枪1挺、手炮1门、三八式步枪6支、背包10余个。取得部队组建以来第一次对日作战的伟大胜利。首战告捷，军威大振，群情沸腾。

8月，国民党顽固派秦启荣，在莱芜制造了"雪村事件"之后，紧接着，又调集4000余人以太河为中心，围攻我第四支队新一营及三支队后方机关和部队，制造了"淄河事件"，持续达十余日。他们首先袭击了驻马鹿、下册村的三支队十团二营，然后派王葆团的翟超、翟汝鉴等部四面包围我四支队新一营。新一营主动出击，孤军奋战10余日，8月下旬，山东纵队调集一、三、四支队主力，在郭洪涛、张经武、王建安指挥下，反击秦启荣部，新一营积极配合，经 5 天激战，击溃翟超、翟汝鉴部，打垮了王葆团旅，击毙、伤、俘敌 600 余人，收复峨庄、朱崖、太河等地区，新一营声名鹊起。

1939 年 11 月，青州西南山区抗日根据地建立后，在抗日根据地政权建设中，冯毅之当选益都县抗日民主政府县长，冯旭臣当选为益都县抗日民主政府参议长。冯毅之兄长冯登奎任八路军修械所所长，妹妹冯文秀 1938 年入党，任长秋村、蓼河区妇救会会长，弟弟冯登恺也随军战斗，妻子孙玉兰也是中共党员。他们一家，是名副其实的红色家庭。这样的家庭，自然成了这地区日伪军的心头大患，被敌人恨之入骨。长秋村多次遭受洗劫，冯家也被烧掠一空，只能栖身山林，饱尝艰辛，家中刚刚出生的小孩子也不得不跟着大人东躲西藏。其间，在和鬼子激烈的战斗中，冯毅之以刻骨铭心的悲痛与仇恨，用自己的泪水和家人、战友的鲜血写下了大量的纪实诗文。

1940 年，抗日战争进入更加艰苦的历程。以张店为大本营的侵华日军，对清河鲁中抗日根据地扫荡、蚕食频繁，据点碉堡林立。青州西南山区淄河流域打着各种旗号的"抗日"游击队近万人，大部分已公开投敌，伪军骤增。国民党顽固派新四师吴化文部一再制造反共摩擦，人民抗战更加困难。胶济铁路以南，青州的 6 个行政区，一、十区变成敌占区，二、四、五区变成了游击区，抗日根据地只剩下三区，在三区又只剩下仁河流域 25~30 千米的狭长地带。

此时，刚刚建立不久的中共益都县委和抗日民主政府，就驻在仁河上游的桃行村一带。为了加强武装力量，保卫新生的抗日民主政府，巩固扩大抗日根据地，准备长期坚持抗日游击战争。

其间，冯毅之家乡长秋村这个不到百十户人家的村庄，先后有 119 人参加八路军及我党地方武装，有 39 人牺牲在战场上，还有 63 人死于日军监狱或被抓劳役，摧残致死。敌人视长秋村为眼中钉肉中刺，对长秋村扫荡达十几次，村内房屋被烧 18 次之多，到 1942 年，全村无一间完好的房屋。面对敌人的残暴行径，长秋村村民毫不畏惧，擦干眼泪，拿起枪杆子同敌人顽强斗争。

1941 年 7 月，隶属中共鲁中区党委，辖益都、临朐、淄川、博山、昌乐、安丘、潍县等县党组织的中共益临工委在孙家岭建立。益临工委成立后，为了巩固新生的人民政权，保卫胜利果实，加强地方公安、武装队伍建设，成立县大队，逐渐发展到 100 多名队员，冯毅之任大队长。中共益临工委一成立，就成了敌人集中进攻的目标。

1942 年，抗日战争进入最艰难的时刻，在侵华日军推行第四、第五次"治安强化运动"中，已暗中投降日军的国民党顽固派新四师吴化文部队积极配合日军，对我青州西南山区抗日根据地实行封锁、包围。根据地百姓扶老携幼，纷纷离村，面临山河破碎、百姓遭殃的悲惨局面。面对 400 多个国民党顽军和日伪军的包围及进攻，在益临工委带领下，我少量地方武装和群众顽强保卫"中共益临工委驻地——孙家岭"一个多月，并取得最后胜利，创造了青州地区坚守根据地的范例，受到中共鲁中区党委的表扬。

（4）马鞍山战斗中冯毅之一家老小六口宁死不屈，跳崖牺牲，抗战胜利后，鲁中行署和参议会授予冯家"一门忠烈"金字匾额

1942 年秋，是抗日战争最艰苦的时期，日寇、伪军疯狂地实行拉网式的"铁壁合围"，新一营处在日伪军的腋肘之下，成为被进攻的重点。这年 11 月 9 日，日伪军 2000 多人包围了淄河流域马鞍山，天刚亮，日伪军在飞机、大炮狂轰滥炸的配合下，多次发起进攻，我军多次将其击退，战斗坚持了两天两夜，歼敌 100 余人。面对蚂蚁般往山上涌来的敌人，守山指战员、伤病员和家属摔断枪支，从容走向悬崖纵身跳下，除两人（一名提前下山执行任务，一名跳崖时被树枝挂住）幸存外，其余全部壮烈牺牲，其中有副团长王凤麟、鲁中区党委组织科科长李成仕、鲁中行署处处长谭克平、益临工委的公安局股长董恒德和李绪臣等。冯毅之的父亲冯旭臣、妻子孙玉兰、妹妹冯文秀，三个女儿冯新年、冯卢桥、冯平洋，一家老小六口宁死不做日寇俘虏，跳下悬崖壮烈牺牲。

为了表彰冯毅之一家抗日爱国的高尚风格，1945 年，抗战胜利后，鲁中行署和参议会授予冯家"一门忠烈"金字匾额（现珍藏于淄博市博物馆），并在马鞍山建立了纪念碑（馆）。如今，马鞍山已经成为风景秀美的红色生态旅游区，但高悬在烈士故土的匾额，屹立的烈士雕像，却无时无刻不在提醒着后人：牢记历史，勿忘国耻！

冯毅之率领的益都县大队、新一营与日伪军作战近 100 次，击毙、伤、俘日伪军 1000 多人，建立了不朽的功勋。

1945 年 8 月，青州市成立。冯毅之被选为青州市市长。从此，他告别多年的戎马生活，开始做地方工作。2002 年 7 月 16 日，冯毅之在济南逝世，享年 94 岁。

抗日英雄冯毅之一家"一门忠烈"不朽的功绩，将永垂青史。

这些伟大的革命先烈，还是那么年轻，在国难当头的时候却能够义无反顾地英勇前行。在面对危险时，他们根本就没有想到自己的安危，而是恪守共产党人的气节，一心为国家和民族的前途鞠躬尽瘁。

革命烈士的伟大事迹，令人感到那些烈士就在你面前，有血有肉、有情有义，为了救国救民的信念，不得不忍痛抛下父母妻儿、骨肉分离。烈士们身上有很多正能量，信念、责任、廉洁、奉献……这些都是值得我们在工作中去学习，去发扬光大的。

3. 李有典：从事革命运动和抗日救亡工作的李家官庄村人

李有典，青州市属经济开发区李家官庄村人，1938 年加入中国共产党，曾任益寿临广四边县抗日武装八支队十七中队队长、八路军山东纵队第六军分区六大队大队长、昌潍专卖公司经理等职，已病逝。

他从小爱读书，性情温和，勤劳俭朴，乐于助人。学生时期就接受了兴中会、光复会、华兴会、同盟会等进步组织的熏陶，有浓厚的爱国思想，为他从事资产阶级革命运动和抗日救亡工作奠定了思想基础。

1911 年 10 月 10 日，辛亥革命爆发后，他与其他聚集在青州的革命党人一起，在青州城里散发传单，在大街上张贴标语，号召"同胞速举义旗，帮助民军逐出清朝"。

11 月，青岛震旦公学同盟会会员赵魏、邓天乙、王长庆等联络益都革命党人尹学聪、宋传典、李有典等计划在青州城发动起义，光复青州。

1912 年 1 月 16 日，赵魏、王永福率精兵从青岛赶赴青州，并约寿光、昌乐各县的民军数百人同时向青州城进发，青州尹学聪、李有典等积极内应，准备在 19 日，里应外合，夺取两城（益都有南、北两城。北城即清朝的旗兵驻防城），宣布独立。不料，革命党人的行动计划被驻守青州的清军觉察，清军立即加强戒备，并组织暗杀团，专门捕杀革命党人。赵魏到达青州后，被青州驻防城侦探瑞曾发现，在夏庄为北城满营巡逻兵和暗杀团杀害。王永福、邓天乙、王长庆等见形势逆转，便率部携武器奔往安丘，然后，转赴诸城，这次青州独立活动失败。

青州独立计划遭到失败后，李有典等青州革命党人吸取教训，决心以武装斗争光复青州，夺取革命的真正胜利。

1938 年 1 月底，李有典、胡维鲁根据清河区党委和益都县委的指示，从东高、王母宫一带的村庄筹备十几支枪，说服国民党八区中队 30 余人参加抗日，后来发展到 80 余人的抗日游击队，队长齐秀堂（原国民党八区区长），副队长王志平（原名王作林，中共党员），指导员王金奎，下设 3 个分队。

同年 3 月 3 日，根据中共山东省委关于组织抗日武装的指示，李有典等领导的抗日武装在胶济铁路北李家官庄成立，共 40 余人，有 40 余支枪和 1 支连珠机枪。7 日，队伍开到东朱鹿村附近的张家庄，后辗转到寿光胡营村，参加了马保三领导的八路军鲁东游击队第八支队，遵照八支队的命令，在副司令韩明柱的主持下，编为八支队十七中队，李有典任中队长，李孟勃任指导员。八支队建立不久，就奉命东进胶东地区，与胶东抗日武装并肩战斗。之后，又驰骋清河、鲁中，在十四年的抗日战争中，八支队与日伪作战 200 余次，击毙伤俘日伪军 10000 多人。八支队奉命东进后，十二中队指导员崔梦坡、十七中队中队长李有典奉命留在本地，继续发展抗日武装。

为了建立铁路北益北抗日根据地，1939 年 10 月，中共清河地委决定撤销中共益都县委、县政府，中共广饶县委、县政府，建立中共益寿临广四边县委（简称四边县）和四边行政办事处。中共益寿临广四边县委建立后，为坚持地方武装斗争，李有典领导的地方武装 100 多人，被八路军山东纵队第六军分区统一编为六大队，李有典任大队长。是年冬，他带领六大队领导配合八路军主力部队拔除了河北杨村据点，击毙敌人 10 多人，其余全部俘虏。

其间，他经常越过敌人的封锁线，去基层开展敌后工作，组织民兵，训练民兵，带领民兵与日寇作战。他的足迹遍布了整个益寿临广四边地区。

1941 年 1 月 18 日拂晓，来自青州、临淄、广饶、寿光等地的日伪军 1000 余人，突然包围了广二区的刘集村，六大队、广二区中队及主力三团的学员排 100 余人被包围在村中。六大队等兵力顽强地展开了自卫反击，伤亡惨重。刘集战斗之后，六大队只剩下 27 名同志。中共益都县委按上级指示，决定迅速充实六大队，从区中队抽调骨干 50 多名，充实到六大队。10 月，六大队编到清东独立团。

1940 年 4 月，为了加强领导，扩大发展抗日根据地，中共清河地委决定撤销中共益寿临广四边县委和行政办事处，建立中共益寿县委、益北行署，辖铁路北益都县各区及寿光五区。中共益寿县委建立后，在史家庄召开各群众团体代表及各乡村村主任会议，成立了益北抗日民主政府——益北行署，选举李有典任行署主任，为领导益北地区地下党组织开展敌占区的抗日斗争，扩大发展抗日根据地建设，保卫四边县的人民群众，夺取抗日战争的胜利做出了很大贡献。

4. 青州抗战人物——抗日民主政府益寿临广四边县县长赵治安

在青州地区抗战历史上，祖籍益都县（今青州市）赵家营村的共产党员赵治安留有浓重的一笔。他是益寿临广（益都、寿光、临淄、广饶）四边县抗日民主政府县长，他的英勇事迹被青州地区人民广为传颂。

赵治安（1907—1982），原名赵书荣，1907 年生于益都县（今青州市）赵家营村，贫农出身。1938 年 3 月加入中国共产党，1942 年 2 月，任益寿临广（益都、寿光、临淄、广饶）四边县县长。1949 年起，他调山东省人民政府秘书厅工作。1950 年初任文登专区副专员，后调中央军委人民武装部、总参动员部工作。1961 年转业到第三机械工业部行政司任副司长，1963 年 9 月，任第五机械工业部办公厅副主任。1982 年 1 月 3 日病逝。

（1）走上革命道路

赵治安自幼性格刚烈，重义气、能吃苦，从小断续在本村小学读书，在校期间，他受进步思想影响，阅读了大量革命书刊，思想有了很大转变。

1923 年，因家遭不幸辍学，在家乡以做短工、卖豆腐、卖馍馍为生。当时北洋军阀混战，土匪横行，农村经济凋敝。为保卫家乡，1925 年参加本村"红枪会"，任分会长。1929 年，领导红枪会抗击土匪窦宝章。1930 年，先后打退土匪崔九、刘黑七等进犯。为保卫家乡，做出了应有的贡献。

1938 年 1 月，日本人占领了益都县城，烧杀抢掠、无恶不作。赵治安义愤填膺，毫不犹豫地参加抗日武装斗争。在刘旭东的介绍下，他参加了"益都农民抗日救亡团"，跟随共产党在益北地区坚持抗日救亡运动，并担任"益都农民抗日救亡团"负责人。他带领救亡团成员积极行动，成立宣传队，走村串户，散发传单，发表演讲，出板报，画漫画，宣传抗日，谴责国民政府的卖国投降政策，宣传群众开展抵制日货运动。

同年 3 月，经胡维鲁介绍加入中国共产党。6 月，任寿光县五区区委书记。同年冬，日寇"扫荡"，张景月败出寿光城，插枪溃散。他会同左希贤、赵文卿等，动员进步青年收集 50 多支步枪，组织抗日武装，后编入清东独立团。他带领游击队员撬铁轨、剪电线、抓汉奸，伏击小股日伪军，在当地小有名气。

1939 年，四边县抗日根据地初步打开局面。同年 10 月，他任四边县行政办事处第一科科长，负责组建抗日民主政权。因此，他首先建立和建设根据地，在根据地实行减租减息。经过半年的努力，在四边县 20 多个村建成一个根据地，并在这些村建立了抗日民主政权。

1940 年 4 月益北行署成立，他任寿光区区长，后任益北行署副主任，主要工作是集中人力物力筹办训练，以训练乡镇保甲长及失学之男女青年；组织物资调度委员会，以抢运沦陷区域之货物而救济难民；组织民众武装配合军队在益北地区开展抗敌游击战，共图收复失地。益北行署的成立，为益寿临广四边县抗日民主政府的成立，从政治、思想、组织、人员等方面，奠定了坚实的基础。

（2）任益寿临广四边县县长

1942 年 2 月，为适应艰苦环境，坚持抗日斗争，中共清河区党委决定撤销益寿县，建立益寿临广四边县行政委员会，辖益都县胶济铁路以北六、七、八、九区及五区的部分村庄，寿光县五区及四区的部分村庄，广饶县的一、二、三区及四区的部分村庄，临淄县的二区及三区的部分村庄，隶属清东专署。8 月，清东专署撤销后直属清河区行署领导。驻地下庄村、刘集村、赵家营村、彭家庄村一带。赵治安任县长。他用超乎常人的智慧和勇气在炮火连天的岁月里践行着一名共产党员的庄严承诺，为中国的革命事业鞠躬尽瘁，在青州地区益北抗日根据地树立了一座永不褪色的红色丰碑。

当时的四边县正处在日寇烧杀抢掠的苦难时期，一批地主和资本家纷纷投靠日寇，当了汉奸，这批汉奸的头子就是驻守在胶济铁路以北地区的国民党顽固派徐振中、张景月等部。他们不但侵吞地产三百余亩，还在县域内开设当铺，靠着残酷的剥削手段，欺压普通百姓。更令人发指的是，他们竟然联合地痞流氓，为日军搜刮粮草，刺探军情，充当向导，罪行累累，老百姓恨之入骨。

他上任后，以辅助部队作战以期巩固发展四边地区抗日根据地为第一要务，即采用民选办法委派了四边县各乡镇长建立战时基层政权。在此基础上，他先后建立起了战委会、妇救会、青救会等抗日组织。他还扶持发展壮大了益寿临广四边县特务大队，特务大队队员达到了五六十人，不断对日本侵略军进行侵袭，使得日伪军苦不堪言，甚至夜不能寐。同时，积极争取各方面力量进行抗日，在四边县建立和扩大了抗日统一战线，并及时向军委会提出四边县抗战的上、中、下策建议书。接着动员组织群众出粮、出夫，保证抗日部队打游击；成立战时联合学校，收罗流亡失学青年入学；开办行政人员训练班，服务参军、参战；成立物资调运委员会，抢运沦陷区的布匹、百货等物资，组织调运盐队以济民困；将流氓地痞、抢劫犯逮捕归案，稳定抗日根据地；恢复停刊的《群众报》传播抗战消息；发动爱国人士刺探日军情报。他不畏艰难困苦，领导四边县人民，持续开展反对日寇、汉奸和国民党顽固派的斗争，巩固和扩大了抗日根据地。

那时，县政府在四边县抗日根据地游击区隐蔽办公，场所不固定，公职人员也是早出晚归。赵县长规定每人分发一个灰挎包，公文随身背在挎包中，白天到政府隐蔽驻地集体办公，晚上到各乡镇村宣传党的抗战路线方针政策、组织和武装群众。他本人因战事紧张，经常夜以继日地办公。在他的影响下，县政府机关也跟军事机关一样，严肃紧张。此时，地方财政非常拮据，地方武装因扩充兵员军需负担压力很大，公职人员生活十分艰苦。赵治安为了坚持抗战，发出号召：不论官职大小一律每人每月 5 斗米，另有数量极少的菜金，县长也不例外，四边县军民要同甘共苦，一切为了抗日。赵县长的这种做法，在当时确实是大胆的创举。

1942 年，抗日战争进入更加艰苦的岁月。日伪军对四边县进行疯狂的扫荡和蚕食，并组织伪政权，推行保甲连坐，成立"反共自卫团"，捕杀我军军政人员和乡村干部，使根据地缩小到"南北一炮打通，东西一枪打透"，即南北不到 20 里，东西只有 10 里左右的范围。四边县被"蚕食"后，县委、县政府将机关干部、战士及乡村干部 300 余人，分批转移到广北根据地。在此种形势下，他率四边县特务大队等留下来战斗在敌人腹地，白天隐蔽在青纱帐或枯井、老坟中，夜晚去基点村活动，宣传、组织和武装群众，继续与敌人周旋、斗争，给敌人以沉重打击。斗争最艰苦时，他们只能喝冷水、吃野菜。他随身带条麻袋，晴遮日，阴遮雨，夜做被，转移时装运物资。人们说，麻袋是赵县长的"万能袋""胜利袋"。为坚持斗争，他组织小部队活动，争取伪政人员，从整顿基层组织入手，建立了可靠的立足点、立足街，普遍建立了情报网、情报站，惩治了罪大恶极的汉奸，使小股零星敌军不敢夜出，保护了群众利益，在最艰苦时刻，大部队不在四边县活动，他以极大的胆量和毅力率领小武装，始终在县境内坚持斗争，表现了共产党人的高尚品质和英勇精神。

当时，由于日军对我抗日根据地推行"治安强化运动"，实行"三光"政策，再加上1942年早霜，1943年大旱，很多农户扒屋卖砖、卖儿卖女、逃荒要饭，不少人活活饿死。他一面发动群众反对敌人敲诈勒索，组织群众抢敌人粮库；一面和群众一起挖野菜、剥树皮，共同克服灾荒。这期间，部队偶尔吃上一顿糠菜团子，他总是先让战士吃。1943春，北下庄群众送给他一袋鲜榆叶，他带回驻地后和糠团煮粥，成为春节后的一次美餐。这体现了他严以律己、宽以待人的优秀品格。难怪四边县群众说："赵县长心里总是装着人民群众和抗日事业，唯独没有他自己。"在如此困难的情况下，他仍然带领四边县特务大队利用有利地形，采用伏击战、夜袭战、打援、阻击、侧击、追击、反击、破袭等战术，广泛开展游击战争，出其不意地打击敌人，零打碎敲地消灭敌人，极大地牵制、消耗了敌人实力，一年多的时间，他们伪装、隐蔽，攻其不备，打了不少硬仗和胜仗，让日本侵略者葬身于人民战争的汪洋大海之中。同时，经过我军1943年、1944年夏季攻势，四边根据地得到恢复。他组织群众参军参战，壮大人民武装，整顿乡村政权，发展生产，实行合理负担，开展中小学教育，全力进行根据地建设，支援战争，发挥了他作为四边县抗日政权县长的作用。1945年8月日寇投降，益寿临广四边县改为益寿县，辖区不变，他继续任县长，长期在本地坚持革命斗争，直至1949年。

（3）一生奉献兑现庄严承诺

1947年夏，国民党徐振中两次进犯解放区，他安排烈军属和翻身农民首先转移，自己夜间带警卫员巡逻保卫。平时身着农民服装，与农民联防队并肩战斗，直到1948年全县解放。

1949年起，他调山东省人民政府秘书厅工作，在打击不法粮商，取缔银圆黑市，稳定市场秩序，安定人心方面，积极为领导出谋划策，对巩固新生的人民政权起到了积极作用。1950年初任文登专区副专员，他在建立国营商业，创办地方国营企业方面做出了贡献。后调中央军委人民武装部、总参动员部工作，他受到毛泽东的接见。1961年转业到第三机械工业部行政司任副司长，1963年9月，任第五机械工业部办公厅副主任。"三年困难时期"，为改善职工生活，他奋战在张北农场。1964年他来山东农村搞调查研究。然而不幸的是，赵治安在"文革"中被错误批斗，株连亲朋。粉碎江青反革命集团后，他顾全大局，勤恳工作，直到病重。1982年1月3日他与世长辞，结束了忧国忧民的一生，终年76岁，长眠于他为之浴血奋战过的土地上。

"我志愿加入中国共产党，拥护党的纲领，遵守党的章程，履行党员义务，执行党的决定，严守党的纪律，保守党的秘密，对党忠诚，积极工作，为共产主义奋斗终身，随时准备为党和人民牺牲一切，永不叛党。"中国共产党的入党誓词虽然在不同的历史时期有着不同的表述方式，但是为人民服务的宗旨始终没有变，赵治安用他一生的卓越奉献兑现了入党时许下的庄严承诺。

像这样为解放和青州建设事业流血牺牲的革命先辈还有很多！"前事不忘，后事之师"，知史才能爱国。唯有让我们的后代"记国耻，唤国魂，珍国格，奋国威"，我们的民族才会振兴，我们的国家才会富强，我们的人民才有福祉。只有一个充满忧患意识的民族，才能成为一个伟大的民族。让我们永远缅怀为抗战流血牺牲的革命先辈！

第七个亮点：1948年3月，伴随着华东野战军在山东战场胜利进军的号角，中共中央华东局和华东军区领导机关进驻青州。

1948年，敌我双方在力量对比上发生了根本性的变化。益都、益寿军民积极配合鲁中、渤海军区主力部队消灭敌人有生力量。2月9日，益都县独立团在龙山一带击溃徐振中部2000余人。3月，随着张（店）周（村）战役的胜利，青州城获最后解放。中共益都县委进城后，安抚工商各界，恢复生产，并成立了军事管制委员会，整顿社会秩序。军管会的主要任务是肃清残余的敌对势力，恢复和维持社会的正常秩序，没收官僚资本、建立各级政权机关和各种机构等。在军事管制下，中国共产党顺利地实现了对旧政权的接收，稳定了城市社会秩序，保障了人民与社会生产的顺利进行；确立了党在城市中的领导地位，推动了中国共产党的重心从农村向城市的转移；奠定了人民民主专政的坚实基础。

1948 年 3 月，伴随着华东野战军在山东战场胜利进军的号角，中共中央华东局和华东军区领导机关进驻青州城南闵家庄一带。山东省政府机关进驻城南闫刘村一带。

中共中央华东局和华东军区、山东省政府机关进驻青州期间，组织开展了一系列活动：

1. 华东局领导机关及益都群众庆祝延安收复和昌潍大捷

4 月 22 日，西北人民解放军收复延安，4 月 27 日，华东野战军山东兵团解放潍县，歼敌 4.5 万人，活捉国民党第九十六军军长陈金城，击毙国民党山东第八专区专员兼保安司令张天佐。5 月 1 日，华东局任命华东局委员、华东财经委员会书记兼财办主任曾山同志任潍坊特别市市委书记兼军事委员会主任，率部进驻潍坊，坐镇指挥潍坊的接管工作，为潍坊顺利接管做出了卓越贡献。

5 月 15 日，华东局领导机关及益都群众集会庆祝延安收复及昌潍大捷。

华东局负责人张鼎丞在会上号召大家做到三件事：一是在毛主席的战略思想指导下，一定把华东地区的蒋军完全歼灭干净；二是党政军民应该努力把生产救灾工作贯彻到底；三是完成土地改革。

2. 华东局社会部驻地移至与华东局指挥部隔河相望的益临县安家庄

1948 年 4 月，潍县解放，华东局社会部驻地移至与华东局指挥部隔河相望的益临县安家庄。

1949 年 1 月，华东局决定，华东局统战部与华东局社会部合并，充实加强华东局社会部机关的办事机构；山东省公安总局机构并入华东局社会部。华东局社会部设二室一处及华东警官学校、华东军政训练班和归俘学校。

3. 华东军区在东朱鹿村一带举办国民党被俘军官训练班

潍县战役后，华东军区解放军官教导总团，为了将被俘的国民党高级军官改造为新人，在东、西朱鹿和郭家庄等村举办训练班。

通过上时事政治课、组织讨论、文艺演出（如"王贵翻身""白毛女"等剧目）等多种形式，启发他们的觉悟，使他们深刻认识到"国民党反动派代表了极少数大地主、大资产阶级的利益，与全中国人民为敌，所以必然失败；中国共产党代表全中国绝大多数群众的利益，得到全国人民的拥护和支持，所以必然胜利"的道理，自觉地与国民党彻底决裂。

4. 华东局在闵家庄召开新区工作会议

华东局及山东省政府领导人出席会议，会议布置新区继续完成清剿散匪，建立健全各级政权和开展生产救灾等任务。

5. 山东省及华东局直属学校纷纷在益都办学

其间，山东省农业专科学校、山东教育学院在益都建立。6月，华东交通学校由诸城迁来益都。7月，山东邮电专科学校在益都建立。同时，华东财政干校在青州东阳河村建立。

6. 山东省教育研究会在益都城里和益寿县召开

1948年夏，随着全国解放战争形势的巨大变化，为了迎接中华人民共和国成立后教育事业大发展时期的到来，山东省教育研究会在益都城里和益寿县懒柳树村召开，共3000余人参加。由山东省教育厅厅长白涛主持。华东局书记饶漱石到会讲话。研究会共举办3个月的时间，至8月结束。其间，通过学习时事政治、党的方针政策，为恢复和发展教育事业培养了一大批骨干力量。

7. 南下干部培训班在王岗村举办

1949年春，平津战役胜利结束，党中央、毛主席为了实现"打过长江去，解放全中国"的伟大战略部署，决定从华东等老解放区抽调大批干部随军南下，参与新解放区的政权接管和恢复建设工作。

华东局各战区迅速组织15000名干部组成华东南下干部纵队。

1948年冬，华东局各战区领导于临朐县与益都县交界处的闵家庄召开会议，主要讨论内容之一就是部署抽调干部随军南下工作的组织安排问题。12月25日，华东局公布了《关于执行中央准备五万三千干部决议的指示》（以下简称《指示》）。

《指示》指出：目前华中的干部（尤其是中级和高级干部）特别缺乏，因此准备从山东抽调15000名干部。

《指示》要求，抽调南下的15000名干部分两期筹备：1948年12月底为第一期，抽调3000人；1949年2月底为第二期，抽调12000人。

《指示》并就抽调的15000名干部的落实工作进行了具体分配：鲁中南区

配备1套区党委级、10套地委级、40套县区委级，共调干部3680人；胶东区配备1套区党委级、7套地委级、42套县区委级，共调干部3650人；渤海区配备1套区党委级、5套地委级、41套县区委级，共调干部3456人；济南市配备1套区党委级、2套地委级、5套县区委级，共调干部576人；昌潍特区配备半套地委级、5套县区委级，共调干部404人；潍坊市配备3套县委级，共调干部225人；华东局直属机关除配备1套中央局级、1套区党委级、5套半地委级、15套县区委级外，另配备城市工作干部1475人，共计3009人。

这些抽调干部即后来的"华东南下干部纵队"。

山东各区党委接到华东局的指示后，进行了积极的动员宣传与筹划。

各县区委均召开了干部大会，组织党员干部学习中共中央华东局关于抽调干部随军南下的指示和有关文件决议，进行广泛的政治思想动员与教育。

1948年12月，渤海区组建了华东局首批南下干部大队，并部署到华东局党校益都县王岗村一带驻扎。

1949年1月中旬，华东局党校在王岗村举行了开学典礼，对先期到达的约3000名南下干部进行了短期培训，这对动员干部南下起了极大的推动作用。

1949年2月，华东局各战区的15000名南下干部队伍陆续集中到临城（今山东薛城）一带，并按照华东军区司令部、政治部指示，统一整编为"华东南下干部纵队"。

从华东局各战区走出的南下干部，为解放战争的胜利和中华人民共和国的建设做出了巨大贡献。

8. 华东保育院落址青州大官营村

1948年5月以来，华东野战军的仗越打越大，山东解放区的面积不断扩大，人民解放军同国民党决战的时机即将到来。决战在即，带来新的问题，大军要打仗，跟随野战军的孩子要如何安置？

华东局决定，由邓六金、李静一等筹办华东保育院，妥善安置华东党政军干部的子女，并任命邓六金为华东保育院政治协理员，李静一任院长，随即展开了紧张的筹建工作。

她们发扬了红军时期毛泽东提倡的"支部建在连上"的优良传统，首先成立了华东保育院党支部，邓六金任支部书记，使保育院筹办工作有了坚强的领导核心。在支部的领导下，她们克服战争环境物质条件的艰苦和困难，认真贯彻华东局为保育院确定的"保证工作，一切从简"的办院方针，支部书记邓六金与李静一院长密切配合，带领保育院创始人克服种种困难，仅用两个月的时间，就完成了筹办工作，在大官营村创办起了华东保育院，并首批接收了 62 名孩子。

保育院设在没收来的地主大院及公房和部分民房中，设小学部、幼稚大班、幼稚小班。

在邓六金、李静一的主持下，保育院制定了从教育、保育到卫生、保健等的一系列规章制度。在艰苦的战争环境和简陋的物质条件下，华东保育院已初具规模，越办越好。

据史料统计，从 1948 年 6 月开办到 1949 年 6 月，华东保育院共接收 1 岁至 10 岁的小孩 137 人。

在保育院，这些孩子沐春晖，润雨露，获新知，强体魄，在烽火的摇篮里健康成长，大多成为国家栋梁之材。

最近几年，陈昊苏、曾海生、舒关关等十几位同志，多次到大关营村瞻仰怀慕曾培养过他们的这处保育院旧址，大大提高了华东保育院的知名度。

9. 成立"青州建设研讨会"，研究成功接管潍县城的实践，为顺利接管济南做准备

1948 年 4 月 2 日，中国人民解放军华东野战军山东兵团根据中央军委和华东局指示，发起潍县战役。

战役历时 36 天，歼灭国民党军 4.5 万余人，攻克国民党号称的"鲁中堡垒"，使胶东、渤海、鲁中三大解放区完全连成一片，有力地推动了山东和全国的解放。

毛泽东同志在《将革命进行到底》一文中评价：人民解放军"在攻克潍县等城市的作战中学会了攻坚战术"（摘自《毛泽东选集》第 4 卷）。同时，成功接管潍县城的实践，为以后接管济南、上海等更大城市输送了干部，城市接管经验、做法，得到了毛泽东和中央军委的高度重视，并在华东乃至全国战场广为推行，影响深远。

此后，攻济南、战上海，华野首长都要强调："要像打潍县那样，光荣地进去，干干净净地出来，做到军政全胜。"

后来中央对新解放区约法八章，就吸收了接管潍县的经验做法。

10. 华东局负责人张鼎丞、郭子化到青州市视察工作

1948 年冬，华东局驻益都期间，张鼎丞、郭子化等领导同志亲临青州市视察工作，听取了市委、市政府领导同志的工作情况汇报，并在市委召集的干部会议上讲话，阐明城市工作的重要性。他们还对城市管理及工商业政策等方面做了重要指示，对提高青州市城市管理水平和工商业繁荣发展产生了巨大的推动作用。

11. 召开华东首届妇女代表大会

1949 年 2 月，华东首届妇女代表大会在青州城里召开。华东各县市妇女代表 300 余人参加了会议。

会议主要任务有三项：一是发动妇女参加民主革命；二是发动妇女参政；三是选举出出席全国第一次妇女代表大会的代表。陈少敏、李坚真分别被选为华东妇女联合会正、副主任委员。

益都县妇联主任陈淑才被选为全国妇女一大代表。

12. 山东省军区在益都建立

淮海战役结束后，华东军区遵照中共中央关于向全国进军的战略部署，于 1949 年 2 月离开山东南下华中，同时留下部分人员筹建山东省军区。

从 1949 年 3 月开始，华东局随部队分批离开益都。

3 月 3 日，中央军委发出命令，组建中国人民解放军华东山东省军区，归华东军区建制领导。4 月 2 日，华东山东省军区在益都（今青州市）正式成立，当月移驻济南市。5 月 5 日，奉中央军委指示，华东山东省军区改称中国人民解放军山东省军区，仍隶属华东军区建制领导。

山东省军区在益都建立时，设司令部、政治部。由华东军区副司令员张云逸兼山东省军区司令员，许世友任第一副司令员，袁也烈任第二副司令员兼参谋长，康生任政治委员，傅秋涛、向明任副政治委员，王集成任政治部主任。

13. 昌潍地委驻地迁到益都城

随着区划的变动，为便于加强领导机关周围各县的工作，中央华东局决定于 7 月 13 日将昌潍地委机关由昌乐迁到益都城里。

14. 组织、领导、解放和支援了一系列重大战役

中共中央华东局组织、领导、解放和支援潍县战役、济南战役、淮海战

役、渡江战役等一系列重大战役，取得了一个又一个伟大胜利。同时，还不断地动员和组织人力、物力，支援全国的解放战争和地方工作，为全国解放奠定了良好基础。

15. 组织、领导并顺利接管了潍坊和济南两个特别市

潍坊、济南两市接管中的主要经验和教训，为充实完善党的城市政策和新解放城市的接管工作提供了重要依据和借鉴。

1948 年冬，华东局政策研究室对济南、潍坊两市接管工作的经验教训写了书面总结上报中共中央，得到了中央的首肯，并由中央转发各中央局，供各地在城市接管工作中参考。

中共中央华东局和华东军区、山东省政府机关进驻青州后，青州古城又一度成为山东政治、经济、文化、军事中心。

华东局在这里根据山东的实际情况，对各战略区党政军领导机构进行了充实调整。

饶漱石、康生、陈毅、粟裕、张云逸、许世友、曾山等党政军领导人曾在这里运筹帷幄，指挥了潍县战役、济南战役、淮海战役等重大战役，领导组织了生产、支前等工作。这对解放济南乃至整个华东地区，进一步扩大战果，对解放战争期间山东地方党政军组织的建设和发展，显然具有重要的战略意义。

革命的道路曲折艰难，革命的胜利来之不易！在长期的革命战争中，青州人民为中国革命做出了巨大的贡献和牺牲。青州人民革命史已成为中华民族的宝贵精神财富，在青州现代史和中共党史上，永远闪耀着灿烂的历史光辉。

亮点还有很多。青州不仅在革命当中有着许多亮点，就是在社会主义建设和改革开放中也有着许多亮点。例如，20 世纪 80 年代，青州市（益都县）是江北第一个财政收入过亿元的县，经济基础牢靠。青州 20 世纪 3 次进入全国百强县榜单；21 世纪后发展更快，2013 年在全国百强县中居第 92 位，2016 年列第 90 位。2001 年后多次进入全国综合实力百强县榜单；2015 年列第 73 位。青州经济应该再创辉煌。

（三）青州市（益都县）县委的建立极其曲折

青州县级党组织即县委五次建立，四次遭遇挫折。

前面讲了 1924 年冬，团员王元昌、赵文秀、李春荣转为中共党员，成为青州历史上第一批党员。

1925 年 1 月，杜华梓由团员转为党员。同月，青州历史上第一个党组织——中共青州支部诞生，书记为杜华梓。中共青州支部建立后，积极领导开展工农群众运动，并在东益火柴公司和城东东圣水一带农村发展了一批党员。是年春，王良栋（王平一）、王元昌、李春荣、赵文秀、王为铭等被中共山东地执委先后派往青岛领导工人罢工运动。青岛惨案和"五卅"惨案发生后，中共青州支部、团青州特支，领导发动了声势浩大的罢课声援运动，并派出以党、团员为骨干的代表分赴周围十几个县城，广泛发动工农群众参与声援运动，把声援运动推向高潮。

1926 年，中共青州支部抓紧党组织的发展建设及群众团体的建立工作，并逐步由城市向农村发展，在东圣水村和涝洼村建立了两个农村党支部，并同时建立了两处农民协会，会员达 60 余人；3 处儿童团，180 余人。8 月，商勤学在省立四师发展了 9 名党员，建立了中共四师党小组。10 月，中共山东区执委派宋伯行驻东圣水村，代表区执委领导益都、寿光、临淄、广饶、临朐、昌乐六县党组织，并建立了中共益都地方执行委员会和共青团益都地执委，宋伯行、王元盛分别担任中共益都地执委和团益都地执委书记。中共益都地执委下辖城关、东圣水、涝洼 3 个支部。

1927 年，在党、团益都地执委的领导下，益都党、团组织迅速发展。4 月，其在益都北部建立了中共东朱鹿村党、团支部。同时，北阳河村团员刘子科、刘自得（刘逢源）先后转党，开始在阳河一带秘密活动。中共益都地执委所辖支部发展到 16 个之多。在此基础上，经中共山东区执委批准，益都党、团组织建立了中共青州地方执行委员会，辖益都、寿光、临淄、广饶、临朐、昌乐六县党的组织，书记为宋伯行。"四·一二"反革命政变发生后，中共山东区执委、青州地执委于 5 月下旬在东圣水村举办青州地方各县党、团组织负责人短训班，山东区执委书记吴芳亲自来讲课。之后，中共益都地执委对全县党、团员进行政治训练，使党、团员受到了一次形势教育，在思想上对国民党叛变革命做了精神准备。

大革命失败后，青州的革命形势曾一度转入低潮。1928 年 1 月，中共青州地执委组织部部长杜华梓等叛变，给青州的党、团组织造成了严重破坏。

书记宋伯行被捕牺牲；宣传部部长田裕炀潜回原籍诸城不久，在发动农民暴动中牺牲；团地委书记李玉鼎被迫离开青州去青岛。但是，青州的党、团员和基层党、团组织没有屈服于反动派的屠杀政策。2月，在中共山东省委派员指导下，在东朱鹿党支部的基础上，其建立了"中共益北特支"，负责益都北部及寿光部分地区党的工作。在严重的白色恐怖笼罩下，中共益北特支经常组织党员秘密进行宣传活动，领导农民开展抗粮抗捐、"烧坡""抢坡""短工罢市"等斗争，并指示以教学为掩护的共产党员刘子科争取了一支武装。8月，中共益北特支发动朱鹿、段村、阳河一带农民在益都县边沿地带臧台村举行武装暴动。虽因遭到国民党寿光保安团的镇压而失败，但它却是益都党组织武装争取政权的第一次尝试。

1929年8月，北京共产党员马适安应聘到四师任教，以教学为掩护积极从事党的秘密活动。12月，他领导了四师、十中学生反对帝国主义文化侵略的基督教的斗争。1930年，马适安利用国民党的内部矛盾，开展了反对叛徒杜华梓的斗争，并于年底建立了中共四师党支部。同年春，中共益北特支遭破坏，中断了与中共山东省委的联系。6月，中共山东省委书记任国桢来青州东朱鹿村巡视工作。7月，中共益北特支恢复。中共青州党组织又出现了比较活跃的局面。中共四师党支部在进步学生中建立了"左翼作家联盟""反帝大同盟""互济会"等群众组织。1931年"五一"节后，四师学生在党组织的领导下，驱逐了压制反帝爱国学生运动的训育主任燕有林。因此，国民党省党部密令逮捕党员师生马适安、张训荣（张北华）等，马适安、张训荣二人闻讯后迅速转移，中共四师党支部暂时停止了活动。是年，共产党员牛玉昌（牛瑞庭）重建中共四师党支部。

同年夏，为使中共青州党组织全面恢复，中共山东省委派段亦民同志来益都整理党组织，重新建立了中共益都特支，段亦民同志任书记。"九一八"事变后，全国人民抗日怒潮不断高涨。中共益都特支组织四师、十中、甲种农业学校和东关高小学生罢课，参加南下向国民党南京政府请愿活动。在遭到国民党县政府的压制后，东关高小教师、共产党员冯毅之带领十几名学生深入西南山区进行革命活动，为日后在山区建立武装，进行抗日游击战争，打下了一定的基础。在活动范围不断扩大的情况下，1932年5月，益都党在中共益都特支的基础上，重建了中共益都县委，段亦民任书记。益都的党组织再次蓬勃发展，先后建立了中共城区（一区）、郑母区（十区）两个区委，基层支部发展到 21 处。群众组织也迅速发展，并成立了抗盐队、赤卫队等群众武装，活动也日趋活跃。中共十区区委发动群众捣毁了坑害百姓的官办盐店；中共四师党支部发动乡镇长训练班中的党员，开展反对国民党县党部常委赵若谦的斗争，打乱了国民党乡镇长训练班的计划。益都革命斗争形势不断高涨，引起了中共山东省委的重视，多次派中共山东省委军委书记张鸿礼来益都研究发动武装暴动。在 6 月的一次会议上，县委书记段亦民因坚称暴动时机不成熟，遭到张鸿礼的严厉斥责，当即被撤销县委书记、暴动总指挥职务，县委宣传部部长郑云岫（郑心亭）被指定为暴动总指挥。8 月 18 日拂晓，中共十区区委发动十几个村的党员群众举行郑母暴动。但最终因客观条件不具备，郑母暴动归于失败。暴动总指挥郑云岫、原县委书记段亦民及大批共产党员被捕牺牲，益都党组织遭到严重破坏。

益都郑母暴动失败后，于 8 月底，中共山东省委派马兰屯来益都恢复党组织，与十中学生党员金明取得联系。9 月，共青团益都县委（亦称党团县委）建立，金明任书记。根据上级指示，团县委代管党的工作。团县委建立后，恢复了一些党组织；建立了中共大官营村党支部；创办了刊物《赤峰》。正当益都党的活动重新活跃起来之时，1933 年 2 月，马兰屯叛变，益都党组织再次遭劫。团县委书记金明等所有成员及中共益北特支陈树堂等 3 人被捕。7 月，省委组织部部长宋鸣时叛变后，敌人再次来益都逮捕了 20 多名党、团员和互济会员。在不到一年的时间里，益都党组织 3 次遭到严重破坏，致使益都党的活动进入了一个极其艰难的阶段。

但是，益都的党、团员没有向敌人屈服，在失去与上级党组织的联系的情况下，继续坚持党的工作。1934 年 2 月，潍县中心县委组织部部长牟铭勋去东朱鹿村巡视，沟通了中共益北特支与省委的联系。春，十中建立了学生抗日救国会。秋，大陈庄共产党员陈锡德为了寻找党组织，考入济南第一乡村师范，与上级党组织取得联系后，利用假期在家乡大陈庄一带发展党员，于 1935 年夏建立了中共大陈庄党小组。1936 年夏，四师"中华民族解放先锋队"建立，进行抗日宣传。在此期间，中共山东省委派组织员景晓村到大陈庄检查指导工作，推动了抗日救亡运动的开展。通过一系列的宣传发动，益都党的影响广泛地遍布于群众之中，为此后进行抗日战争奠定了坚定的思想基础。

1937年7月7日，抗日战争爆发。在青州党组织领导下，青州各界人士迅速组织抗日救亡活动，进行抗日宣传，支援二十九军抗战。"八一三"事变以后，由于我党的努力和全国抗战形势迅猛发展，国民党接受了我党关于第二次国共合作的正确主张，抗日民族统一战线形成。中共山东省委根据中央指示，积极整顿和发展党的组织，号召共产党员脱下长衫到游击队去发动武装抗日。10月，胡维鲁、彭瑞林、李曦晨、李云鹤等共产党员先后从济南监狱和南京反省院来到益都，寻找地下党员，宣传组织抗日救亡活动。12月，在省委宣传部部长林浩和鲁东工委宣传委员杨涤生主持下，中共益都县整理工作委员会建立，书记为胡维鲁。此后，中共益都县整理工作委员会先后与益都北部战前的共产党员牛瑞庭、陈德义、王宗东、陈凤九、刘逢源及益都南部的战前党员冯毅之、陈锡德等取得联系，或为其恢复关系。从此，益都在党的领导下，进入了一个新的历史发展时期。

1938年1月9日，日军占领益都城。所到之处，烧杀抢掠，在铁路南制造了骇人听闻的"田庄惨案"，伤亡近百人；在城北连续"扫荡"朱鹿、良孟、段村一带，给人民造成严重损失。1月10日，中共益都县委建立。面对日军的暴行，全县人民在党的号召和"黑铁山起义""牛头镇起义"的影响下，抗战热情十分高涨，县委抓住有利时机，组建抗日救亡团，发动群众参军参战，在杨家营村召开抗日动员大会，号召各界人士团结一致，共同抗日。在共产党员和进步人士的率领下，县委先后为八路军鲁东游击队第八支队组建了十二中队、三十六中队、十七中队、十三中队，建立了八路军鲁东游击队第十支队，建立了益都县群众抗日救亡团。为了团结各阶层共同抗日，在西南山区山东人民抗日救国军第五军司令廖容标、政委姚仲明同中共益都县委员冯毅之一起，与淄河流域的吴鼎章等国民党游击队建立了"淄河流域抗日联军办事处"，冯毅之任办事处主任。之后县委击毙了妄图投敌的翟汝鉴部副司令李思亮，拉出一部，成立了八路军四支队新编第一营。在城北，县委派人到国民党徐振中部做统战工作，以徐部一中队为基础，组成了"益都人民抗日游击大队"。1938年10月，根据斗争形势的发展，中共苏鲁皖边区省委决定，将中共清河特委胶济铁路以南各县划出，成立中共淄博特委。从此，益都县以铁路为界分属两个战略区。铁路以北地区始称益都县，后为益寿临广四边县、益寿县，隶属中共清河特委、中共清河地委、中共渤海区党委；铁路以南党的组织始称中共益南工委、中共益都县委、中共益临工委、中共淄河县委等，先后隶属中共淄博特委、中共鲁中区党委。两地区党组织分别在其上级领导下，发动群众，同日伪顽进行了艰苦卓绝的英勇斗争。

在铁路以北，党组织于1939年2月，根据中共清河特委指示，将益都县陈景三中队与临淄大马岱李梦鼎中队合编为益北大队，活动于益（都）、寿（光）、临（淄）、广（饶）边缘地区。同时，在该地区活动的还有八路军山东纵队第三支队。"太河惨案"发生后，三支队奉命从益北出发，挺进淄河流域，参加反顽作战；回师后在益北纸坊伏击日伪军，毙伤20余人。是年春，县委根据中共清河特委苇子河会议精神，抓紧在敌人统治比较薄弱，群众条件较好，我党又有一定基础的益七区、寿五区、临二区、广二区先后建立了区委。中共清河特委进驻这一带地区后，对加强根据地的建设进行了具体指导，使益、寿、临、广地区成为中共清河特委领导全区抗日工作的中心基地。10月，根据斗争的需要，撤销益都县，建立中共益寿临广四边县委和四边行政办事处，马巨涛任书记，杜振东任办事处主任。在中共益寿临广四边县县委的领导下，工、农、青、妇各群众抗日团体纷纷建立，并建立了四边县"六大队"抗日武装，及四边县兵工厂、印刷厂、被服厂。在铁路南，中共益南工委组织群众开展适合山区特点的斗争，不断取得胜利。1939年10月，经第一区党委二地委决定，撤销中共益南工委，建立中共益都县委。同时，建立了基层抗日政权——二、三、五区联合区工所。随后，建立了益都县参议会和县政府。

1940年，在铁路北，四边县抗日根据地建设蓬勃发展，地方武装进一步壮大，先后组建了区中队、县青年中队和工农大队，发行了"益寿临广四边县流通辅币"，建立了益北抗日高小，使根据地初具规模。4月，四边县撤销，建立中共益寿县委和益北行署。9月，召开了益寿县第一次党代会，选举韩洪甫为县委书记和出席清河区党代会代表。同时，军事斗争形势也非常有利，益寿军民在取得8月反"扫荡"胜利的基础上，10月又配合山纵三支队发起臧台战斗，歼灭反共顽固派徐振中部300余人。11月，在阳河、河头阻击战中毙伤日伪军40余人，粉碎了日伪军长途奔袭计划。一连串的战斗胜利鼓舞着益寿军民。12月，掀起改造地形高潮，共计挖地道、抗日沟1000余千米，为坚持平原游击战争创造了条件。在铁路南，形势比较严峻。日伪军在淄河流域增设据点，反共顽固派吴化文部新四师向淄河流域大举进攻。益都县大队在长秋、上张、下张、窦家崖、孙家岭、西崖头等战斗中，顽强地阻击了敌人的进犯。不仅如此，党组织还于8月改编了游散在西南山区的杨敬坤部，建立了益都县大队第二大队。同时，刘明训、何子健带领第二游击大队在城东平原坚持斗争，进而建立了抗日民主政权——益东行署。

1941年，"皖南事变"发生后，国民党地方顽固派由消极抗战变化为积极反共，益寿、益都两县形势进一步恶化。1月5日、18日，相继发生了"东朱鹿惨案"和"刘集事件"，中共清东地委组织部部长李寿岭、中共益寿县委组织部部长刘旭东、宣传部部长张鲁泉等12名同志及近百名干部战士光荣牺牲。6月，中共益七区区委书记周永胜等同志被伪徐振中部杀害；月底，中共青州敌工委书记黄绍远公开叛变投敌，益都百余名党员群众被捕。为应对严峻的形势，中共清河区党委调整充实了益寿县领导力量，并在党员中开展了多种教育活动。在铁路南，中共鲁中区党委为加强淄河流域的领导，于7月建立了中共益临工委和益（都）临（朐）淄（川）博（山）四边县联合办事处，领导淄河流域广大革命群众，采取多种方式同日伪顽进行坚决斗争。

1942年，铁路南北两地区形势继续恶化。2月，益寿县撤销，重建四边县。日军调集大量兵力对我军民反复"扫荡"，实行"铁壁合围""梳篦拉网"等战术，在我根据地内安设据点20余处。由于日伪顽的联合"清剿"，中共益寿临广四边县县委书记丁亦民壮烈牺牲，大批干部群众惨遭杀害，尤其是"七·一大扫荡"后，四边县全部被"蚕食"，昔日的益寿临广四边县根据地变成了"一枪打透"的狭小地带。铁路南吉吉顶失守以后，李家峪等13个村庄被"蚕食"，中共益临工委、四联办及县大队也被迫撤到淄河以西活动。此外，党内叛徒对党组织的破坏，更使两地军民处于极端困难的环境之中。但是，益临边区及四边县党组织和人民不仅没有屈服，反而更加英勇顽强，采取灵活的战术同敌人进行斗争。四边县被"蚕食"后，县委将机关干部、战士及乡村干部300余人，分批转移到广北根据地。县委书记李荆和、县长赵治安率县独立营一个排就地同群众一起坚持斗争，并逐步建立起革命的两面政权、情报站和秘密联络站，干部实行"职业化"，与可靠的党员群众加强联系。8月，四边特务大队建立，这支精干的武装，像一把钢刀，采取

"翻边战术"，开展小型活动，实行"麻雀战"，不断袭扰敌人，在敌伪据点密布、碉堡林立、封锁沟纵横的艰苦环境中，站住了脚跟，一直坚持到抗战胜利。同年，中共清河区党委建立了中共益东工委，在敌占区六、八、九区一带开展工作，有力地配合了四边县的对敌斗争。在铁路南，虽然环境更加艰难，但是我党政军民仍坚持了下来。7月，鲁中一军分区司令员廖荣标率部奇袭马鞍山，沟通了中共益临工委与中共泰山地委的联系。11月，2000余日伪军在两架飞机、六门重炮的配合下，对马鞍山发起疯狂进攻，在血与火的考验面前，40余名伤病员及抗战家属，毫不畏惧，英勇顽强地抗击了敌人的多次进攻。他们用鲜血和生命谱写了一曲气壮山河的凯歌。

经过一年多的艰苦斗争，1943年春天以后，形势开始好转。在铁路南，泰山军分区副司令钱钧率部挺进淄河流域，进一步打击了吴化文部。为了开展青州至临朐之间的对敌斗争，中共鲁中区党委决定建立中共青州工委。夏秋之间，通过两次讨吴战役，消灭了吴伪的有生力量。10月，中共益临工委改为中共淄河县委。在铁路北，四边县军民在清河军区的统一指挥下展开夏季攻势，取得了一系列战斗的胜利。同时，铁路南、北各级党组织在上级党组织的领导下开展了整风学习，加强了党的建设，带领群众开展了生产运动，同群众一起克服了灾荒，跨过了黎明前的黑暗，迎来了胜利的曙光。

自1944年起，各级党组织带领广大军民进行战略反攻。2—3月间，四边特务大队配合清河军分区主力在四边境内连续作战。7月，其参加渤海军区发动的夏季攻势第一阶段作战。战斗促使王道率"灭共建国军"第八团2600余人，苏景三率广饶伪警备第六中队同时反正，使四边根据地基本恢复，并与寿光清水泊根据地连成了一片。四边军民乘胜继续扩大战果，取得一系列胜利，同时在根据地内开展"双减"运动和副业生产，开办各种类型学校，发展教育事业，促进了根据地的建设。与此同时，鲁中军区部队发起第三次讨吴战役，拔掉部分敌伪据点，进一步促使淄河流域形势好转，建立了新二区、新三区及中共青（州）张（店）工委。7月，淄河县撤销，益都县重建。

1945年，四边、益都两县形势继续好转，四边特务大队频频出击，不断取得胜利；四边青年踊跃参军。5月，为加强胶济铁路中段敌占城市及沿线农村的工作，中共渤海区党委决定撤销中共益东工委，建立中共胶济工委。8月，建立胶济大队。在铁路南，6月中旬，益都县开始进行"双减"、反奸诉苦试点工作。8月22日，鲁中区主力在山东独立第一旅的配合下，一举解放青州城，歼敌2000余人，活捉伪益都县保安大队长王葆团。中共益都县委随即进城，布告市民，恢复生产，整顿秩序。

益都县委先后建立五次才得以成功，斗争是多么曲折和复杂。这又是青州地方党史的一大特点。

（四）青州市先后获得了许多国家级的奖项，受到了上级领导的高度关注

近年来，青州市先后获得了国家历史文化名城、国家卫生城市、国家园林城市、中国优秀旅游城市、全国社区建设示范市、国家级生态建设示范区、国家地质公园、全国园林绿化先进市、全国科技进步先进市、全国粮食生产先进县（市）、全国老龄工作先进市、全国文化工作先进市等荣誉称号，连续六次被表彰为"全国民族团结进步模范集体"，是2016年度中国中小城市综合实力百强市（全国科学发展百强县市）（列63位）、山东省经济30强县（市）之一，乡亲们的日子越过越红火。

二、青州地方党史给我们的启示

中国共产党在青州96年的奋斗历程——"烽火连天的革命岁月、热火朝天的建设年代、波澜壮阔的改革时期"已经载入史册。在这96年的奋斗历程中，既有成功经验，也有深刻教训。以史为鉴，资政育人。学习中共青州地方党史，尤其是学习中华人民共和国成立前那段艰苦卓绝、惊天动地又感人肺腑的奋斗史实，为党领导青州人民继续胜利地走向未来提供了历史的智慧和深刻的启示。

（一）要高度重视坚强领导核心的建设，始终高度重视基层党支部坚强战斗堡垒的建设

战争时期，尽管青州党组织隶属的上级党委有变化，自身名称及领导范围也时有变化，但它从建立起，就始终把党的建设放在首位，高度重视从组织上、思想上、作风上不断加强自身建设，使党组织不断巩固和发展，能不断实现各时期战略转移，成为革命斗争的核心力量。在基层组织的建设上，各县委通过组织生活会、创办党校、举办支部流动训练班等多种形式，把党的指示、决议及时贯彻到每个党员中去。各县委编写和发行《怎样做一个好共产党员》等教材，指导与提高党员的政治、政策水平，发挥基层党组织的

战斗堡垒作用和党员的模范带头作用。因此，青州各级组织虽然遇到数不尽的艰难险阻，仍然傲然挺立、夺取胜利。

（二）要坚持以马克思主义中国化的科学理论为指导，坚定不移地走中国特色社会主义道路

党在青州 96 年的历史，是推进马克思主义中国化的历史，正是依靠正确的理论指导，党带领青州人民夺取了一个又一个胜利。在新的形势下，党要在青州实现"两个基本"目标，建设"五强四宜"新青州，仍然必须坚持马克思主义，坚定理想信念，保持政治定力，坚定不移地走中国特色社会主义道路。

（三）要加强党的执政能力建设

青州地方党史告诉我们，共产党所得到的政权不是别人奉送的，是经过革命斗争才得来的。我们应当珍惜这来之不易的政权。现在，我们得到这一政权已有半个多世纪了，我们要按照党的十六届四中全会的决议和十七大、十八大以及即将召开的十九大精神，加强党的执政能力建设，即驾驭市场经济、加强市场经济条件下的先进文化建设的能力，加强提高协调各种关系、稳定社会、加强和谐社会建设的能力和从事国际事务的能力。

不能发展经济的执政党将会失去执政地位。执政党赢得合法性基础需要多方面支撑，但经济发展始终是关键要素。具体地说，一个执政党不能发展经济，就不可能长期执政。经济增长关系着全体国民的生活水平，执政党只有让国民的生活水平在"得大于失"的情况下才能保持执政地位。因此，执政党在和平的环境中一定要坚持以经济建设为中心，把发展作为执政的第一要务。

加强市场经济建设的能力，目前就是要加强宏观调控，防止经济建设过快、过热，防止物价从结构性调整变为通货膨胀；加强先进文化的建设，这是因为文化是人的生存状态以及情感、愿望的反映，反过来对人的生存、发展给予能动的影响。从这个意义上说，文化就是人的素质。对青州来说，经济建设和社会发展都是比较好的，但不是没有问题，特别是文化，相对于经济建设来讲，相对于文化强市来讲，还是比较滞后的。

加强和谐社会的建设，当前就是要防止两极分化现象。青州是个经济富裕的地方，这并不能证明青州没有穷人，青州人考上了大学，但读不起大学

的还是为数不少。我们注意一下《青州通讯》曾报道过的，市政协、市慈善总会资助过的学生上大学的情况，就可以明白这一点。目前房子价位较高，购房和求医、求学正成为普通百姓新的压力，青州住房条件很差的人还是很多的。

在市场经济的环境中执政，任何政党都会面临如何平衡效率与公平的棘手问题，一个执政党忽视社会公正，即使有显著的政绩，也有可能导致执政地位的丧失。

（四）要搞好反腐倡廉

当前腐败问题还是很突出，出现了一些新特征：

一是腐败越来越趋于年轻化。20世纪90年代初期，一些官员在60岁退休前夕想着"捞一把"而出现腐败现象，时称"59岁现象"。后来，由于干部年轻化步伐加快，腐败也随之出现了年轻化趋势，出现"50岁现象""45岁现象"。

二是"阴阳人"增多。腐败犯罪主体人格两面性是近年来比较突出的现象。人格的裂变是高智能化的职务犯罪主体共同的特征，这些主体也就是人们常称的"当面是人，背后是鬼"的"阴阳人"。

三是腐败的金额越来越大。从几百万元至几千万元，数额越来越巨大。

四是贪钱总是和贪色连在一起的。

五是"边腐败边升迁"。有的官员在担任不同职务的过程中持续作案，同时不断得到提拔重用；有的官员用权力攫取金钱，又用金钱操纵、获取更大的权力。

对当前这些腐败现象我们要有清醒的认识，提高对反腐倡廉重要意义的认识。腐败问题是目前老百姓最不满意的问题，我们只有搞好反腐倡廉，才能深得人心。我们一定要把反腐倡廉进行到底，才能使我们的党不变颜色。反腐败，首先要抓重点，即抓高中级干部的腐败；其次要攻热点，即集中于损害群众切身利益的案件；最后要突破难点，即解决监督体制制度的问题。

（五）要加强自己世界观的改造

古希腊著名哲学家德谟克里特，晚年他把自己的两只眼睛弄瞎了，有人问他为什么要这样做？他平静地回答是为了看得更清楚！无独有偶，意大利著名画家阿马代奥·莫迪里阿尼创作的肖像画中，许多成年人只有一只眼睛露出来。他对此的解释是："这是因为我用一只眼睛观察周围的世界，用另一只眼睛审视自己。"人们往往看到别人的不足，不知道自身的弱点，能看出别人的问题，不知道自己的问题，许多时候，打倒自己的不是别人，而是自己。

（六）要坚持实事求是，把党中央的路线、方针、政策与青州市情结合起来，一切从实际出发，这是青州各项事业成功的关键

党在不同历史时期都有不同的历史任务，全市各级党组织在贯彻中央精神的大前提下，必须结合当地实际，创造性地开展工作，才能使党的路线、方针、政策得到落实。不同时期在青州开展的各项工作能够在全省乃至全国有重大影响，都是青州各级党组织坚持实事求是、一切从实际出发、创造性地开展工作的结果。

习近平总书记强调，历史是最好的教科书。学习党史、国史，是坚持和发展中国特色社会主义、把党和国家各项事业继续推向前进的必修课。回顾96 年的辉煌历程，我们深刻地感受到，党所领导的革命、建设和改革事业是前所未有的伟大事业，只有中国共产党的领导才能实现民族独立、国家富强和人民幸福，才能实现中华民族的伟大复兴。展望未来，我们正在进行的建设中国特色社会主义事业，正是在前人艰苦创业、不懈奋斗奠定的坚实基础之上继续进行的。全面、历史、辩证地回顾和学习党的历史，可以使我们更加深刻地认识历史发展的必然性，更加自觉地把握历史发展的规律，更加卓有成效地开展当前的工作，更加满怀信心地迎接各种挑战，开创更加辉煌的未来。

今天，在纪念中国共产党诞生96 周年和中共青州地方执行委员会创建90周年及党的十九大将于10 月18 日在北京胜利召开的三喜时刻，我们要把学习青州地方党组织的光辉历史和学习党的路线、方针、政策结合起来，更加自觉地在党中央和省、市委的正确领导下，朝着"十三五"规划的宏伟目标前进，创造更加壮丽辉煌的明天！

我的讲话完了，谢谢大家！

2017 年 10 月 13 日

第二讲　党史国史教育专题讲座
传承红色基因　坚定文化自信

——抗战时期青州地区文化宣传和教育工作的实践与启示

樊光湘

在纪念建军 90 周年、八路军第一一五师成立 80 周年、山东人民抗日武装起义爆发 80 周年和中国人民抗日战争全面爆发 80 周年之际，认真总结抗日战争时期青州地区文化宣传和教育工作的实践与启示，深刻挖掘其军事文化内涵，对于弘扬抗战精神、爱国主义精神、讴歌中国人民解放军光辉历史，坚定文化自信，以及打造青州抗战文化品牌旅游事业，有着重要的作用。

习近平总书记指出文化自信，是更基础、更广泛、更深厚的自信，并号召全党要坚定道路自信、理论自信、制度自信、文化自信。作为新时代的党员干部，我们理应深入学习贯彻习近平总书记关于文化自信的重要论述，不断提升地方文化软实力，为实现转型发展、追赶超越汇聚强大正能量。为纪念建军 90 周年、八路军第一一五师成立 80 周年、山东人民抗日武装起义 80 周年和中国抗日战争全面爆发 80 周年，大力宣传中国共产党在全民族团结抗战中的中流砥柱作用，中国共产党人为国家的独立和民族的解放英勇抗击日本侵略者的伟大壮举；宣传中国共产党抗日统一战线政策，展示爱国抗日将士同仇敌忾的英勇事迹；抢救和保存中国抗战文化及世界反法西斯文化遗产，弘扬抗战精神，笔者结合掌握的资料，加以考证，编写了《传承红色基因 坚定文化自信——抗战时期青州地区文化宣传和教育工作的实践与启示》一文。文章还原再现 70 年前的抗日斗争的一条重要战线——青州地区文化宣传和教育工作，为了抗日战争胜利，在舆论、理论、智力、知识等方面为抗战提供了重要支持的历史片段，以展示青州地区抗战时期文化宣传和教育工作事迹，传承以爱国主义为核心的民族精神，教育和激励广大中华儿女回顾历史，不忘历史，鼓舞斗志，奋发图强，为实现中华民族的伟大复兴中国梦而努力奋斗。

文化自信的底气在于独有的红色基因。青州地区抗日根据地的文化宣传和教育工作既源自厚重饱满的历史文化，又来自独具特色的齐鲁风情文化，更来自引领方向、坚定信念的红色文化，是我国新民主主义文化宣传和教育史中的重要一页，其中不乏可供今日借鉴的历史经验。现在，是让记忆回归，让荣耀回归的时候了……

1937 年 7 月 7 日卢沟桥事变爆发后，日军发起全面侵华战争，国民党军队纷纷溃退，华北大片国土沦陷。1938 年 10 月，根据抗战形势的发展需要，中共苏鲁皖边区省委决定，将中共清河特委原辖区以胶济铁路为界划分为两个战略区域，铁路以南地区隶属中共淄博特委，铁路以北地区仍隶属中共清河特委——自此，青州党组织设置出现以胶济铁路为界，南、北分置的格局。并且，南、北地区党组织设置进入了变动频繁的时期。铁路以北青州地区驻军有：杨国夫率领的八路军山东人民抗日游击第三支队（后改编为八路军山东纵队第三支队）；八路军鲁东游击队第七、第八、第十支队；各县县大队、武工队、游击队等武装组织。先后设置中共益都县委（1938 年 10 月至 1939 年 10 月，驻地：益都城北东朱鹿村，隶属中共清河特委）、中共益（都）、寿（光）、临（淄）、广（饶）四边县边区委员会（1939 年 10 月至 1940 年 4 月，驻地：益都城北赵家营村，隶属中共清河地委）、中共益寿县委（1940 年 4 月至 1942 年 2 月，驻地：益都城北曲家屯村，隶属中共清河地委）、中共益、寿、临、广四边县委（1942 年 2 月至 1945 年 9 月，驻地：广饶县李家琚高村，隶属中共清河区清东地委）、中共益东工委（1942 年 8 月至 1945 年 5 月，驻地：益都城北东肖家庄村，隶属中共清河区党委）、中共胶济铁路工作委员会（1945 年 5 月至 1947 年 10 月，驻地：张店，隶属中共渤海区党委）。铁路以南青州地区驻军有：廖荣标司令员率领的山东人民抗日救国军第五军（后改编为八路军山东纵队第三支队，下辖七团、十团和几个独立营、县大队）；八路军第四支队新一营；八路军鲁中军区二团；各县县大队、武工队、游击队等武装组织。先后设置中共益南工委（1938 年 12 月至 1939 年 10 月，驻地：益都城东大陈村，隶属中共淄博特委）、中共益都县委（1939 年 10 月至

1941 年 7 月，驻地：益都城西南长秋村，隶属中共山东分局第一区委员会二地委）、中共益临工委（1941 年 7 月至 1943 年 10 月，驻地：益都城西南孙家岭村，隶属中共鲁中区党委）、中共淄河县委（1943 年 10 月至 1944 年 7 月，驻地：益都城西南水峪村，隶属中共鲁中区五地委）、中共益都县委（1944 年 7 月至 1949 年 9 月，驻地：益都城西南孟埠村，隶属中共鲁中区五地委）、中共青州工作委员会（1943 年 7 月至 1945 年 8 月，驻地：益都城西南孙旺庄村，隶属中共鲁东区一地委）、中共青（州）张（店）铁路工委（1944 年 5 月至 1949 年 3 月，驻地：不详，隶属鲁中军区和中共淄河县委）、中共青州市委（1945 年 8 月至 1946 年 5 月，驻地：益都城南华林疃村，隶属中共鲁中区四地委）。区划调整后，分属两个战略区域的青州地区抗日根据地中共党组织在领导各敌后抗日根据地积极抗战，大力进行政治、经济建设的同时，极其重视根据地的文化教育建设。各敌后抗日根据地在中共党组织的领导下，认真贯彻执行党的文化教育方针政策，在艰苦激烈的战争环境里，积极发展文化教育事业，并开展多种形式的干部教育活动，为胶东、清河、鲁中抗日根据地培养和输送了一大批抗战的中坚骨干与后备力量，充分发挥了青州在山东抗战的战略支点作用，为夺取抗日战争的胜利提供了强有力的干部支撑；为抗日战争胜利后在更大范围内开展文化宣传、教育建设和干部教育，坚持加强和改进党的建设，推进党建设新的伟大工程提供了宝贵的经验。

一、抗日战争时期青州地区文化宣传和教育工作的实践

（一）抗日战争时期铁路以北青州地区文化宣传和教育工作成绩显著

1. 提高干部文化素质，适应游击战争需要

坚持敌后抗战，迫切需要培养成千上万的抗日干部，去组织和武装群众，开展敌后抗日游击战争，创造与巩固敌后抗日根据地。铁路以北青州地区敌后抗日根据地遵照中共中央关于"干部教育第一"的方针，首先大力发展干部教育。一方面派工农出身的干部赴外地学习，有的被派去延安"抗大"或分校，有的被派去省委岸堤干校，学习政治理论、游击战争的战略技术原则和文化知识，提高了广大干部的思想觉悟和军政素质；另一方面吸收大量的知识分子入党，并把有一定文化知识的党员分配到党政军各级各层工作，使军队和政府机关成为有文化的团体。同时，为了尽快恢复教育事业，铁路以

北青州地区敌后抗日根据地在党组织的领导下，于1938年6月，先后举办三期抗日军政干部训练班，后又组织"四边县乡村教育工作团"，在东朱鹿村举办为期半个月的乡教团训练班，参加受训的人员绝大部分是原来的任职教师，其次是思想进步的知识青年，共300余人。训练班结束后，一部分学员到部队任干部做抗日工作；一部分赴农村宣传发动，协助各村恢复小学和夜校，并建立儿童团、姊妹团、乡教团，还组织力量编印抗日课本，编唱抗日歌曲，编演救亡剧目。从1940年开始，其推广了延安在职干部教育的经验，普遍进行在职干部的教育，通过开办各类干部训练班，在不长的时间内培养出大批军事、政治和其他各类专业干部，保证了部队和根据地建设的需要。

在抗日战争期间，因为铁路以北青州地区敌后抗日根据地党组织重视，党的宣传教育工作进展较快，建立健全了宣传机构和培养了不少宣传干部，开展了各种教育活动。宣传工作的主要任务，是学习宣传毛泽东的《论持久战》等名著，向广大党员干部和人民群众进行广泛的抗日救亡宣传，使其树立抗日必胜的信念。开办了多种党内或党外积极分子训练班，提高了党员的政治觉悟和文化水平，丰富了党员的斗争经验。在进行抗日宣传教育的同时，还进行了共产党员党性教育、气节教育和政策教育。规定机关干部必须读《论持久战》《论共产党员的修养》《怎样做一个共产党员》《联共（布）党史》等几本书。这几本书是武装党员干部的强大思想武器，经过阅读、辅导，党员干部提高了政策水平、理论水平和个人道德修养，明白了怎样做一个共产党员和共产党员应具备的品德，努力使自己做一个名副其实的好党员好干部。加强了气节教育，激发党员干部和人民群众的民族意识与爱国主义精神，做到在艰难困苦的环境中，尤其在生死关头，不妥协，不投降，坚定革命意志，不屈不挠，与日本侵略者血战到底。加强政策教育，把党的方针、政策、法规和法令编成教材，通俗易懂地介绍到基层支部，使之成为广大干部群众的自觉行动。

2. 开办中小学校

按照山东省战时行政委员会的要求，根据地还在各村开办中小学校。在益（都）寿（光）临（淄）广（饶）四边根据地，自1938年开始到1940年春天，四边县行政办事处抗日民主政府就在紧张战斗的缝隙中恢复整顿根据地内各村原有小学教育，先后办起了阳河、南星落、北星落、史家、东朱鹿等多所抗日小学。不到三年时间，抗日小学已有百余所，初具规模。在这期间，各村抗日小学，规模不一，学生多少不同，多有 1~2 名教师任教，经常结合农会干部动员学生到校学习。1940 年，中共益寿县委和益北行署建立后，又在许王庄建立了益北高级小学，当年招生 1 个班 50 人，集中培养具有初级小学程度的各村儿童团骨干。

小学教育的基本目标是，启发儿童民主意识，训练儿童抗战技能，增进儿童基本知识，提高儿童学习能力，养成儿童劳动习惯，启发儿童生产热忱，培养儿童服务精神。

抗日战争时期，铁路以北青州地区敌后抗日根据地办学条件非常艰苦，很多学校根本没有场地和桌椅，师生们因陋就简：没有教室，就利用寺庙、祠堂或者借用大户人家的房子；没有课桌，就用腿垫着写字；没有教具，就自己做；没有教材，就自己编写。当时，日本人对青少年儿童进行奴化教育，强令各村学校学习日本课本。为了应对日伪检查，许多学校都准备了两套课本。一套是抗日课本，一套是日伪县政府发的课本。实际上，日伪课本只是摆设，平时学习抗日课本，进行抗日教育，遇到日伪检查时，就用日伪县政府发的课本来应对。从 1941 年 3 月至 1942 年 10 月，日军在青州地区连续推行了五次"治安强化运动"。为了应对日伪军的突然袭击和扫荡，很多学校采取了灵活多样的教学形式，荒郊地、树荫下也成了教室，上课时集中听课，下课后分组到群众家中自习、住宿。那时，干部教师通用，课堂上是教员，下课后深入群众中去帮助开展中心工作。尤其在 1939 年以后，师生在社会各项中心工作上配合得很好，在课余时间积极开展拥军优属、文艺宣传等。在轰轰烈烈的抗日战争中，各村小学学生积极站岗放哨、查路条、送信、呼口号等。在拥军支前方面，教师积极参加抬担架，支援抗日战争；高小学生抬担架，慰问负伤战士，踊跃报名参军。

就是在这样的困难条件下，铁路以北青州地区敌后抗日根据地广大师生艰苦自励，奋发向上。有的学校教学质量远近闻名，如东朱鹿村抗日小学，周围几十里地远的学生踊跃前去报名。

3. 发展抗日宣传教育，教育民众

铁路以北青州地区敌后抗日根据地处于益（都）寿（光）临（淄）广（饶）四边农村，文化教育极不发达。为提高人民群众的文化水平，加强民族意识教育，动员群众积极参加抗日，根据地把扫除群众中，特别是青壮年中的文盲作为教育工作中的一项重要任务。

随着抗日斗争的深入发展，铁路以北青州地区抗日根据地的宣传、文化、教育事业逐步发展起来。在宣传方面，主要是宣传中国共产党的抗战政策，揭露日本帝国主义的侵略罪行和国民党顽固派破坏抗日民族统一战线的行径。各区还根据形势的需要，组成一些宣传队深入各地开展宣传工作，扩大了共产党、八路军的影响，推动了铁路以北青州地区的抗战事业。

在教育方面，主要是利用冬季农闲季节，举办冬学、夜校、识字班，开展扫盲运动。各村普遍设识字牌、识字岗，并利用小先生形式，教学识字，抗日教育十分活跃。

发展抗日宣传教育的目标之一就是消除文盲，提高铁路以北青州地区民众的文化水平。铁路以北青州地区的知识分子凤毛麟角，识字者极其稀少。平均算起来，识字的人只占全根据地人口的1%。大量文盲的存在，严重影响了抗日政策的宣传与贯彻。

另一个目标就是注重培养民众的民族与国家意识，激发民众参与政治的热情，坚定民众参加抗战的决心。在普及知识的过程中给民众灌输中共所主张的意识形态，通过民众熟悉的事物加强思想政治教育，达到统一思想、统一行动的政治目的。

4. 兴办文化社团

在铁路以北青州地区根据地内兴办了各种形式的、为广大群众喜闻乐见的、通俗易懂的、以宣传抗日为主的文化社团，先后有大马宋村子弟班、小营村业余京剧团、桃源俱乐部……这些社团以新的形式、新的内容，在根据地群众中开展文化联络和文艺宣传活动，对广大群众进行多方面的教育。一是进行民族教育，注意培养人民群众的民族意识和民族气节，提高工人、农民、妇女、儿童的抗战热情。二是进行民主教育，注意培养广大群众的民主思想，实现民主政治。三是进行科学教育，注重教育广大群众树立科学思想，发扬科学精神，学习科学技术，培养科学的工作方法，使根据地的群众在娱乐中接受了形象的多方面的抗日教育。

5. 新闻出版

在文化教育建设中，报刊书籍的出版发行是一个非常重要的方面。铁路以北青州地区抗日根据地各部队、党政机关和人民团体积极创办了油印和铅印类的报刊杂志，印刷出版了多种书籍。通过这些印刷品将国内外战况、党的方针、政策及时进行了传播。据统计，八路军山东纵队三支队政治部出版了《挺进报》《战士园地》等，还有油印小报 10 多种。铁路以北青州地区抗日根据地出版发行的各类报刊杂志，内容丰富，文字简洁，时效性强，具有鲜明的战斗性。这在被敌人分割包围的艰苦环境中，坚定军民抗战胜利的信心，激励和鼓舞抗战士气，揭露敌人的残暴罪行和分化瓦解日伪军，发挥了重大的作用。

（二）抗日战争时期铁路以南青州地区文化宣传与教育工作日新月异

1. 文化艺术

文化艺术团体是活跃在抗日根据地内的文化主力军。其中，影响较大的有铁路以南青州地区西南山区抗日根据地文协组织、孩子剧团和戏剧表演剧团——玉庆班。

文协组织的主要任务是：动员一切文化力量，推动人民参加抗战和建立中华民族的新文艺。广大文艺工作者面向工农兵群众，在极其艰苦的战斗环境中，克服重重困难创作出大批反映战争现实、讴歌根据地建设、揭露敌人罪行的诗歌、戏剧、报告文学和小说。抗战文艺对激励军民的抗日斗争，揭露和瓦解敌人，以及传播新思想新文化都有不可磨灭的功绩。

孩子剧团和戏剧表演剧团——玉庆班设戏剧组、歌曲组、舞蹈组、标语组、美术组、道具管理组。它们主要是在根据地内利用节日或集会进行以抗日内容为主的宣传演出，表演形式多种多样，有戏曲、歌曲、舞蹈、话剧等，内容都是结合当时的形势创作的，演出的话剧主要有《电线杆》《理发店》《纺线车》《八路军跳崖壮士》《放下你的鞭子》等；演唱的歌曲主要有《流亡三部曲》《义勇军进行曲》《八路军军歌》《游击队之歌》《到敌人后方去》等；舞蹈形式有叮当舞、儿童舞、农夫舞等。表演再现了日军烧杀掠抢、欺侮妇女等残暴行径，激发了广大军民的抗战激情。

同时，孩子剧团和戏剧表演剧团——玉庆班还配合地方政府和县、区基干武装加强宣传攻势，用石灰和红土涂写标语口号。这为根据地群众在娱乐中接受到形象的抗日教育提供了机会，活跃了根据地的文化生活，提高了根据地人民群众的文化水平，改变了根据地人民群众的某些旧的道德观念和风俗习惯，深受人民群众的欢迎。

2. 新闻出版

新闻出版工作在抗战初期就相当活跃。1938年3月，"淄河流域抗日联军办事处"和益（都）临（朐）淄（川）博（山）四边县联合办事处成立后，创办了党刊《淄河周报》。1941年7月，隶属中共鲁中区党委，辖益都、临朐、淄川、博山、昌乐、安丘、潍县等县党组织的中共益临工委在益都县孙家岭建立后，创办工委机关报，定名为《卸石山下》。这些党报党刊的创办和发行，对于指导铁路以南青州地区的抗日斗争，宣传党的方针政策，教育广大党员干部群众，密切群众关系都发挥了积极作用。同时，党的各级宣传部门还组织翻印和编印了许多重要理论著作、政治理论教材、时事教育读物及大量宣传品。例如，翻印发行了《共产党宣言》《政治经济学》《论持久战》《抗日游击战争的战略问题》《战争与战略问题》《新民主主义论》等著作，编辑出版了《抗日民族统一战线》《阶级与阶级斗争》《游击战》《时事教育讲话》《党的基本知识读本》《党的建设》《军队中的政治工作》等小册子。这些书籍的出版发行，大大提高了党员干部的思想政治觉悟、理论和工作水平。

3. 教育工作

铁路以南青州地区中共党组织积极举办各种政治训练班，大力开展学校教育和民众教育，培养抗战人才。

（1）干部培训

铁路以南青州地区中共党组织自1939年12月起，多次举办抗日军政干部和群团组织负责人训练班，组织学习中央文件和上级的有关指示，学习抗战理论、统一战线、游击战争、群众工作、军事知识等对敌斗争的多方面知识，向他们进行"国家兴亡，匹夫有责"的爱国主义教育和"谁养活谁"的阶级教育，使抗日军政干部和各县、办事处干部及区、乡、村的农、青、妇等群团组织负责人增长了才干。同时，培养了一批爱国青年和中小学教员。

（2）学校教育

自1941年起，益（都）临（朐）淄（川）博（山）四边县联合办事处拨付专款，抽调教师，大力支持创办农村小学。先后办有长秋村抗日小学、仁河区朱崖村抗日小学等。同时，恢复、扩建了上庄、窦家崖等多处中小学校，实行普及义务教育，对抗日军人子弟、贫苦儿童、敌占区的青少年实行公费教育。

小学课本多为四边县联合办事处编印，内容包括民族教育、阶级教育、生产教育、纪律教育等。学校不仅组织学生学习，还组织学生参加社会活动，如配合民兵站岗、放哨、送信、查路条、慰劳部队等，培养了儿童正直、勇敢、互助的精神和爱劳动、守纪律的良好品质，为他们走上革命道路奠定了基础。

（3）民众教育

在发展学校教育的同时，铁路以南青州地区中共党组织和抗日民主政府还积极兴办民众教育，形成了全民性学文化热潮。教育形式多种多样，主要有冬学、夜校、识字班及俱乐部、剧团等，其中以冬学运动为主。

冬学运动首先在益（都）临（朐）淄（川）博（山）四边县联合办事处兴起。1941年秋，四边县联合办事处党政领导就布置了冬学工作，组织群众学习文化，宣传减租减息和实行合理负担的政策，调动群众生产和抗日的积极性。1942年入冬后，四边县联合办事处所属村都办起了冬学，约500处，实行"闲时多学、忙时少学、大忙不学"的办学原则，既不耽误生产劳动，又给成年男女各种受教育的机会，深受人民群众的欢迎。

1943年冬，冬学运动由四边县联合办事处扩展到中共青州工委领导的青州城区等地，冬学运动广泛开展起来。据统计，四边县联合办事处和中共青州工委领导的青州城区等地约5万名青壮年男女参加了学习。有些是全家人入冬学，老幼互帮互学，情景感人。农民群众白天劳动，晚上学习，生产和学习相结合，既提高了思想觉悟，又促进了生产。1944年，鲁中行署下达了关于冬学运动的指示信，提出"利用冬学运动形式，广泛开展成人教育，打下今后成人教育的基础"，使冬学运动的发展更为迅猛，学习的内容和形式也更加丰富多样。冬学运动的开展，极大地促进了农、青、妇等群众组织的建立健全。

抗日战争时期，青州各县抗日根据地逐步发展起来的宣传文化教育事业，深入持久地宣传了抗战，及时地宣传了党的方针政策，有力地促进了抗战和根据地各项建设；广泛地宣传了马克思列宁主义，培养起一批坚定的共产主义战士；及时培养了抗战急需的各类人才，尤其是培养了大批干部；提高了根据地人民群众的文化思想水平，改变了根据地人民群众的某些旧的道德观念和风俗习惯。为抗日救国、社会进步培育了大批人才，为建设新民主主义农村，奠定了文化基础。

二、抗日战争时期青州地区文化宣传和教育工作的经验与启示

（一）抗战时期青州地区抗日根据地文化宣传和教育工作的经验

1. 始终坚持党的领导

抗战时期青州地区各县党委非常重视根据地文化宣传和教育工作的统一组织领导。抗战时期青州地区各级政府建立后，在政府中都设有文化委员会或文化委员（个别区或乡也称宣传委员），统一管理文化宣传和教育工作。

为了指导根据地文化宣传和教育工作的健康发展，抗战时期青州地区根据地党政军领导人不断发表一些指导性文章。

2. 始终坚持正确的政治方向

抗战时期青州地区抗日根据地文化宣传和教育工作作为党的事业的重要组成部分，承担着宣传引导群众、动员激励群众和服务群众的庄严职责，本质上就是群众工作。只有以争取人心、凝聚人心为出发点和落脚点，才能使我们的抗战工作获得最广泛、最可靠、最牢固的群众基础和力量源泉。在中国抗日战争全面爆发的第二个月，毛泽东同志在《矛盾论》中指出："一个政党要引导革命到胜利，必须依靠自己政治路线的正确和组织上的巩固。"这是一个非常重要的科学结论。坚定正确的政治方向，这不仅是我们党带领人民群众取得巨大成就的实践经验，也是推进党和国家各项事业健康发展的基本保证。抗战时期青州地区抗日根据地党政军各级党委牢记自己的职责使命，始终做到守土有责、守土负责、守土尽责，毫不含糊地把坚持正确政治方向放在首位。各级党委要自觉承担起政治责任和领导责任，牢牢把握文化宣传和教育工作的政治方向。特别创办了党内刊物，专门教育战士、党员和党的干部认识马列主义的基本问题、中国革命的基本问题。

在铁路以南青州地区中共党组织自 1939 年 12 月起，多次举办抗日军政干部和群团组织负责人训练班，铁路以北青州地区敌后抗日根据地在党组织的领导下，于 1938 年 6 月，先后举办三期抗日军政干部训练班，后又组织"四边县乡村教育工作团"，在东朱鹿村举办为期半个月的乡教团训练班，他

们始终自觉遵循正确的政治方向。当时开办抗日军政干部训练班面临的困难是：前方战斗频繁、干部亟待补充，而提高干部的素质又非一朝一夕之功，需要一定的时间保证。为了培养文武双全、军政兼优、德才兼备的干部，根据"少而精"的原则，抗日军政干部训练班对军事、政治、文化三方面的教学时间统筹安排，其中政治教育占了首要地位。

3. 始终坚持民族精神教育主旋律

抗战时期青州地区抗日根据地文化宣传和教育工作中突出了民族精神教育这个主旋律，把爱国主义教育、民族自尊心自信心教育和科学教育融入其中。铁路以南青州地区敌后抗日根据地党组织规定在教育内容上，应侧重抗战及民族意识的提高，以培养适合抗战需要的合格人才。在敌后抗日游击战争根据地的广大农村中，要从各方面发动、团结广大群众，培养大批革命知识分子和忠于民族解放事业的干部，参加创建抗日民主根据地，坚持抗战大业。

4. 始终坚持全心全意为人民服务的宗旨

中国共产党是无产阶级的政党，代表着最广大人民的根本利益，其始终不变的宗旨就是全心全意为人民服务，为人民谋利益。党和人民好比鱼和水、种子和大地的关系；鱼儿离不开水，种子离不开大地。党只有深深扎根在人民群众中，始终坚持为人民服务，才能茁壮成长、开花结果。

面对全面抗战的艰巨任务，抗战时期青州地区抗日根据地党政军各级党委深刻认识到"人民是力量的源泉"，只有"依靠人民，坚决地相信人民群众的创造力是无穷无尽的，因而信任人民，和人民打成一片，那就任何困难也能克服，任何敌人也不能压倒我们，而只会被我们所压倒"。要实现抗战的伟大胜利，党只能牢牢坚持全心全意为人民服务的宗旨，为人民谋利益，更好地保持与人民群众的血肉联系和鱼水关系。

抗战时期青州地区抗日根据地文艺工作者和广大军民创作出了大量的抗战歌曲，如《壮行歌》《劝军歌》《送哥哥上前线》《义勇军进行曲》等，歌曲内容丰富，从根据地建设的实践中提取素材，非常贴近革命斗争的现实，并且易学、易唱、易懂、易记，具体、形象、生动、简洁明快，具有大众化、地方化、口语化的特点，具有很强的感染力。

5. 始终坚持艰苦奋斗的精神

艰苦奋斗是一种不怕艰难困苦、奋发图强、艰苦创业，为国家和人民的利益乐于奉献的英勇顽强的斗争精神。艰苦奋斗是我们党的一大优良传统。抗战时期青州地区抗日根据地党政军各级党委始终坚持艰苦奋斗、勤俭节约的作风，为抗战时期青州地区抗日根据地党政军民树立了光辉的典范。

《淄河周报》《卸石山下》和《挺进报》《战士园地》等从创办日直至抗战结束，经过无数的艰难困苦，坚持了 7 年多。从纸张、刻写、油墨、印刷、排版、发行等很多方面看，它们都经历了从简单到复杂、从粗制到精美、从低级到高级的过程，其中包含着办报人无数的心血和智慧。他们要与环境做斗争，敌人的不断"扫荡"，顽军的多次进攻，常常给办报以不可想象的困难。他们还要同物质条件做斗争，没有纸，没有油墨，没有机子，没有各种的必需品，往往需要采用军事力量来保障这些必需品的获得。

抗日军政训练班初建时无校舍、无桌凳，住的是老百姓的民房，上课或在村头打谷场上，或在荒郊地、树荫下。夜晚学员们点着油灯在民房里整理笔记或开展讨论，他们把背包当凳子，把膝盖当桌子，把染料当墨水。

（二）抗战时期青州地区抗日根据地文化宣传和教育工作的启示

抗战时期青州地区抗日根据地的文化宣传和教育工作是新民主主义文化宣传和教育工作的一个成功范例。它不仅对抗战时期青州地区抗日斗争的胜利发挥了至关重要的作用，成为新民主主义文化宣传和教育工作的重要组成部分，同时也为中华人民共和国成立后青州文化宣传和教育工作做了积极的探索。它经受了半个多世纪的风风雨雨的考验，被实践证明是科学的、正确的，对于我们当代的文化宣传和教育工作具有重要启示。

（1）必须增强文化宣传和教育建设的责任感。近些年来，青州市文化宣传和教育工作中存在突出的矛盾和问题，主要表现为：缺乏文化宣传和教育工作自觉意识，对文化宣传和教育工作的重要性、紧迫性认识不够；文化宣传和教育工作在推动全市文明素质提高中的作用亟待加强；先进文化宣传和教育工作滞后，主要表现为优秀作品数量少、质量不高；文化体制机制不活，深厚的历史文化资源和薄弱的现实文化产业不成比例，不能满足人民群众对公共文化服务体系的要求等。

伟大时代呼唤伟大精神，崇高事业需要凝聚起磅礴力量。只有从群众的需要出发，维护群众的根本利益，文化宣传和教育工作才有灵魂和方向。坚持用宣讲活动满足群众的理论需求，围绕党的理论创新成果、重要会议精神、重大理论热点问题和重要政策决策，通过群众喜闻乐见的活动载体，推动理论普及工作落到实处，就能引导全市党员干部群众更加自觉地做到与党中央政治上同心、情感上认同、行动上同步，推动全党凝聚起团结一心、励精图治的强大正能量。为此，我们要从党的文化宣传和教育工作的历史经验中汲取营养，要正确理解文化宣传和教育工作的科学性、精髓与要义。文化宣传和教育工作要真切地表现人民大众的愿望及呼声，透彻地体悟和表现时代精神本质，培育优良的民族精神。要拒绝消费性、娱乐性文化陷阱，承担起文化作品的历史责任和使命，准确把握经济社会发展新要求，准确把握当今时代文化宣传和教育发展新趋势，准确把握人民精神文化生活新期待，在全面建成小康社会进程中奋力开创青州市社会主义文化宣传和教育工作新局面。

（2）必须坚持文化宣传和教育工作与时俱进、文化宣传和教育工作之"根"在人民群众之中。只有深深扎根在人民群众之中，始终保持真挚的百姓情怀，培育真实而诚挚的群众感情，把群众呼声作为第一信号，把群众需要作为第一选择，把群众利益放在第一位置，把群众满意作为第一标准，推动工作贴近实际，到农民的田间、地头，到工人的车间、百姓的饭桌，真切体验群众的劳作和生活，文化宣传和教育工作才能做到群众心坎上，才能经得起实践、人民和历史的检验。文化引领时代风气之先，是最需要创新的领域。必须牢牢把握社会主义先进文化前进方向，广泛开展时代精神教育，引导干部群众始终保持与时俱进、开拓创新的精神状态，永不自满，永不僵化，永不停滞。不断创新文化传播手段，不断从生动活泼的社会生活中汲取素材、提炼主题，创作出思想性与艺术性相统一、人民喜闻乐见的优秀文艺作品。同时，要进一步深化改革开放，对现有文化形式进行体制化、产业化的建设与革新。

近年来，青州市坚持以建设经济文化强市为目标，全力打造"东方花都、文化青州"品牌，有效激活文化产业发展活力，为文化产业发展闯出了一条新路子。目前，全市过亿元的文化产业项目有 17 个，其中过 30 亿元项目 5 个、过 100 亿元项目 2 个，产业集群优势初步显现。全市形成了书画艺术城、宋城、大明衡王城、泰丰书画古玩城 5 个专业文化市场，从业人员超 5000 人，年营业额 10 亿元以上，并发展成为国家级文化产业示范基地。创新模式，传保并重，激发非遗保护新活力，努力传承非物质文化。坚持"文旅结合、传保并重"的原则，围绕"一村、两园、三城、四街"打造文旅结合十大平台，将非遗项目进行展示展演、交流互动，实现活态传承；设立3个潍坊市级非遗综合传习中心、6个潍坊市级传习所、15个青州市级传习所，组织开展项目培训和授徒传艺，以师承的形式选择、培养新的传承人，保障优秀和濒危项目得以薪火相传；建成非物质文化遗产博物馆，致力于非遗的保护、传承、研究和展示，已收集非遗展品3860余件；目前，已挖掘整理国家级非遗保护项目1项、省级9项、潍坊市级37项，非遗文化研究传承人才达到2000多人，非遗保护模式先后获得2013年省文化创新奖、被评为2014年度山东省非遗保护十大亮点工作。另外，书法、杂技、唢呐、泥塑、麦草画、宫灯制作……一批具有地方特色的文化专业镇街道村，让传统文化穿越时空在当代焕发出了新的生机。

（3）必须全面贯彻"二为"方向和"双百"方针，为人民提供更好更多的精神食粮。为了群众、服务群众，是文化宣传和教育工作的根本方向。全市广大文艺工作者要牢牢把握先进文化的前进方向，坚持为人民服务、为社会主义服务和百花齐放、百家争鸣的方针，弘扬主旋律，提倡多样化。必须贴近社会建设的实践，从群众中来，到群众中去，坚持以人民为中心的创作导向，从青州市厚重的历史文化中、日益丰富的现实生活中、广大人民群众的创造中得到创作的源泉，创作出具有特色、有影响、易于被群众接受的文化作品，增强文化产品的生命力、时代感和吸引力。同时，发展健康向上的网络文化。加强网上思想文化阵地建设，是社会主义文化建设的迫切任务。要认真贯彻积极利用、科学发展、依法管理、确保安全的方针，加强网上舆论引导，实施网络内容建设工程，支持重点新闻网站加快发展，打造一批在市内外有较强影响力的综合性网站和特色网站，广泛开展文明网站创建，督促网络运营服务企业履行法律义务和社会责任。要加强网络法制建设，加强对社交网络和即时通信工具等的引导与管理，规范网上信息传播秩序，营造文明理性的网络环境，深入推进整治网络淫秽色情和低俗信息专项行动，维护公共利益和国家信息安全。

（4）必须坚持全民参与文化建设。文化建设要坚持民生导向，就是要人人参与文化建设。文化是民族的血脉，是人民的精神家园。要建设好人民的精神家园，需要全民参与，全民贡献智慧和力量。文化不应该是阳春白雪，不应该是曲高和寡的象牙塔文化，而应该是全民参与的民生文化、惠民文化。我们应该不断建立健全公共服务体系，扎实推进基层文化设施建设，高起点建设文化馆、博物馆，推进各级文化站建设和村级服务网点建设，为人民群众建起一座座"知识库"，一个个"加油站"。人民群众是文化建设的活水源头，是文化建设的主力军。社会主义文化只有来源于群众，根植于群众，让广大民众个个参与到文化建设中来，才能迸发出强大的生机和活力，才能更好地为人民服务，满足民生之需。

（5）必须加强和改进全市各级党组织对文化工作的领导，推进文化发展科学化水平。在建设文化体制改革与文化发展先行区的历史机遇面前，全市各级党组织必须从战略和全局出发，把握文化发展规律，健全领导体制机制，改进工作方式方法，增强领导文化建设本领。要切实担负起推进文化改革发展的政治责任，加强文化领域领导班子和党组织建设，健全共同推进文化建设工作机制。要建立健全党委统一领导、党政齐抓共管、宣传部门组织协调、有关部门分工负责、社会力量积极参与的工作体制和工作格局，形成文化建设强大合力。要加大公共财政投入，构建较为完善的公共文化服务体系，加快推进公共文化服务基础设施建设。

总之，文化自信的关键在于行动自觉。习近平总书记强调："要把红色资源利用好、把红色传统发扬好、把红色基因传承好。"我们只有把自信的精神力量转变为自觉的具体行动，文化自信才更有底气。抗日战争时期，青州抗日根据地的文化宣传和教育工作是青州革命斗争的重要组成部分，青州人民为抗日战争时期青州抗日根据地的创建、巩固和发展做出了重要贡献，将永载中国革命史册，值得永久纪念。我们要充分发挥好抗日战争时期青州抗日根据地的文化宣传和教育工作等红色文化资源及红色教育基地的作用，为全市人民补足更多精神"钙片"，让广大党员、干部、群众特别是青少年了解党的历史，传承党的优良作风，以实际行动坚定对中国特色社会主义的道路自信、理论自信、制度自信和文化自信，喜迎党的十九大胜利召开。

我的话讲完了，谢谢大家！

2017 年 3 月 30 日

第三讲 抗战专题教育讲座
向青州抗日英雄学习 为中华民族复兴奋斗

樊光湘

各位领导、老师们、同学们，上午好！

八年抗战和十四年抗战，是与抗日战争从局部抗战到全国性抗战的过程相联系的两个概念。八年抗战是指从 1937 年开始的全国性抗战，十四年抗战是包含从 1931 年开始的局部抗战在内的整个反抗日本帝国主义侵略的斗争。（选自《中国共产党历史上的 1000 个为什么》，中共党史出版社）。新华社在 2016 年 9 月 18 日发布的《浴火重生的历史回响——写在"九一八事变"爆发 85 周年之际》一文中写道，85 年前的今天，日军悍然发动了"九一八事变"。中华民族到了最危险的时候！十四年的抗日战争从此打响。多少中华儿女毁家纾难，义无反顾，与侵略者殊死拼杀。1931 年 9 月 18 日，驻守在我国东北的日军炸毁我南满铁路柳条胡的一段路轨，借口日本士兵失踪，侵犯我东北。东北人民开始了日本帝国主义铁蹄下的暗无天日的亡国奴生活。1937 年 7 月 7 日，日本侵略者为了达到以武力吞并全中国的罪恶野心，悍然制造了震惊中外的卢沟桥事变，中华民族到了最危险的时候。"起来，不愿做奴隶的人们，让我们的血肉筑成新的长城。"中华大地处处燃起了抗日的烽火。历史有时相似得让人心碎。如果没有真实的镜头、详尽的文字、残破的遗迹，我们简直难以相信过去中国近代的一幕幕惨剧！虽然历史已经过去，但不会消逝得无影无踪，历史流下的不仅仅是一堆资料、几块碑刻、数处遗址！留住历史，可以温故而知新。

为了弘扬民族精神，缅怀革命烈士为国捐躯的爱国主义高尚品德，近年来，中共青州市委党史研究室以"铭记历史、缅怀先烈，传承精神、教育后人"为重要使命，讲好红色故事，为广大青少年接受传统和爱国主义教育搭建平台，先后联合中国教育新闻网"桃李互动社区"栏目、中红网"红色联播""特稿精选""作者专栏""红色演讲"栏目、《潍坊日报》《青州通讯》《今日青州》、青州电视台"新闻频道""经济生活频道""公共频道"栏目等新闻媒体多次报道、播出我们青州抗日英雄们的事迹，引起了社会强烈的反响，丰富了爱国主义教育内容，一时成为热门话题。青州人为我们青州曾经出现这么多民族英雄而感到光荣和自豪，我也很荣幸在纪念中国人民抗日战争胜利 70 周年之际能够在这些新闻媒体上多次参与宣传青州抗日英雄们的英勇事迹，因为这是我向英雄学习致敬、缅怀抗日烈士、为中华民族复兴奋斗的难得机会。

在纪念抗战全面爆发 80 周年之际，受青州市关心下一代工作委员会的指派，我和大家一起学习党史国史，用身边的人、身边的事，来教育和鼓舞大家。今天我与大家交流的话题是："向青州抗日英雄学习，为中华民族复兴奋斗。"

我准备讲两个方面的问题：一、英雄人物的人格特征及其内涵的启示作用；二、我们要崇尚英雄、学习英雄，为中华民族复兴奋斗。

一、英雄人物的人格特征及其内涵的启示作用

在许多中国人的眼中，英雄人物的早年生活充满了神秘的色彩，从汉高祖斩白蛇到赵匡胤降生时的"体有异香，三日不散"，英雄似乎冥冥中注定为承担某种济世救民的使命而来。但凡一个人在某个领域展现出超常的创造性，取得辉煌成就，英雄的神化过程也随之开始，即使到了近代，此类神异故事依旧在民间流传（2007 年 11 月 28 日《新华网》）。

这的确是中国人固有的传统思维方式。如民间传说的那样，岳飞是武曲星下凡，而包公则是文曲星投胎，是专门来到民间为百姓锄恶的……这些历史上的英雄人物，往往都是被后人传说得神乎其神的。在百姓的心里，但凡英雄人物，无论是其生活起居，还是其行为方式，无疑地，从小都是与众不同的。

现在看来这种想法，应该是对错各一半。科学的研究证明，英雄人物虽然不是天生的，但是这些人的确从小就已经表现出与众不同的地方。华中师范大学谷传华副教授从近代名人人生的经历入手，历时三年多，深入剖析解

读，最后勾画出一条近代名人"社会创造性人格"的练就之路。

那么，这个"社会创造性人格"究竟是具有什么样的特征及其内涵呢？①理想信念坚定，责任心强；②具有卓越的发现力，自命不凡；③具有冷静的分析力，外向型的敢于反抗的性格；④具有果断的决策力，热衷于冒险的生活；⑤善于积小胜为大胜，具有强烈的成就欲；⑥热爱祖国，吃苦耐劳；⑦尊老爱幼，先人后己；⑧团结同志，关爱他人；⑨生活处处都显示着理想主义的特点。根据这九个特征及其内涵，实际上就已经可以想象出一个个活脱脱的英雄人物。

其实，反抗精神对于培养一个英雄人物而言，固然重要，但是谷传华认为英雄人物的冒险精神不容忽视。他认为"英雄人物的冒险性表现于各种社会情境中，不仅包括为了探求更好的受教育机会和自我发展机会而进行的'学业冒险'，而且包括为了实现某种抱负或理想而进行的'革命冒险'。另外，还有为了创造性解决社会问题而进行的'改革性冒险'"，其实从某种意义上说，冒险性在英雄人物的成就事业中，时常还发挥着某种举足轻重的作用呢。至于成就欲，那更是一个英雄人物成就事业的"发动机"，如果没有成就欲也就无所谓成就事业这一说了。同样，如果一个英雄人物没有了生活中的理想主义，那么无异于英雄人物没有了前进道路的方向，或者换句话说，英雄人物失去了可以成为英雄人物的目标。正如梁启超在《管子传》中所说的那样："凡大人物之任事也，必先定其目的。三日於菟，其气如牛；江河发源，势已吞海。欲以小成小就而自安，未有不终于失败者也。"他点出了历史上英雄成年后的理想主义"情结"。

不仅如此，据谷传华研究，英雄人物从小总是特别"喜欢探索外部世界，热情乐观，主动面对和解决各种社会问题，尤其是能主动地与人交往，表现出合群、自信、坦率等行为倾向"。因此，这些性格特征与内涵，无疑是值得我们青少年认真学习与借鉴的。

不容置疑的是，我们这个时代是一个非常需要能够有效地推动社会政治经济等诸领域得到健康文明快速发展的各路英雄不断涌现的时代。中华民族的复兴，国家的繁荣昌盛，人民生活的富裕与安康，都是迫切需要这些英雄人物在社会生活的各个领域充分发挥作用的。因此，显而易见的是，我们之所以要研究这些历史人物的人格特征及其内涵，目的就是要揭示出这些英雄人物取得成功所具有的共同特征及其人格内涵，让更多的人都能够认真学习他们的这种人格精神而成为这样的英雄人物，以造福于我们的国家，我们的民族，我们的人民。如果我们每一代的青少年都能够通过自己的努力，长大后都成为推动社会政治经济发展的各类英雄人物，那么，实现振兴中华民族和建设一个文明富裕的小康社会的伟大目标将会向前迈进一步。

鲁迅先生曾经说过：中华民族自古以来就有埋头苦干的人，就有拼命硬干的人，就有舍身求法的人，就有为民请命的人——他们是中国的脊梁。一切探索救国救民的先辈们是中国的脊梁，伟大的抗战英雄是中国的脊梁，而我们，必将成为21世纪复兴中华民族的脊梁。

奋斗的意义和牺牲的价值，历史总会给予最准确的评价。近代以来无数仁人志士的不懈探索和民族英雄的前赴后继，留下历史前行的清晰辙印，也蕴含历史规律的深刻启示。梦想靠奋斗筑成。没有鸦片战争以后中国人民的不懈抗争和持续奋斗，没有无数先烈浴血疆场、向死而生的抗争与牺牲，就不会有今天独立自主的中国；就不会有今天繁荣发展的中华民族；就不会有今天中国人民的幸福生活。包括抗战英雄在内的一切民族英雄是中华民族的脊梁，他们的事迹和精神是激励我们前行的强大力量。在改革发展的新时期和全面建成小康社会的新阶段，只有牢记今天的繁荣从何而来，让英雄点燃的精神之光照亮前行之路，才能不忘本来开创未来，用奋斗成就百年复兴梦想。

铭记历史、缅怀先烈，为的是传承英雄身上展现的伟大精神。当年，无数抗战英雄以天下兴亡、匹夫有责的爱国情怀，视死如归、宁死不屈的民族气节，不畏强暴、血战到底的英雄气概，百折不挠、坚忍不拔的必胜信念，众志成城、共御外侮的大局意识，铸就了英勇无畏、不畏强敌、敢打敢拼、以劣胜优的精神；英勇顽强、决战决胜，压倒一切敌人的大无畏精神；视死如归，不怕牺牲的英雄精神。这是战胜强敌、保家卫国的精神支柱，是一个国家和民族历经苦难而巍然屹立的根与魂。伟大的抗战精神，是一种伟大的民族精神，是中华民族源远流长的爱国主义在抗日战争中的锤炼和升华。这种精神，来自中华儿女内心深处对祖国的无比热爱。今天，我们崇尚英雄、学习英雄，就是要弘扬这种精神，在新的历史征程上守卫和平、开创未来，实现无数先贤英烈振兴中华的未竟夙愿。

二、我们要崇尚英雄、学习英雄，为中华民族复兴奋斗

传承是最好的纪念。打开尘封的记忆，重温昔日的往事，我们可以得到更多的启迪。记录历史的灾难，不是让我们沉浸在过去的悲痛中，不是为了延续旧时的仇恨，不是为了扩大中日之间的裂痕，不是为了煽动狭隘民族主义的情绪，而是为了对英烈精神的传承，以史为鉴，不让历史的悲剧重演，是为了进一步弘扬爱国主义精神，激发中华儿女团结奋进，为实现中华民族的伟大复兴而奋斗。在人生的道路上，我们要坚定理想信念，不忘初心，执着前行。在推进中国特色社会主义事业的征程中，攻坚克难，砥砺前行，为全面建成小康社会、实现中华民族伟大复兴的中国梦不懈奋斗是我们青少年一代无上光荣的责任与使命，也是对前辈和英烈们最真挚的怀念与告慰。

抗日战争时期是英雄辈出的年代，上述几位青州抗战英雄人物，虽然只是历史长河中一些片段和几朵鲜艳的浪花，但足以说明，不论是中华民族史，还是辉煌的共产党史，都是毋庸置疑的爱国史，都包含着爱国主义的丰富内涵，都传承着中华民族爱国主义的根本血脉，都是中华民族精神的基因，是我们培养青少年爱国之情，砥砺爱国之志，实现爱国之行，走上爱国之路的最好教材；是我们激发青少年牢记历史，缅怀先辈，志存高远，展望未来的力量源泉；是我们引导青少年坚定理想，学好知识，练好本领，肩负使命，在实现中国梦的生动实践中放飞青春梦想的最佳选择。

青少年朋友们，在开展形式多样的学习英雄人物的过程中，要让英雄人物的光辉事迹时刻在我们心中传颂，使英雄人物成为我们心目中的偶像和健康成长道路上的路标。我们要以他们为榜样，学习他们心有大我、至诚报国的爱国情怀；学习他们不怕牺牲、敢为人先的敬业精神；学习他们淡泊名利、甘于奉献的高尚情操，把爱国之情、报国之志融入祖国革命和解放的伟大事业之中、融入人民创造历史的伟大奋斗之中，从自己做起，从本职岗位做起，为实现"两个一百年"奋斗目标、实现中华民族伟大复兴的中国梦贡献智慧和力量。

当今孩子多为独生子女，家庭过于宠爱，容易受到社会不正之风的影响，生活中贪图享受，盲目消费，喜欢攀比；学习上缺乏纪律意识，怕吃苦，不思进取；精神上忽视政治修养，过于自我，没有远大理想等。针对这些现象，

青少年朋友们应结合学习"身边的榜样",从小事做起,从身边事做起,学英模见行动,点滴见精神。中小学生学习英雄的具体表现就应该表现为关掉无人使用的水龙头,不让自来水白白流淌;就应该表现为注意环境卫生,不随地吐痰,不乱扔果皮纸屑,不在墙上乱涂乱画;就应该表现为举止文明,讲究礼貌……习近平总书记指出:"从小做起,就是要从自己做起、从身边做起、从小事做起,一点一滴积累,养成好思想、好品德。'少壮不努力,老大徒伤悲。'千里之行,始于足下。每个人的生活都是由一件件小事组成的,养小德才能成大德。少年儿童不可能像大人那样为社会做很多事,但可以从小做起,每天都可以想一想,对祖国热爱吗?对集体热爱吗?学习努力吗?对同学们关心吗?对老师尊敬吗?在家孝敬父母吗?在社会上遵守社会公德吗?对好人好事有敬佩感吗?对坏人坏事有义愤感吗?这样多想一想,就会促使自己多做一做,日积月累,自己身上的好思想、好品德就会越来越多了。听说有的同学喜欢比吃穿,比有没有车接车送,比爸爸妈妈是干什么工作的,这样就比偏了。一定不能比这些。'自古雄才多磨难,从来纨绔少伟男''少年辛苦终身事,莫向光阴惰寸功'。要比就比谁更有志气、谁更勤奋学习、谁更热爱劳动、谁更爱锻炼身体、谁更有爱心。"(节选自《从小积极培育和践行社会主义核心价值观——习近平在北京市海淀区民族小学主持召开座谈会时的讲话》2014 年 5 月 30 日)还要和践行家规家训有机结合起来,在学习和实践过程中,树立远大理想,弘扬中华民族精神,做一个有益于人民、有益于祖国的人。

"前事不忘,后事之师。"知史才能爱国。唯有让我们的后代"记国耻,唤国魂,珍国格,奋国威",我们的民族才会复兴,我们的国家才会富强,我们的人民才有福祉。记得一位伟大的哲人说过:只有一个充满忧患意识的民族,才能成为一个伟大的民族。让我们牢记这位伟大哲人的话!让我们永远缅怀为抗战流血牺牲的革命先辈!

我的发言结束了,谢谢大家!

2017 年 4 月 10 日

第四讲　传承和弘扬红色基因专题讲座
以疫情防控为教材　传承红色基因
教育干部群众

樊光湘

各位领导、同志们，大家上午好！

世卫组织总干事谭德塞当天在记者会上说，各国目前已向该组织报告近700万例新冠病例，近40万人死亡。虽然欧洲的情况正在改善，但全球疫情正在恶化。过去10天中有9天各国向世卫组织报告的新增病例数超过10万，而7日的13.6万例是迄今为止单日最高数量。

谭德塞表示，7日新增病例中近75%的患者来自10个国家，其中大部分集中在美洲和南亚。此外，东欧和中亚部分地区病例数也在不断上升。非洲国家虽然病例数也在增加，疫情还扩散至新的地理区域，但大多数非洲国家的病例都在1000例以下。

谭德塞强调说，一些国家正在出现积极的迹象，在这些国家，现在最大的威胁是自满。研究结果显示，全球大多数人仍易感染新冠病毒。世卫组织继续敦促各国密切监测疫情发展，特别是开始恢复举行各种大规模集会的一些国家，以确保疫情不会反弹。

针对近期全球反对种族主义运动，世卫组织鼓励各地安全举行抗议活动，建议活动参与者尽可能与他人保持至少1米距离，注意清洁双手、咳嗽时掩住口鼻、戴上口罩等。

谭德塞强调，追踪病例接触者仍是疫情应对措施的一项基本内容。世卫组织鼓励各国加强基本公共卫生措施，包括发现、隔离、检测和护理每个病例，并追踪和隔离每个病例接触者。

大家都知道，刚刚闭幕的十三届全国人大三次会议和全国政协十三届三次会议，是在我国新冠肺炎疫情防控阻击战取得重大战略成果、全面建成小康社会进入决战决胜阶段重要时刻召开的重要会议。习近平总书记在参加十三届全国人大三次会议内蒙古代表团审议时强调坚持以人民为中心的发展思想，要求我们任何时候都要坚持人民至上，紧紧依靠人民、不断造福人民、牢牢根植人民，既体现了浓厚的为民情怀、强烈的为民担当，更彰显了党的理想信念、性质宗旨和初心使命，也是这次全国两会和政府工作报告的鲜明特征。作为一名党员、一名政协委员，一定要认真学习贯彻，对标习近平总书记重要讲话和全国两会部署，对年度重点工作进行再审视、再思考、再谋划，聚焦"六稳""六保"深入调研建言，抓好专题调研、专题视察和办理协商推进等工作，注重前瞻性，突出实效性，着力提高质量，为党委、政府决策提供参考，切实把学习成果转化为履职尽责的实际成效。

2020 年初，突如其来的新冠肺炎疫情，是中华人民共和国成立以来在我国发生的传播速度最快、感染范围最广、防控难度最大的一次重大突发公共卫生事件。能不能打好、打赢这场疫情防控的人民战争、总体战、阻击战，是对各级党组织和党员、干部的重大考验。在以习近平同志为核心的党中央坚强领导下，全国广大干部群众积极传承和弘扬红色基因，坚定信心、齐心协力、顽强拼搏，经过艰苦努力，付出巨大牺牲，取得决定性成果，疫情防控阻击战取得重大战略成果，统筹推进疫情防控和经济社会发展工作取得显著成效。中国抗疫，创造了人间奇迹，在中华民族史册和人类发展史册上写下悲壮雄浑的篇章。

人无精神不立，国无精神不强。精神是一个民族、一个政党赖以长久生存和发展的灵魂。中国共产党从只有几十个人的组织，成长为世界第一大执政党，就在于具有蕴含于"红船精神""井冈山精神""中央苏区精神""长征精神""延安精神""西柏坡精神"之中的红色基因。这些红色基因反映了中国共产党人的初心使命，体现了中华民族优秀文化传统，不仅是中国特色社会主义核心价值体系的重要组成部分，也是凝聚国家力量和社会共识的重要精神源泉。光荣传统不能丢，丢了就丢了魂；红色基因不能变，变了就变了质。中国共产党在近百年苦难辉煌的历史中经历了一次次大战大考，红色基因彰显了凝聚人心、激发力量、攻坚克难的强大伟力，并在实践中不断赋予新的时代内涵。

疾风知劲草，板荡识诚臣。这次新冠肺炎疫情不仅是一次磨难，也是一场考验。中国共产党红色基因蕴含的坚定信心、忠诚为民、敢于斗争、求实创新的精神，成为我们战胜疫情、恢复生产生活的力量支撑，同时也在这次大战大考中焕发出新的时代光芒。

根据领导安排，下面，我以《以疫情防控为教材 传承红色基因 教育干部群众》为题，从五个方面与大家交流学习：一是青州市干部群众传承红色基因的有效实践；二是为什么要传承和弘扬红色基因；三是在疫情防控实践中赋予红色基因新的时代内涵；四是如何传承和弘扬好红色基因；五是以疫情防控为传承红色基因教材，教育广大干部群众。

一、青州市干部群众传承红色基因的有效实践

红色代表着伟大的革命精神。

红色象征着坚定不移的信仰。

红色是奋进的旗帜，更是幸福的梦想。

红色基因、红色传统、红色资源是中国共产党人创造的宝贵思想和文化财富，是开拓未来的丰富资源和不竭动力，传承红色基因，开展红色教育是党的建设的重要内容，是各级党组织义不容辞的责任，是党员干部争做时代先锋的有效实践。

（一）青州市干部群众传承红色基因的主要做法

近年来，青州市认真贯彻习近平总书记提出的"把红色资源利用好、把红色传统发扬好、把红色基因传承好"的精神，充分挖掘和利用红色资源优势，打造红色基因基地，在"学、谈、做、展"上下功夫，引领党员干部传播红色声音、讲好红色故事、践行红色传统、彰显红色形象，着力打造"红色青州"品牌，凝聚起助力青州发展"走前头、争上游"的正能量。

在"学"上下功夫，传播红色声音。结合"不忘初心、牢记使命"主题教育，通过举办专题读书班、报告会、辅导讲座，配合青州市老干部局组织党员干部认真学习习近平总书记系列讲话精神和十九大及十九届三中、四中全会精神，着力增强"四个意识"，坚定"四个自信"，做到"两个维护"，自觉同以习近平同志为核心的党中央保持高度一致；利用"老党员之家"学

习活动平台，举办离退休干部党支部书记培训班、"红色青州"大课堂，不断增强离退休干部政治理论学习有效性，传播红色声音；发挥青州"1+n"红色培训教育基地（青州市中小学生综合实践活动基地+段村烈士祠、青州烈士陵园革命历史展馆、陈毅纪念馆、华东保育院、赤涧村原益都县支前粮店、胡林古村原益都县委旧址、长秋村革命烈士纪念碑等红色培训教育基地）等红色资源优势，打造"红色课堂"，按就近就便原则，组织离退休党员到红色培训教育基地接受红色教育，重温党史国史，坚定理想信念。

在"谈"上下功夫，讲好红色故事。以"畅谈党的十八大以来变化、喜迎中华人民共和国成立 70 周年"为主题，科学设置了"喜迎十九大，党史看变化"等专题，着力引导党员干部畅谈党的十八大以来的巨大变化，谈出广度、谈出深度，谈出主旋律、谈出正能量，全市开展各类"畅谈"和"建言"活动 10 多场，参与老党员干部 150 多人，收集意见建议 100 多条；依托"红色青州"宣讲团和近年来选树的"最美老干部"、离退休优秀党务工作者和优秀党员等各类先进典型，在全市开展"点赞党的十八大以来巨大变化、喜迎中华人民共和国成立 70 周年"主题宣讲活动，通过现身说法、巡回宣讲，讲好红色故事，点赞社会发展变化，释放传递正能量。

在"做"上下功夫，践行红色传统。整合市委党校、市直机关党工委、市教体局、市委党史研究中心等人才资源，依托红色宣讲基地，组织老党员干部结合亲身经历和切实感受，以干部群众喜闻乐见的方式讲述青州老区的革命历史、英烈事迹、红色景观以及改革开放以来的发展变化，让"红色基因"代代相传。并将《青州抗战》《云门抗日烽火》《青州人在抗日战场上》《青州抗战时期人口伤亡与财产损失》《青州敌后抗日根据地民间歌谣》等抗战红书、抗战红歌赠送给中小学、机关事业单位和广大离退休干部，发扬革命优良传统，为讲好青州"红色故事"提供了新教材。

在"展"上下功夫，彰显红色形象。配合青州市博物馆通过"红色青州"巡展报告团开展红色文化进军营、进学校、进社区、进企业、进机关、进农村等活动，传承红色基因，增添正能量；注重宣传引领，分别在当地主流媒体《青州通讯》和《潍坊日报·今日青州》开设了"红色教育"及"红色记忆"宣传专栏，集中宣传报道了 10 多位英烈的先进典型事迹，展示英烈风采，彰显红色形象。

通过"红色青州"品牌的打造，离退休老党员干部在传承红色基因中释放出向上向善的感召力，凝聚起助力青州发展的前行力量。

（二）青州市干部群众传承红色基因的几点体会

1. 传承红色基因，依托本地红色文化资源是关键

青州市依托当地红色资源，充分利用青州富有革命传统的市级爱国主义教育基地——青州"1+n"红色培训教育基地（青州市中小学生综合实践活动基地+段村烈士祠、青州烈士陵园革命历史展馆、陈毅纪念馆、华东保育院、赤涧村原益都县支前粮店、胡林古村原益都县委旧址、长秋村革命烈士纪念碑等红色培训教育基地），打造"红色景区"小镇，规划建设一批红色村，指导加强红色标识、红色元素设置，打造红色学习园地、红色文化走廊等，配建红色书屋、红色展厅，在红色文化的深入挖掘和深化打造上做了积极有效的探索，形成了规模效应，营造了浓厚的红色文化氛围，值得大家学习借鉴。

2. 传承红色基因，加强红色教育培训是核心

要加强红色教育培训基地等重要红色资源的保护和开发，推进基层党建工作，建立县、乡（镇）、村（社区）三级红色宣传阵地和教育基地；要开发模拟式教学、体验式教学等一批现场教学课程，丰富教育内容和教育形式，以现场教学，重现革命情景等现代网络手段，增强受训人员的现场感，切身体会前辈的革命历程和艰辛，激励党员干部不忘初心，牢记使命，切实担当起党和人民赋予的历史重任；要把红色教育作为党员干部、群众学习培训的重要内容，结合"不忘初心、牢记使命"主题教育，开展红色主题教育，让红色教育成为广大党员干部了解党史、加强党性锻炼的重要途径；成为传承红色精神、培养爱国情感的重要阵地；成为陶冶道德情操、激发工作动力的重要课堂。

3. 传承红色基因，党员干部率先垂范是保障

党员干部要率先垂范，用红色革命传统规范自己的言行，树立正确的世界观、人生观、价值观，深刻理解中国革命的红色文化内涵、发扬红色传统、传承红色基因，走好新时代的长征路，成为担当民族复兴大任的时代新人。要深入开展"两学一做"学习教育，深学悟透总书记重要讲话精神，做以德修身的党员，敢于攻坚克难，不断锤炼党性；要做为民务实的党员，实现好中央关于脱贫攻坚工作的重要部署，与群众心贴心、面对面，真心实意为群

众谋利益；要做新时代的党员先锋，敢于创新，敢于进取，在思想上、行动上始终与党中央保持一致；要主动维护党员形象，有正确的价值取向，有积极的人生态度，有高尚的精神境界，"志存高远"，率先垂范，争做时代新人，争创一流业绩。

二、为什么要传承和弘扬红色基因

红色基因就是要传承。中华民族从站起来、富起来到强起来，经历了多少坎坷，创造了多少奇迹，要让后代牢记，我们要不忘初心，永远不可迷失了方向和道路。

红色基因是共产党人永葆本色的生命密码。红色基因根植于共产党人的血脉之中，成为共产党人的遗传因子。红色基因体现了共产党人的身份自信和使命担当。新时代传承和弘扬红色基因，就要求共产党人"不忘初心、牢记使命"，巩固坚定理想信念宗旨根基，永葆党的性质、宗旨、本色。

红色基因伴随共产主义的传播以及中国共产党人的诞生而产生。共产党人不断壮大、不断成熟的革命历史过程中，红色基因得到了锤炼和强化。正义的战场战斗中，抛头颅、洒热血，铸就红色基因的鲜红血色。艰苦的革命岁月里，嚼草根、吃树皮，锤炼红色基因的顽强斗志。前进的革命道路上，涉险滩、闯难关，强化红色基因的抗御能力。胜利的革命旗帜上，闪五星、耀党徽，凝结红色基因的民心党性。

（一）红色基因发源于共产党人的坚定信仰

马克思主义信仰是共产党人的灵魂。共产党人之所以从一个胜利走向一个新的胜利，就是因为具有坚定的革命理想信念。习近平总书记指出长征是一次理想信念的伟大远征；长征的胜利，是中国共产党人理想的胜利，是中国共产党人信念的胜利。一代又一代共产党人为了追求民族独立和人民解放，不惜流血牺牲，靠的就是对马克思主义的坚定信仰。

不论生存环境怎么险恶，不论前进的道路有多艰难，勇往直前是共产党人红色基因不断强大的精神气魄。艰苦卓绝的革命岁月磨炼共产党人的革命斗志，锤炼共产党人红色基因的坚强品性。长征锻造了钢铁般的红军和干部，长征增强了红色基因的顽强生命力。长征是"播种机"，播撒了红色基因的种子。红色基因的种子不论撒落在条件多么恶劣的自然环境中，都能以顽强的生命力生根发芽，成长为参天大树。坚定的马克思主义信仰使得共产党人不忘祖、不忘本。红色基因造就了坚定的马克思主义者。

（二）红色基因凝结于共产党人的民心党性

民心向背是取得革命胜利和巩固执政基础的决定性因素。密切联系群众是获得民心和增强党性的根本方法。密切联系群众是共产党人的制胜法宝和优良传统。红色基因根植于党和人民的血肉联系之中。

党的十八大以来，以习近平同志为核心的党中央以八项规定为肇始，以作风建设为突破口，驰而不息纠正"四风"，开展党的群众路线教育实践活动、"三严三实"专题教育、"两学一做"学习教育、"不忘初心、牢记使命"主题教育，全面从严治党取得卓著成效，全党气象更新，深得党心民心，密切了党同人民群众的血肉联系，等等，对于传承红色基因具有重要的现实意义和深远的历史意义。

红色基因体现了共产党人坚守把人民放在心中最高位置的精神坐标。红色基因确保共产党人始终坚持来自人民、植根人民、服务人民的政治立场和党性要求。革命为了人民、建设为了人民、改革为了人民，坚持以人民为中心的思想体现了党性与人民性的有机统一。共产党人的初心和使命彰显了"除了人民的利益，没有特殊的利益"的党性要求。

党的十九大报告指出，中国共产党人的初心和使命，就是为中国人民谋幸福，为中华民族谋复兴。红色基因要在共产党人身上永续存在、代代相传，必须坚持以人为本的核心理念，遵循以民为本的实践要求，保持党同人民群众的血肉联系，不断厚植党执政的群众基础。

（三）红色基因强化全面从严治党战略定力

坚持从严管党治党，是共产党人不忘初心、牢记使命的重要保证。红色基因要求全党同志要对党忠诚和严守党的纪律。讲忠诚，就要用实际行动传承和弘扬红色基因。对党忠诚、永不叛党是写在入党誓词里的，是每个党员必须做到的。

红色基因集中体现了共产党人永不褪色的党性。传承和弘扬红色基因是中国共产党担负历史使命的动力源泉，是中国共产党坚定"四个自信"的内在要求，是中国共产党坚定不移全面从严治党题中应有之义。传承和弘扬红色基因就是要强化坚定不移全面从严治党的信心和决心，严明党的纪律和规矩，严格落实管党治党责任，强化监督执纪问责。

红色基因是一种精神象征，是一种精神支柱。红色基因牢筑共产党人为共产主义远大理想和中国特色社会主义共同理想不断努力奋斗的精神高地。红色基因确保共产党人把握前进的正确方向，不断凝聚爱国奉献、求实创新的精神力量。红色基因永葆共产党人不断前进的根本动力，红色基因确保共产党人永不懈怠的精神状态和一往无前的奋斗姿态。

新时代传承和弘扬红色基因就要在立根固本中挺起精神脊梁，全面从严治党，落实新时代党的建设总要求，坚定理想信念、锤炼党性修养，认真践行群众观点、群众路线，践行以人民为中心的发展思想和执政理念，永远保持党同人民群众的血肉联系，确保党始终成为中国特色社会主义事业的坚强领导核心。

三、在疫情防控实践中赋予红色基因新的时代内涵

（一）在大战大考中勇于胜利，坚定必胜信心信念

坚定理想信念，坚守共产党人精神家园，始终是共产党人安身立命的根本，是红色基因中的灵魂。信心和信念是一个人的精神支柱和动力源泉，它不是空洞抽象的，而是具体现实的；既是"为有牺牲多壮志，敢教日月换新天"的雄心和气魄，也是"雄关漫道真如铁，而今迈步从头越"的坚韧和豪迈。面对疫情的大考，保持战略定力，坚定必胜的信念和信心至关重要。这信心信念来自以习近平同志为核心的党中央坚强领导。疫情发生后，党中央高度重视，习近平总书记时刻关注疫情形势，把疫情防控作为头等大事，亲自指挥、亲自部署，多次主持召开中央政治局常委会会议、中央政治局会议，对做好疫情防控工作提出明确要求，做出重要指示，及时提出了坚定信心、同舟共济、科学防治、精准施策的总要求，科学设定了坚决遏制疫情蔓延势头、坚决打赢疫情防控阻击战的总目标，迅速打响了疫情防控的人民战争、总体战、阻击战，赢得了抗疫斗争的主动。这信心信念也来自我国的政治制度优势。习近平总书记深刻指出，防控工作取得的成效，再次彰显了中国共产党领导和中国特色社会主义制度的显著优势。党中央始终坚持对疫情防控工作的统一领导、统一指挥、统一行动，国务院联防联控机制加强统筹协调，各地各部门各司其职、协调联动，举全国之力全力应对，形成抗击疫情的强

大合力。疫情就是命令，防控就是责任，医院就是战场。党中央一声令下，各地精锐之师驰援到位，医疗救援物资迅速抵达，火神山、雷神山医院拔地而起，数十家方舱医院投入使用。中国应对疫情行动速度之快、规模之大，展现出的中国速度、中国效率、中国规模，得到国际社会高度赞誉。这信心信念还来自各级基层党组织和广大党员发挥战斗堡垒作用与先锋模范作用。面对严峻复杂局面，各级党委坚持在严峻斗争的实践中考察识别干部，激励引导广大党员干部在危难时刻挺身而出、英勇奋斗、扎实工作，让党的旗帜在疫情防控第一线高高飘扬。各级党员干部认真贯彻落实党中央决策部署，增强"四个意识"，坚定"四个自信"，做到"两个维护"，守土有责、守土担责、守土尽责，构筑群防群治的严密防线，以实际成效来检验和拓展"不忘初心、牢记使命"主题教育成果。

（二）在大战大考中忠诚为民，坚持人民至上理念

始终保持同广大人民群众的血肉联系，全心全意为人民服务，与人民同呼吸、共命运，这是党战胜各种困难、取得事业成功并永葆青春活力的力量之源，是红色基因中的根脉。疫情发生以来，党中央一开始就坚持人民至上的理念，强调打赢抗击疫情的人民战争要紧紧依靠人民，做好深入细致的群众工作，把群众发动起来，构筑起群防群控的人民防线，汇聚起众志成城、万众一心的磅礴伟力。把人民群众的生命安全和身体健康放在第一位。习近平总书记强调，做好疫情防控工作，直接关系人民生命安全和身体健康，人民群众生命安全和身体健康始终是第一位的。党中央采取的所有防控措施都首先考虑尽最大努力防止更多群众被感染，尽最大可能挽救更多患者生命。习近平总书记时刻关注着疫情防控工作，每天都做出重要指示和批示。党中央还专门成立了中央应对疫情工作领导小组，派出中央指导组，要求国务院联防联控机制充分发挥协调作用。各级党委和政府积极作为，同时间赛跑，与病魔较量，形成了抗击病魔的强大合力。习近平总书记指出，打赢疫情防控这场人民战争，必须紧紧依靠人民群众；要广泛发动和依靠群众，同心同德、众志成城，坚决打赢疫情防控的人民战争。人民群众最了解基层实际情况，做好疫情防控工作，最大的依靠力量是人民群众。在党中央坚强领导下，各地坚持关口前移、源头把控，把工作落实落细到社区，实行严格的网格化管理，开展拉网式筛查甄别，对确诊患者应收尽收，对疑似患者应检尽检，

对密切接触者应隔尽隔，落实"四早"要求，不留任何死角和空白，保障重点地区医用物资和生活必需品供给，注重群众心理疏导和干预，切实保障基本民生和人民群众身心健康。在严峻的大考面前，中国共产党充分依靠群众的红色基因得到了充分展示。医务工作者无畏"逆行"，争分夺秒，誓将履行救死扶伤之责；人民群众守望相助，暖心送服务，誓将战疫到底；公安干警、社区志愿者等以身作则，誓将站好每一班岗；人民解放军冲锋在前，誓将人民安危放在第一位；社会各界和港澳台同胞，海外侨胞心连心，誓与祖国共患难，民心汇于初心，初心连着民心，各界力量汇聚成磅礴力量共抗疫情。

（三）在大战大考中敢于担当，弘扬伟大斗争精神

中国共产党从成立开始就经历了无数斗争的考验：工人运动的考验、北伐战争的考验、大革命失败及其长达十年的土地革命战争的考验、抗日战争的考验、解放战争的考验……在这一系列斗争考验中，中国共产党人战胜了一个又一个艰难险阻，打败了一个又一个穷凶极恶的敌人，最终夺取了中国革命的胜利。在长期的革命斗争中，风雨交加是常态，顶风冒雨是心态，风雨无阻是状态，中国共产党正是在革命的暴风骤雨中培养了斗争精神，练就了斗争胆魄，提高了斗争能力，增强了斗争本领。中国共产党百年奋斗的历史证明，始终保持斗争精神是中国共产党人在革命、建设、改革中取得一个又一个胜利的重要法宝。在疫情防控这场没有硝烟的战争中，全国人民在党中央的领导下，传承和弘扬了中国共产党的斗争精神，携手抗击疫情，让党的红色基因彰显出了时代活力。疫情发生以来，解放军医疗队、全国各地的医护人员以及千千万万的党员干部和志愿者放弃了春节与家人团聚的机会，毅然无畏逆行，奔赴抗击疫情最前线。在抗击疫情斗争中，有的党员干部为了取得抗疫胜利付出了生命的代价，但也存在有的党员干部瞻前顾后推卸责任，有的党员干部贪生怕死躲到国外的情况。疫情就是"试金石""照妖镜"，它既能试出谁是对党忠诚、敢于担当的好干部，也能照出不担当、不作为的干部的"真身"。在抗击疫情中能为了百姓的事情做"热锅上的蚂蚁"，能在大是大非前"亮剑"，能在大风大浪中"挺身"，就是通过了抗击疫情斗争检验过的好干部，就是忠诚敢于担当、信仰坚定的好干部。反之亦然。习近平总书记指出，必须准备进行具有许多新的历史特点的伟大斗争。我们将有更多的党员干部甚至是青年一代在这场复杂严峻的斗争中经风雨、见世面、

壮筋骨、长才干。

（四）在大战大考中科学防控，坚持实事求是创新精神

此次疫情来得突然而凶猛，新冠病毒也特别"狡猾"，给基层和社区的初期防控带来了较大困难，但是，我们党和政府在深入调查情况后，对疫情现状和发展趋势有了十分清醒的认识，迅速制定并印发了《关于科学防治精准施策分区分级做好新冠肺炎疫情防控工作的指导意见》，全国各省市全部启动了一级公共卫生应急响应，采取了最全面、最严格的网格化管理、大数据排查，严格把关，把好基层社区防控"第一道防线"，内防扩散，外防输入，有效控制了国内疫情蔓延的形势，充分体现了求真务实、变中求新、变中求进、变中求突破的精神。这次防控新冠肺炎疫情斗争有两条战线：一条是疫情防控第一线；另一条是科研和物资生产，两条战线相互配合、并肩作战。发现新冠肺炎之初，没有特效药、没有疫苗，医疗物资也严重匮乏，严峻的形势逼迫我们在科学防治、疫苗研发、物资保障等方面必须取得超常规的创新突破。面对人类并不完全了解的共同敌人，一大批医学工作者冲到了抗疫最前线，为不断优化医疗方案，先后采取了多种医疗方案，并按照"四早"的要求和"四集中"的原则，极大地提高了收治率和治愈率，降低了感染率和病死率。为给医学治疗和疫苗研发提供基础性条件，我国医学科学家们以严谨的科学态度，在第一时间确定病原体、以最快的时间破译病毒的基因组并及时向全球分享新冠病毒全基因序列，积极主动分享疫情防控和诊疗方案，在全球疫情防控中树起了"新标杆"。在后勤保障方面，以最短的时间建成了建筑面积 3.4 万平方米，有 1000 张床位的火神山医院，建筑面积 7.5 万平方米，有 1500 张床位雷神山医院以及 13 座方舱医院，创造了"中国速度""中国奇迹"。疫情初期，面对口罩、呼吸机等抗疫物资严重短缺的情况，中国企业界并没有墨守成规、坐以待毙，而是开动脑筋、挖掘生产潜能和技术潜能，迅速实现扩产增产或跨界转产，中国石化、比亚迪、格力电器等一大批企业纷纷跨界生产口罩等医疗物资，为疫情防控提供了坚实的物资保障，生动体现了红色基因中机动灵活、务实创新的精神。

（五）在大战大考中依法防控，坚持依法治国理念

在法治轨道上推进疫情防控工作，不仅是推进国家治理体系和治理能力现代化的重要体现，也是全面推进依法治国的题中应有之义。面临大灾大难

时，往往人心惶惶，这一时期如何保证社会稳定、维护百姓生命财产安全，是检验国家治理体系和治理能力的关键。习近平总书记指出，疫情防控越是到最吃劲的时候，越要坚持依法防控，在法治轨道上统筹推进各项防控工作，保障疫情防控工作顺利开展。打赢疫情防控阻击战，依法防控是最有力的武器。面对中华人民共和国成立以来传播速度最快、感染范围最广、防控难度最大的一次重大突发公共卫生事件，工作千头万绪、矛盾复杂多变，怎样才能做到有序应对、忙而不乱？首先在立法方面，必须做到有章可循、有法可依，对于相关法律法规还有不健全、不完善、不能适应防控疫情斗争新形势的情况，要及时根据形势发展变化加强对疫情联防联控的调查研究，加快补齐短板，完善疫情防控相关立法；加强配套制度建设，完善处罚程序；强化公共安全保障，构建系统完备、科学规范、运行有效的疫情防控法律体系。在执法和司法方面，必须做到有法必依、执法必严、违法必究。要加大对危害疫情防控行为的执法司法力度，严格执行传染病防治法及其实施条例、野生动物保护法、动物防疫法、突发公共卫生事件应急条例等法律法规。在疫情防控期间，针对哄抬物价、囤积居奇、生产假冒伪劣产品等扰乱市场行为，针对恶意隐瞒症状、暴力伤害工作人员和医护人员的行为，针对诈骗防疫物资、制造传播虚假信息等恶劣行为，最高人民法院、最高人民检察院、公安部、司法部印发《关于依法惩治妨害新型冠状病毒感染肺炎疫情防控违法犯罪的意见》，切实做到办事依法、遇事找法、解决问题用法、化解矛盾靠法，切切实实树立起制度的权威，在法治的理念下管理国家和社会事务。总之，无论是在立法、执法上，还是在司法、守法上，每一个环节都应当运用法治思维和法治方式开展疫情防控，加强普法教育，增强广大人民群众法治意识，为困难群众提供有效法律援助，切实保证全社会都在法治的框架下驱动社会的有序运行，在处置重大突发事件中推进法治政府建设，全面提高依法防控、依法治理能力，为疫情防控提供有力的法治保障，将中国特色社会主义的制度优势转化成抗击疫情的治理效能。

四、如何传承和弘扬好红色基因

实践证明，新时代只有传承好红色基因，坚定政治信仰，永葆初心，党的力量才能不断凝聚，方向和道路才能永不迷失，伟大事业才能不断取得胜利。那么，我们如何传承和弘扬好红色基因呢？

（一）重规划

要从顶层设计把传承红色基因上升到灵魂工程、固本工程，延续红色血脉，保持艰苦奋斗等优良传统和作风，坚定政治信仰永葆初心。要以举旗帜、聚民心、育新人、兴文化、展形象为目标，开展"红色基因代代传"工程，将传承和弘扬红色基因纳入文化强国战略的总体规划，与弘扬中国优秀传统文化、社会主义先进文化一同安排、一同部署，一同推进。要突出红色基因的特色，围绕文化的独特性和多样性，制定推动"红色基因代代传"工程的具体措施。要建立红色资源研究开发长效机制，打造全方位立体化红色基因库和红色文化传播平台。既要不断深挖红色资源，又要活化红色基因；既要统一规划，又要彰显地方红色文化特色，特别是要加强对革命根据地历史文化的研究，从总结历史经验中，更好地发扬革命精神和优良作风。

（二）强导向

坚持马克思主义指导地位不动摇，在传承和弘扬红色基因过程中全面加强社会主义意识形态建设。新时代，我们不仅要深刻认识和准确把握外部环境的深刻变化和我国改革发展稳定面临的新情况、新问题、新挑战，清醒认识和高度警惕经济、科技、社会、外部环境存在的重大风险，而且要重视政治、意识形态领域存在的重大风险。在全球化、全媒体时代，人们的价值观念日趋多样化。少数党员干部不信马列信鬼神、不信真理信金钱，理想信念丧失，脱离群众，使党性逐渐"褪色"，"低级红""高级黑"现象时有发生。历史虚无主义一度横行，解构历史，诋毁英雄、抹黑伟人，成为一股"潮流"。在意识形态领域无声的较量中，利用好红色资源、发扬好红色传统、传承好红色基因是我们不断增强"四个自信"的底气和关键所在。传承红色基因就要坚持马克思主义在意识形态领域指导地位不动摇，坚决反对各种歪曲、篡改、否定马克思主义的错误思想，要敢于亮剑，澄清模糊认识，与歪曲党史、丑化诋毁伟人英烈的言行，错误思潮，"低级红""高级黑"等不正之风，违背党的宗旨行为做斗争。

（三）守阵地

当今时代，谁掌握了互联网，谁就把握住了时代主动权。面对信息化发展的历史机遇，我们要因势而谋、应势而动、顺势而为，要不断增强阵地意识，守好田，种好地，传承和弘扬好红色基因，打造一批具有强大影响力、竞争力的新型主流媒体，扩大主流价值影响力版图，让党的声音传得更开、传得更广、传得更深入。要深化供给侧改革，打好红色文化内容建设"攻坚战"，创新传播载体，使红色基因活化为可视、可听、可读的文化产品和精神食粮，在"准""新""微""快"上下功夫，实现个性化、精准化、定制化的服务平台，将红色基因的根脉转化为党性教育的生动教材，使互联网成为传播社会正能量和红色文化的有效平台，为实现"两个一百年"奋斗目标、实现中华民族伟大复兴中国梦提供强大精神力量和舆论支持。

（四）抓培育

红色基因就是要传承。当下，要结合新时代特点，用习近平新时代中国特色社会主义思想武装头脑，强信念，筑牢信仰之基，补足精神之"钙"。要深化"传承红色基因，争做时代新人""不忘初心、牢记使命"主题教育，把传承和弘扬红色基因融入爱国主义教育；融入培育和践行社会主义核心价值观；融入开展党内组织生活；融入日常学习、文化活动中，注重引导党员群众从红色文化中汲取精神营养、从历史经验中筑牢精神支柱、从仪式感中感悟崇高，化思想自觉为行动自觉，把传承和弘扬红色基因落实到坚持守土有责、守土尽责，敢于担当、敢于斗争，应对好重大风险挑战，切实做实做好改革发展稳定各项工作上。

当前，全国疫情防控形势持续向好、生产生活秩序加快恢复的态势不断巩固和拓展，统筹推进疫情防控和经济社会发展工作取得积极成效。同时，我们也面临着不少新情况、新问题，特别是境外疫情迅速扩散蔓延及其对世界经济产生不利影响，给我国疫情防控和经济发展带来新的挑战。我们要在以习近平同志为核心的党中央的坚强领导下，大力传承和发展红色基因，从红色基因中汲取前进力量，在大战大考中交出合格答卷。

五、以疫情防控为传承红色基因教材，教育广大干部群众

新冠肺炎疫情防控是一场全国动员、全民参战、全力求胜的大战，汇聚起了中华民族共同战"疫"的信心和决心，彰显出了中国人民不屈不挠战"疫"的果敢和顽强。各级党组织要让疫情防控中展现的精神力量，成为思想政治、党性修养、道德培育、意志品质、责任担当"五个教育"的"活教材"，教育引导党员干部组织带领人民群众坚定信心、同舟共济、科学防治、精准施策，早日打赢疫情防控阻击战，为"决战脱贫攻坚、决胜全面小康"铺平道路。

（一）让疫情防控中展现的"众志成城、共克时艰"，成为思想政治教育的"活教材"

这次疫情发生后党中央高度重视，迅速做出部署安排，习近平总书记多次发表重要讲话、做出重要指示，为打赢疫情防控阻击战指明了方向、提供了遵循。举国上下以超出常规的实际举措实招、以战时状态战斗姿态紧急行动、全力奋战，众志成城、团结奋战，形成了全面动员、全面部署、全面打赢疫情防控阻击战的局面。疫情防控行动的速度之快、规模之大，世所罕见，是中国制度优势的体现。党和国家在这次疫情防控中所展现的出色领导能力、应对能力、组织动员能力、贯彻执行能力，为世界防疫树立起典范样板。要让疫情防控中展现的"众志成城、共克时艰"成为思想政治教育的"活教材"，教育引导党员干部坚信：只有坚持党的全面领导，坚持和完善中国特色社会主义制度，才能确保战胜疫情肆虐，确保持续推动 14 亿多人口的大国进步发展，确保中华民族实现伟大复兴。

（二）让疫情防控中展现的"不忘初心、牢记使命"，成为党性修养教育的"活教材"

从白衣卫士的尽职守责到社区的网格管理，从路口的站岗执勤到高速路上的奔驰送菜，从全体干部的下沉一线到农村党员的主动冲锋，关键时刻，他们冲锋在前，用实际行动为群众挡风遮雨，筑起一道坚不可摧的"稳心堤"。唯其艰难方显勇毅，唯其笃行弥足珍贵，正是因为有了他们的逆风而行、与时间赛跑，才让"爱和希望比病毒蔓延得更快"。这都是共产党人"全心全意为人民服务"初心使命的最美体现。这次疫情防控中广大党员干部经受严峻考验，做到关键时刻冲得上去、危难关头豁得出来，让党旗在疫情防控斗争第一线高高飘扬。尤其是党中央一声号召，全体共产党员积极响应，踊跃捐款，表达对新冠肺炎疫情工作的支持。党员干部的初心在磨砺与考验面前愈加坚定，在"疫风淫雨"面前愈加坚决，不负家国的使命，果敢勇毅，以必胜之心、责任之心、仁爱之心、谨慎之心直面疫情，构筑起牢不可破的疫情防控严密防线，使人民群众从抗击疫情的奋斗实践中，充分感受到了党员干部"不忘初心、牢记使命"的铮铮誓言。要让疫情防控中展现的"不忘初心、牢记使命"成为党性修养教育的"活教材",教育引导党员干部坚信:让鲜红的党旗在战"疫"一线高高飘扬,让初心与使命在战"疫"一线躬身践行,永远是党员干部的政治本色,是战胜疫情的信念之本,是中华民族砥砺前行、走向复兴的力量之源。

（三）让疫情防控中展现的"大爱无疆、甘于奉献",成为道德培育教育的"活教材"

战"疫",让党员更能领会"民心是最大的政治"。面对抗击疫情这场大考,每一名共产党员都是"战斗员",也都是"答卷人",对于各级党组织和党员的表现,人民最有评价权。从火神山、雷神山拔地而起到钟南山院士火线驰援,从"云买菜""不见面办事"到大数据服务,一项项惠民举措、一件件民生实事,无不彰显着我们党"以人民为中心"和"全心全意为人民服务"的宗旨。世卫组织总干事谭德塞评价说:"在疫情面前,中方行动速度之快、规模之大,世所罕见,展现出中国速度、中国规模、中国效率,我们对此表示高度赞赏。"广西右江汪甸瑶族乡沙洪村群众接受记者采访时说:"有党和政府在,我们不怕!"透过国际友人和基层群众的评价可以看出,我们党一直和人民群众同在。这次疫情防控中全民不分你我,讲政德、明大德、守公德、严私德,不畏艰难、无私奉献,不当"旁观者"、不当"局外人",用实际行动彰显"大疫"面前有大义,折射着奉献担当,奏响着爱国壮歌,始终带给人们直抵内心的温暖和感动,滋润着共战疫情的信心和决心。特别是广大医务人员作为疫情防控的中坚力量,勇敢逆行、不畏艰难、日夜奋战,用行动诠释着救死扶伤的崇高精神,体现着"敬佑生命、临危不惧、舍己救人"的职业操守,给无数病患带去希望,给亿万人民带去感动,成为新时代最可爱的人。要让疫情防控中所展现出的"大爱无疆、甘于奉献"成为道德培育教育的"活教材",教育引导党员干部坚信:道德永远是一个国家和民族发展进步的重要支撑,自身在疫情防控中引领人民群众展现出的良好道德风尚,必将有力促进社会主义精神文明建设,极大促进新时代全社会道德建设水平。

（四）让疫情防控中展现的"勇敢逆行、不畏艰难",成为意志品质教育的"活教材"

这次疫情的发生是中华人民共和国成立以来发生的传播速度最快、感染范围最广、防控难度最大的一次重大突发公共卫生事件，无数冲锋在一线的党员干部、解放军指战员、医务人员、各行各业的人们"受命之日则忘其家，临阵之时则忘其亲，击鼓之时则忘其身"，坚定必胜信念，紧紧咬住牙关，抓紧抓实抓细各项防控工作，彰显了中华民族敢于战胜一切敌人的精神状态，彰显了中国人民越是艰险越向前的意志品格。要让疫情防控中所展现出的"勇敢逆行、不畏艰难"成为意志品质教育的"活教材"，教育引导党员干部坚信：中华民族5000多年发展史、中国共产党100年奋斗史，经历过无数艰难险阻，那些战胜挑战和困难的经验和蕴含其中的精神，最终都化为继续前进的宝贵财富，中国人民一定会以"踏平坎坷成大道，斗罢艰险又出发"的意志，战胜当下疫情、战胜每一场重大风险。

（五）让疫情防控中展现的"守土负责、守土尽责"，成为责任担当教育的"活教材"

战"疫"，让党员更能读懂"四个意识"。疫战当前，党旗所指，便是党员所向，这既是制度优势的体现，更是"四个意识"的彰显。从政治意识而言，各级党组织自觉贯彻落实党中央决策部署，始终将"人民群众利益高于一切"作为抗疫工作的出发点和落脚点，全体党员自觉做到"四个服从"，党旗高扬在了阵地、也飘扬在了人民心中；从大局意识而言，各地各部门始终坚持"全国一盘棋"，在抓好本地防控的同时积极支援湖北，全体医务人员更是舍身忘我、逆风而行，用信念和坚守筑起了白衣长城；从核心意识而言，各级党组织始终做到与以习近平同志为核心的党中央同心同向，全体党员始终做到与党组织同心同德，在风雨前行中拥护核心、维护核心，让群众找准了"主心骨"，摸准了"定盘星"；从看齐意识而言，全体党员勠力同心、奋勇在前，一句句"我是党员我先上""我是党员我能行"，一封封"请战书""决心书""入党申请书"，都彰显着看齐意识，体现着共产党人的先进性。这次疫情防控既是一场严峻的考验，又是一次全新的大考。各级党员干部特别是领导干部坚决扛起责任担当，守土有责、守土担责、守土尽责，做到人民至上、生命至上，坚持把全面做好防控工作作为增强"四个意识"、坚定"四个自信"、做到"两个维护"的具体体现，坚持以一万之努力确保不发生万一，哪里有疫情就在哪里靠前指挥、坚守阵地，千方百计控制传染源、切断传染链、保护易感染人群，遏制疫情扩散蔓延，以"不破楼兰终不还"的决心和勇气，保卫人民群众生命安全不受侵犯。要让疫情防控中所展现出的"守土负责、守土尽责"成为责任担当教育的"活教材"，教育引导党员干部坚信：只要在灾难面前不断强化责任意识和担当意识，坚持党的原则第一、党的事业第一、人民利益第一，切实对工作尽心竭力、善作善成，党领导和推进的伟大事业就会所向披靡、无坚不摧。

疾风知劲草，烈火炼真金。越是危难时刻，越是急难险重的任务，越能考验一名党员。疫情防控就是"活教材"，它让党员干部读懂"四个意识"的真谛，明确"初心使命"的内涵，更能领会"民心是最大的政治"的铿锵箴言。党员教育，就是要用典型引领，用先进带路，用感同身受的事例去触动内心、激发党性，如此方能促使党性之灯心中长明，化知为行，永葆共产党人的政治本色。

我的话讲完了。谢谢大家！

2020 年 6 月 9 日

第五讲 倡导研学旅行
弘扬抗疫精神 争做时代新人

樊光湘

各位领导、老师们、同学们，大家下午好！

在十三届全国人大三次会议和全国政协十三届三次会议的召开，以及习近平总书记在参加十三届全国人大三次会议内蒙古代表团审议时发布重要讲话的背景下，我作为潍坊市"五老"志愿者关爱宣讲团成员、党史国史宣讲队副队长，青州市"五老"志愿者关爱宣讲团副团长，一定要认真学习贯彻，切实把全国两会精神和习近平总书记重要讲话精神落实到关心下一代各项工作中去，坚持服务青少年的正确方向，把立德树人作为下一步工作的根本任务。结合以这次新冠肺炎疫情防控为教材，将"疫情危机"转化为"教育契机"，组织"党史国史宣讲队"讲好我们党不惜一切代价保护人民生命安全和身体健康的生动故事，引导青少年深刻理解"人民至上、生命至上"的内涵要义，增强"四个意识"，坚定"四个自信"，做到"两个维护"，永远知党恩、听党话、跟党走。秉承"创新、协调、绿色、开放、共享"的新发展理念，落实好研学旅行教学活动，充分利用青州富有革命传统的市级爱国主义教育基地——青州"1+N"红色培训教育基地（"青州市中小学生综合实践活动基地+段村烈士祠"、青州烈士陵园革命历史展馆、陈毅纪念馆、华东保育院、赤涧村原益都县支前粮店、胡林古村原益都县委旧址、长秋村革命烈士纪念碑等红色培训教育基地）。让这些特色资源"基地"和保卫青州涌现出的许多抗疫先进单位和个人事迹作为拓展国史、党史、家乡史和社会主义核心价值观教育活动载体的延伸，提升教育的实效性，引导青少年从国内外抗击新冠肺炎疫情的实践对比中提高民族自信心、增强社会责任感，深刻理解

"中国共产党为什么能、马克思主义为什么行、中国特色社会主义为什么好"，鼓励学生科学应对人生的各种挑战，充分认识远大理想实现过程的长期性和复杂性，辩证对待人生矛盾，树立正确的得失观、苦乐观、顺逆观、生死观、荣辱观。要把握正确方向，聚焦青少年思想道德建设，着力加强党史、国史、家乡史和社会主义核心价值观教育，着力把青少年培养成为有理想、有本领、有担当，听党话、跟党走的时代新人。

2020年春节是一个与众不同的春节，全国暴发了一场灾难性的疫情——新型冠状病毒引发的肺炎。它是中华人民共和国成立以来我国发生的传播速度最快、感染范围最广、防控难度最大的一次重大突发公共卫生事件。面对突如其来的新冠肺炎疫情，全国各地打响了抗击疫情防控阻击战。疫情就是命令，防控就是责任，医院就是战场。在以习近平同志为核心的党中央坚强领导下，中国人民众志成城，举国联防联控，打响疫情防控的人民战争。经过艰苦努力，付出巨大牺牲，湖北保卫战、武汉保卫战取得决定性成果，疫情防控阻击战取得重大战略成果，统筹推进疫情防控和经济社会发展工作取得显著成效。中国抗疫，创造了人间奇迹，在中华民族史册和人类发展史册上写下悲壮雄浑的篇章。

为引导学生深刻感悟和大力弘扬抗疫斗争中的新时代中国精神，强化理想信念教育，引导、激励广大青少年感党恩、爱祖国，崇尚科学、崇敬英雄，今天，根据青州市关工委"五老"志愿者关爱宣讲团的安排和党史国史宣讲队的宣讲计划，我来贵校给大家讲课，我宣讲的题目是《倡导研学旅行 弘扬抗疫精神 争做时代新人》。我准备讲六个方面的问题：一是研学旅行的目的和意义；二是以这次新冠肺炎疫情防控为教材，将"疫情危机"转化为"教育契机"的目的；三是中国抗疫，创造了人间奇迹；四是学习英雄事迹，感受榜样力量；五是弘扬"抗疫精神"，勇担时代使命，争做时代新人；六是青少年要立志成才，报效祖国。

一、研学旅行的目的和意义

研学旅行是"旅游+"概念下的新模式，它延续和发展了古代游学"读万卷书，行万里路"的教育理念和人文精神，成为素质教育的新方向。研学旅行，是由学校根据区域特色、学生年龄特点和各学科教学内容需要，组织学生通过集体旅行的方式走出校园，在与平常不同的生活中拓宽视野、丰富知识，加深与自然和文化的亲近感，增加对集体生活方式的体验，提升学生的自理能力、创新精神和实践能力。

习近平总书记系列重要讲话精神，要求秉承"创新、协调、绿色、开放、共享"的新发展理念，落实立德树人根本任务，帮助中小学生了解国情、热爱祖国、开阔眼界、增长知识，着力提高他们的社会责任感、创新精神和实践能力。中小学通过集体旅行、集中食宿方式开展的研究性学习和旅行体验相结合的校外教育活动，是学校教育和校外教育衔接的创新形式，是教育教学的重要内容，是综合实践育人的有效途径。开展研学旅行，有利于促进学生培育和践行社会主义核心价值观，激发学生对党、对国家、对人民的热爱之情；有利于推动全面实施素质教育，创新人才培养模式，引导学生主动适应社会，促进书本知识和生活经验的深度融合；有利于加快提高人民生活质量，满足学生日益增长的旅游需求，从小培养学生文明旅游意识，养成文明旅游行为习惯。

随着社会发展，越来越多的家庭从物质层面的追求演变为精神层面的追求，但快速的经济发展让我们国民的素养有些跟不上，没有契约精神、团队精神，没有责任感、秩序感，不懂得欣赏，文明欠缺等社会问题越来越突出，而"研学旅行"的开展和实施让学生弥补了这些缺陷。中小学生在集体旅行的过程中，能培养团队意识，责任意识，同时对"美"的欣赏能力也不断提高。我们对中小学生的教育一直都强调"德智体美"全面发展，但是除了"智育"在学校教育发展得比较好之外，德育、体育、美育等都发展靠后，尤其是在农村及应试教育重灾区，而"研学旅行"这样一个项目却能直接实现这几方面的发展，一举多得。

从短期来看，"研学旅行"有较强的教育意义、实践意义和公益性。从长期来看，学生从社会、大自然中汲取了自身发展的力量，同时锻炼了自己的实践能力、团队协作能力、处理问题能力，还培养了自己的社会责任感和创新意识和对"美"的欣赏能力，从而不断提高下一代国民素养。

"读万卷书，行万里路"的游学传统自古以来便是我国士子增长见识、提高学问的方式。不仅如此，许多我国古代的文人墨客，在学有所成之后，依然外出游历，阅遍祖国的大好河山，体会各地的风土人情，最终精益求精，成就更为非凡。现今的研学旅行树立学、思、游相互促进的观念，走出从学校到学校、从课堂到课堂的封闭圈，不断地拓展教育的边界，引领学生走出学校的教室，走向更为广阔的天地，在真实的情境之中体验、合作、探究，真正形成适应未来社会发展的必备品格和关键能力。在中小学素质教育过程中，研学旅行已然成了一个重要环节，其知行结合的创新型教育方式，有益于提升新时代中小学生的文化素养。在中小学开展研学旅行，能丰富中小学的文化生活，能让素质教育变得可视化。

随着现代社会的发展，我国对学生的教育越来越重视实践创新能力。因此，许多学校都推出了研学旅行，以促进学生们的实践能力。研学旅行的意义在于它不是单一的教育，而是一种多层次的、更丰富的教育形式，其重要性不言而喻。

（一）道德养成教育

研学旅行是有组织的集体性、探究性、实践性、综合性活动，是对中小学生进行集体主义教育、生活教育、行为习惯养成教育的有效载体，可以帮助中小学生学会生存生活，学会做人做事，促进中小学生形成正确的世界观、人生观、价值观。

（二）社会教育

研学旅行让课本上的知识与现实连接了，让历史上的人物更充满了"烟火气"，变得可以触摸、可以感觉。在旅行的过程中，我们可以追寻古人的足迹，寻访历史文化的遗踪，当原本一些在课本上通过文字感知的景色展现在学生面前时，他们对课文的理解也会更加深入。经过一个漫长学期的封闭学习，孩子通过旅行放松下心情，松弛有道，可以让学习更加高效。组织中小学生走进社会、融入社会，有助于中小学生更加深刻地了解社会、认识社会，感受社会的进步与发展，明确社会进步的方向，培育中小学生的社会责任感。参加研学旅行走进自然、走进社会、走进博物馆，可以有效加强孩子对学习的兴趣。

（三）国情教育

组织中小学生走出校门，走进地方特色体验工坊、走进乡村、走进社区、走进工厂、走进科研院所，可以帮助中小学生了解国情，了解改革开放以来祖国取得的伟大进步，引导中小学生增长知识、开阔眼界，培育中小学生的国情意识。

（四）个人素质教育

研学旅行是让学生增长见识的好机会，让学生拿出勇气去尝试问路，去吃从来没见过的食物。在不危险的前提下，尽最大的努力去冒险，在最短的时间内追寻最大限度的自由。

现在的家长往往给孩子提供了除学习以外的一切服务，许多孩子没有自己解决问题的观念和习惯，研学旅行正好给了孩子锻炼自己独立自主的机会；通过研学旅行为孩子专门设计的活动，孩子有信心去做以前没有做过的事情，认识新团队成员，并从中增强自信，得到收获；研学旅行中会安排无数孩子向往的名校，让孩子有机会与优秀的学生面对面接触，对自己的未来有一个更清晰的认识，树立学习的榜样和坚定的目标。

（五）责任担当教育

研学旅行可以强化团队意识，同时也可以让学生明白自己身上的责任。让学生在真实的社会中去锻炼，在有设计的活动中培养他们的角色意识和担当精神，让他们在压力下，通过自己的努力去完成一定的任务，践行自己的责任，这种艰苦奋斗的过程，责任意识的养成对孩子的成长来说是非常珍贵的！现在孩子都是父母掌心的宝贝，生活中都是被呵护的对象，参加研学旅行可以让孩子意识到父母平时付出的艰辛，意识到这个世界也需要自己付出去创造，使孩子学会感恩；参加研学旅行可以让孩子认识新的朋友，学会与新的朋友相处，收获友谊；当今社会已经由个人主义时代转变成合作共赢时代了，参加研学旅行可以让孩子提高团队协作意识，又能学习到团队配合的技巧，感受到团队荣誉感。

参加研学旅行，就是让学生在一个更广阔的舞台接受更多方面的教育，是对传统课程的补充，也是为今后他们更好地发展打下一个坚实的基础。

二、以这次新冠肺炎疫情防控为教材，将"疫情危机"转化为"教育契机"的目的和意义

（一）让广大师生受到一次深刻的理想信念教育

以习近平新时代中国特色社会主义思想武装头脑，增强"四个意识"，坚定"四个自信"，做到"两个维护"。人民教师要牢固树立理想信念，十分清楚"为什么而教",把立德树人的重任扛在肩上;中小学生要从小树立远大理想,十分清楚"为什么而学",在战"疫"中进一步树立正确的世界观、人生观、价值观,为实现中华民族伟大复兴的"中国梦"发奋学习。

(二)让广大师生受到一次深刻的爱国主义教育

要充分运用疫情阻击战中的真人真事,摆事实,讲道理,理直气壮、大张旗鼓开展热爱党、热爱祖国、热爱中国特色社会主义、热爱人民的主题教育。引领广大教师不忘初心,牢记使命,与党和人民同呼吸、共命运、心连心,争做"四有好老师"(习近平总书记用"四有"的标准定义了"好老师",其中"有理想信念""有道德情操""有扎实学识""有仁爱之心"都是对师德的明确要求),争当"四个引路人"(习近平总书记指出,广大教师要做学生锤炼品格的引路人,做学生学习知识的引路人,做学生创新思维的引路人,做学生奉献祖国的引路人);教育工作要做到"四个相统一"("坚持教书和育人相统一,坚持言传和身教相统一,坚持潜心问道和关注社会相统一,坚持学术自由和学术规范相统一");教育广大中小学生坚决知党恩、听党话、跟党走,在大灾大难面前,不当旁观者,争当好战士,真正与祖国一起成长,成为德、智、体、美、劳全面发展的社会主义建设者和接班人。

(三)让广大师生受到一次深刻的生命科学教育

把疫情、灾难当成教材,从身边做起,从小事做起,从细节做起,从现在做起,同舟共济,一起抗疫。教育引导广大师生更加珍惜生命、尊重生命、热爱生命,崇尚科学、相信科学、学习科学,热爱自然、学习自然、敬畏自然,把我们应该做的、能够做的、通过努力能够做到的事情,做到最好、做到最佳。

(四)让广大师生受到一次深刻的自我养成教育

生活即教育,经历即成长。要敢于担当:在大灾大难面前,树立必胜信念,勇做逆行者,担当起应尽的责任和义务;懂得感恩:深刻领悟我们的岁月静好,是有人用负重前行,直面灾难,抗击疫情换来的,懂得致敬英雄,常怀感恩之心,常伴感恩之行;学会自我管理:充分利用延迟开学的机会,勤学习、勤思考、勤锻炼、勤劳动,养成良好的生活、工作、学习习惯,自我规划、自我约束、自我教育;传承中华美德:在这次疫情期间较长的陪伴家人的时光里,学会尊老爱幼,树立良好家教家风,传承好家庭美德;培育基本生存能力：中小学生要学会自己动手，提升自理能力，力所能及地帮助家长做家务，煮饭洗衣，拖地收拾，历练身心，从小养成爱劳动的习惯。

三、中国抗疫，创造了人间奇迹

也许很多人都没意识到，我们中国人正生活在奇迹之中。我们自以为很平常的事，竟然是绝大多数国家根本做不到，甚至想都不敢想的。

例如，国家在 1998 年抗洪，汶川地震中的救治力度世所罕见，但我们并不太惊讶，因为在中国这好像是理所应当的事。由于自然灾害的局限性，也没法跟别的国家对比，他们当然也不会称赞中国，反而对我们一些缺点无限放大，甚至无中生有，横加诋毁。久而久之，我们甚至觉得我们做得还不够好，至少没有发达国家做的好。

在欧美诸国长期的舆论攻势下，有一些不坚定的人自我怀疑，甚至质疑党和国家，主张全盘西化，完全抛弃自我，学习西方那一套，并且还有一定市场，结果这次疫情让他们的一切牛皮都成了笑话。

曾经，我们党带领中国人民创造的无数奇迹，如抗日战争、解放战争、抗美援朝等。但随着时间推移，现在的人不禁怀疑我们党还是不是刚开始那个有进取心、有战斗力的集体。这次抗疫让我们看到了中国共产党仍然是那个和人民群众同呼吸共命运，能带领中国人民战胜一切困难的领导者，不忘初心绝不是一句空话。虽然我们一直相信我们的党、我们的制度、我们的人民是世界上最优秀的，但从未像此刻这样如此坚定，我们的党能带领我们走向辉煌。

（一）聚焦疫情，知党恩，听党话，跟党走

新冠肺炎疫情是人类历史上影响最大的一次疫情，被世卫组织定性为"国际突发卫生事件"，其蔓延速度之快、传播范围之广、感染人数之多、持续时间之长都是前所未有的，3 月 11 日又被世卫组织宣布为最严重的"全球大流行"级别。这是一场没有硝烟的战争，病毒顽敌凶险肆虐，我们防不胜防。这是对人类最严峻的考验，一个病毒携带者就是一座"病菌工厂"，一次走亲访友，一次聚会，一次公众活动，便会一传十，十传百，百传千万……迅速扩散，后果不堪设想。这是一场大考，考量着国家的实力、治理能力和政治定力。

　　面对来势汹汹的新冠肺炎疫情，党中央沉着应对、果断决策、运筹帷幄。习近平总书记亲自指挥、亲自部署，主持召开一系列重要会议，发表一系列重要讲话，做出一系列重要指示。特别是湖北省武汉市疫情防控工作，习近平总书记十分关心，对突出问题、关键节点提出明确具体要求。习近平总书记还先后赴北京、武汉、浙江、陕西等地考察调研，就疫情防控和经济社会发展等及时做出部署，多次强调要把人民群众生命安全和身体健康放在第一位，制定周密方案，组织各方力量开展防控，采取切实有效措施，坚决遏制疫情蔓延势头。高瞻远瞩的战略决策，坚如磐石的意志信念，一心为民的真挚情怀，为全党全军全国各族人民坚定信心、抗击疫情立起了主心骨。

　　关键时刻，每一个理性洞察的判断、每一次审时度势的决策，需要巨大的政治勇气，更需要高超的政治智慧。党中央提出坚定信心、同舟共济、科学防治、精准施策的总要求，明确"四早"防控要求和"四集中"救治要求，为抗击疫情提出了正确战略决策。一是在危急关头，党中央毅然决定，在上千万人口的大武汉，对人员外流实施全面严格管控。二是举全国之力，"全民封闭"，停止了千年一贯的探亲拜年。三是全民参战，迅速形成"五链"：防控链，消杀链，检测链，供给链，保障链。四是举国抗疫，迅速爆发"五力"：动员力、响应力、凝聚力、战斗力，冲刺力；迅速打响"五战"：防疫总体战、武汉保卫战、抗疫阻击战、控疫攻坚战、疫情歼灭战。五是把人民的生命和健康放在首位，不惜一切代价救人救命、应收尽收、应治尽治，永不放弃。六是地毯式清查，网格化管理，不落一户，不漏一人，并实现大数据管理，疫情信息公开、透明，体现了大国态度和大国担当，为全球抗疫做出了巨大贡献。

　　面对凶险的病毒肆虐，为什么中国人民还如此充满信心？因为，14亿多人心中有一颗定心丸，这颗定心丸就是党的坚强领导！历史经验告诉我们，有了党的坚强领导，中国将无往不胜！往稍远一点说，共产党带领全国人民，赶走日本侵略者，打败国民党反动派，成立中华人民共和国和建立社会主义基本制度，真正实现了人民当家做主，让中国人民站起来了。实行改革开放和建设中国特色社会主义，中华民族从站起来到富起来的飞跃。中国特色社会主义进入新时代，中华民族前所未有地接近伟大复兴目标。党的十九大宣布，经过长期努力，中国特色社会主义进入了新时代。这是我国发展新的历史方位，意味着中华民族迎来了从站起来、富起来到强起来的伟大飞跃，意味着我国前所未有地接近实现中华民族伟大复兴的目标。往稍近一点说，17年前肆虐全中国的非典疫情，就是共产党带领全国人民、带领医务工作者打败的。往更近一点说，新冠肺炎疫情发生后，为什么全国所有省份能够从人员流动、欢度春节的氛围一下子转为防疫战争的战时状态？为什么960万平方公里的土地上能够全民皆兵，人民主动参战、自觉隔离？党太伟大了，党的领导太重要了！

党中央一声令下，460多万个基层党组织、9000多万名党员迅速行动起来，成为抗疫中坚力量。从重症病房，到城乡社区，从工厂车间，到科研院所，到处都有共产党员冲锋陷阵的身影，一名党员就是一面旗帜，一个支部就是一座堡垒。人民解放军、公安民警、基层干部、社区工作者、志愿者，方方面面的力量会集起来，共同铸就联防联控的钢铁长城。法国前总理拉法兰对此发出赞叹："在疫情面前，中国展现出强大高效的组织和动员能力，令人印象深刻！"

党员干部，冲锋在前，到最危险、最艰苦的地方去，让党旗在战疫第一线高高飘扬，让初心和誓言在践行中闪光！上海市新冠病毒性肺炎医疗救治专家组组长、复旦大学附属华山医院感染科主任张文宏，在一次组织生活会上强调："党员必须先上，没有商量！"——这就是新时代共产党和党员的担当！一句话，没有共产党就没有中华人民共和国，没有共产党就没有这次战疫的伟大胜利！

我想同学们此时的感受便是如此，一定牢记"知党恩、听党话、跟党走"，时刻提醒着自己向党靠齐，那样我们就会因未来祖国的辉煌而骄傲。

（二）综观疫情，见证制度力量和国家力量

韩愈《进学解》中载有："障百川而东之，回狂澜于既倒。"中华民族经历过很多磨难，但从来没有被压垮过，而是愈挫愈勇，不断在磨难中成长、从磨难中奋起。病毒蔓延很快，但是数以万计逆行出征的医务人员，紧急驰援的物资运输车队，源源不断的爱和支持以更快的速度聚集起来。"中方行动速度之快、规模之大，世所罕见。这是中国制度的优势。"世卫组织总干事谭德塞的感言，道出中国抗疫的支撑是制度力量和国家力量。下面从六个方面见证这些力量。

　　一是举国体制。面对新冠肺炎疫情，举国上下守望相助，全国人民团结一心，响应党和国家的号召，集合而成的战"疫"力量火速向武汉、向湖北集结。中华人民共和国成立以来规模最大的一次医疗力量调遣迅速启动，340多支医疗队、4.2万名医务人员奔赴抗疫一线；火神山医院、雷神山医院在10天之内拔地而起；全国约十分之一的重症医护力量迅速集中在武汉，约四分之一的"救命神器"集中在湖北；19个省份对口支援湖北除武汉市外16个市州（林区），快速提升了当地的抗疫能力……在抗疫斗争中，党和政府始终把人民生命安全和身体健康摆在第一位，全力以赴投入疫情救治，救治费用全部由国家承担，最大限度地提高治愈率、降低病亡率。病毒无情，人间有爱！

　　二是中国精神。中国精神在不同时期有不同表现，这次中国精神是在抗疫中淬炼，在磨砺中升华。这笔弥足珍贵的精神财富，永远是中华民族披荆斩棘、奋勇向前的力量之源。临危不乱、敢于胜利的精神，形成全国一盘棋战疫的领导力量；爱国奉献、守望相助的精神，凝聚成最广大人民群众共同抗疫的社会力量；实事求是、尊重科学的精神，维系疫情防控高效运转的科学力量；勇于担当、休戚与共的精神，诠释人类命运共同体理念的中国力量。一个国家对生命的态度，是最有说服力的文明标尺。抗疫时期一幕幕感人场景，积淀着中华优秀传统文化的厚重底色，诠释着社会主义核心价值观，展现了新时代中华民族和中国人民的精神品格。恩格斯曾经说过，没有哪一次巨大的历史灾难不是以历史进步为补偿的。有风有雨是常态，风雨无阻是心态，风雨兼程是状态。千百年来，中华民族历经磨难而不衰，饱尝艰辛而不屈，依靠的就是绵延不绝的精神力量。有这样伟大的人民，有这样伟大的民族，有这样伟大的民族精神，我们一定能凝聚起高歌行进的伟大力量。

　　三是中国速度。疫情刚一露头，国家紧急启动重大突发公共卫生事件一级响应，除夕夜，经中央军委批准，军队从陆、海、空三所军医大学抽调450人，组建战疫医疗队，连夜乘机抵达武汉，让武汉人民看到了救星，看到了希望！1小时，武汉天河机场完成了20余吨医药物品装卸交付工作；1天，加急生产1500余万个口罩；6天，50多支医疗队，6000余名医疗队员集结湖北；9天，推出17款快速检测试剂盒；几个昼夜，建起拥有4000多张床位的方舱医院，迅速缓解了新冠肺炎确诊患者的收治压力。建设方舱医院，这是应对传染病疫情的创新之举。七天时间，火神山医院拔地而起，很快解决了"人等床"的难题，有效遏制了疫情的蔓延。有外国网友感慨，"只有中国才能在 7 天内建成容纳 1000 张床位的医院，在英国前期决策就得 7 年"，"中国人 7 天能建成一座医院，在加拿大得 4 年"。这一奇迹震惊了全世界，也再次体现了中国速度。复工复产加快推进，截至 6 月上旬，全国规模以上工业企业平均开工率达 99%，民营企业复工率超过 90%，中小企业复工率超过 80%……中国速度，源于众志成城、万众一心的磅礴力量。这次疫情，牵动着 14 亿多人的心，也关系着 14 亿多人的健康安危。在这场战役中，战斗着的不只是武汉，更是整个中国；不只是患者、医护人员，更是 14 亿多中国人，每一个"你"都不是局外人。疫情暴发后，保护自己是所有后方力量能够做的最大贡献，而中国人民更是以最快的速度行动起来，主动捐款捐物、隔空加油、做好个人防护、科学复工复产，中国人民用特殊的方式参加了一场没有硝烟的战斗，成了一线防疫人员的坚强后盾。

四是中国担当。曾有西方政客大肆鼓吹"中国威胁论"。但新冠肺炎疫情发生以来，世界看到了什么？——中国做到了"三个第一"：第一时间向世卫组织通报疫情实况，第一时间公布、公开疫情信息，第一时间同世界各国分享抗疫经验成果。中国以世所罕见的组织动员力，开展了一场规模宏大的疫情防控阻击战，最全面、最严格的防控举措展示了中国规模，不仅保护了中国人民，也保护了世界人民的健康；以创纪录的时间甄别出病原体体现了中国效率，为全球战疫控疫赢得了时间；火神山、雷神山到"方舱医院"的快速启用，在体现中国速度的同时，为全球提供了最好的经验借鉴；提升公共产品供给能力，体现国际抗疫的中国担当。中国担当具体体现在六个方面。（1）扩大国际和地区合作，提升我国为全球防疫提供公共产品的能力。在全球公共卫生防控体系构建中，我们要积极提供中国的抗疫经验、防控措施、医疗技术和物资设备等优质国际公共产品；扩大国际和地区合作，共享研究成果，协调防控措施；在全面有力防控本国疫情的同时，向其他出现疫情扩散的国家和地区提供力所能及的援助。在提供国际公共产品方面，结合世界局势、中国疫情态势、国家实力进行系统分析，防止国际公共产品的提供成为我国不能承受之重，公共产品的投放要合理安排，重点投放急需与友好国家，尤其是欠发达国家。（2）支持世卫组织在应对突发公共卫生事件中的核心作用，完善全球公共卫生治理新机制。世卫组织在协调各国应对新冠肺炎疫情、为成员国提供公共卫生安全政策建议和专业技能培训、促进全球公共卫生治理、坚持多边主义原则等方面发挥了重要作用。我们要坚定支持世卫组织在应对突发公共卫生事件中发挥核心作用，完善全球公共卫生治理新机制，提升公共卫生问题在国际议题中的位置，推进健康领域重大国际合作项目，尤其要主动积极打造"健康丝绸之路"。（3）推动全球救灾进程中的国际道义和法律援助机制构建。我们要积极倡议，在国际社会禁止任何形式的敌视和歧视，对于不客观、不公正、带有意识形态色彩以及种族偏见的舆论要敢于批判，积极发出国际正义之声。当前，非洲、南亚和拉美地区新冠肺炎疫情迅速蔓延，病死率高。要积极倡导国际社会发挥人道主义精神，加快对非洲、中东等地区的抗疫支持与援助，开辟医疗卫生物资"绿色通道"，协力保障欠发达地区国民的安全和生命健康。（4）加强医疗科研攻关，加快推进科技成果转化。要成立国际疫情联合攻关实验室，共同研制抗疫药品和疫苗。要加大高端医疗卫生产品的出口，全面提升科技成果转化力。（5）积极扩大卫生外交范围，全面提升中国软实力。疫情期间，我们要积极扩大国内顶级公共卫生专家的影响力，传播典型人物和知名企业的抗疫事迹，科学论证中药在新冠肺炎治疗中的作用，推动中华优秀传统文化走向国际舞台。我们要全方位开展卫生外交，继续同世卫组织保持良好沟通，同有关国家分享中国防疫经验。（6）积极推动人类命运共同体理念走向世界。要组织中国驻疫情发生国使领馆外交人员撰文阐释联合抗疫的必要性，探讨生物安全与人类生命安全的极度紧密关系及其国家间合作的意义；召开基于新冠肺炎疫情的世界公共卫生事件与国际合作治理的研讨会；用纪录片、大型图片展等形式多语多平台推介在中国共同战"疫"的国际友人如何以自己的行动践行人类命运共同体理念等方式，积极促进非传统安全威胁下的国际合作进程，不断丰富构建人类命运共同体的内涵和实践。

在这次抗疫中，我们看到，不管面临什么样的危机和困境，中国担当永远在线，永远在路上。

五是中国力量。中国抗疫，再次让世界见证了中国力量。

这力量是以习近平同志为核心的党中央坚强有力的领导。回望历史，我们党从中华民族的深重苦难中诞生，在应对风险挑战中成长壮大，领导人民建立起了中华人民共和国并取得了现代化建设的历史性成就，归根结底在于党中央和全党全国有一个坚强的领导核心。当前应对新冠肺炎疫情带来的风险挑战，同样离不开党中央的集中统一领导，离不开习近平总书记指挥定向的核心作用。疫情发生后，以习近平同志为核心的党中央高度重视，迅速做出部署，全面加强对疫情防控的集中统一领导，赢得了抗击疫情的战略主动。作为党中央的核心、全党的核心，习近平总书记时刻心系人民群众安危，时刻关注疫情形势和防控工作，亲自指挥、亲自部署、亲自推动。作为这场人民战争的指挥中枢，以习近平同志为核心的党中央以巨大的政治勇气和政治担当，在抗击疫情中发挥了中流砥柱的作用，极大地稳定了党心和民心，增强了全党全国人民战胜疫情的信心，凝聚起了众志成城抗击疫情的强大力量。

这力量是集中力量办大事的中国特色社会主义制度优势。坚持全国一盘棋，调动各方面积极性，集中力量办大事，是中国特色社会主义制度的显著优势。一方有难、八方支援，全党全国人民在党中央统一号令下，心往一处想、劲往一处使，集中人力物力财力投入抗疫斗争，显示出了打赢疫情防控阻击战的坚定信念和强大力量。抗击疫情的实践充分证明，中国特色社会主义制度具有强大的生命力和巨大的优越性，不仅是我们党带领全国人民攻坚克难、战胜重大风险挑战的重要法宝，也是我们战胜疫情的可靠制度保障。

这力量是中华人民共和国成立以来建设社会主义现代化形成的综合实力。疫情暴发后，人民群众生命健康受到威胁，医疗物资一度告急，生活物资供应形势一度紧张。党中央的统一指挥，果断采取措施，对重要物资实行国家统一调度，建立交通运输"绿色通道"，保障了重点地区医用物资和生活物资供应。在这样一场大灾大难面前，能够做到医疗救助跟得上和各方面物资充足供应，是因为有中华人民共和国成立70多年、改革开放40多年，特别是党的十八大以来现代化建设积累的雄厚物质技术基础和强大的工业生产能力；是因为有在以习近平同志为核心的党中央集中统一领导下的强大的资源动员和调配能力。

这力量是中国人民团结一心、同舟共济的英勇奋战。人心齐，泰山移。打赢疫情防控阻击战，最根本的力量来自人民群众。各地支援武汉和湖北的医疗队迅速集结出征，4万多名"白衣战士"义无反顾向着疫情"逆行"，与湖北医护人员日夜奋战在抗疫一线，展现了救死扶伤、医者仁心的崇高精神；

"国有召，召必回，战必胜"，哪里有危险哪里就有人民子弟兵，人民解放军闻令而动、敢打硬仗，展现了人民子弟兵忠于党、忠于人民的政治品格；公安民警忠于职守、不惧风雨，守护着人民群众的生命财产安全；社区工作人员工作下沉，任劳任怨，把服务和温暖送到千家万户；广大志愿者真诚奉献，用实际行动诠释着人间大爱……在这些英勇无畏的人民当中，共产党员们越见困难越向前，冲锋在前、顽强拼搏，用实际行动诠释了共产党人的政治本色、初心使命。正是广大人民群众众志成城、团结奋战，联防联控、群防群治，形成了抗击疫情的磅礴力量，为打赢疫情防控阻击战提供了最深厚的群众基础。

抗击新冠肺炎疫情是一场大考。中国人民在这场大考中展现出的中国力量，赢得了世卫组织和世界各国的高度赞誉。国际社会普遍认为中国采取的坚决有力的防控措施，展现的出色的领导能力、应对能力、组织动员能力、贯彻执行能力，为世界防疫树立了典范。在大灾大难面前，从疫情中心的武汉到湖北全省再到全国各地，全国人民生活安定有序，经济社会发展大局保持稳定，这本身就是一个了不起的成绩，就是中国力量的展现。

这次战"疫"，使全世界看到了中国崛起复兴的基础牢固坚实。我们是全球唯一拥有所有工业门类的国家。我们中国人的心，越是在危难中，越是团结。小到普通人捐出的几块钱、几袋方便面，无数企业牺牲利润转产急需的医疗物资，大到整个国家对口支援湖北各市。"我们挺过来了！"钟南山院士的感慨，引发广泛共鸣。一个"挺"字，让人百感交集，这就是中国力量！截至6月1日24时，据31个省（自治区、直辖市）和新疆生产建设兵团报告，现有确诊病例73例（其中重症病例3例），累计治愈出院病例78315例，累计死亡病例4634例，累计报告确诊病例83022例，现有疑似病例2例。累计追踪到密切接触者745613人，尚在医学观察的密切接触者4642人。治愈率达到94%以上。

当前新冠病毒肆虐全世界，生活在中华人民共和国这块土地上，我们应深感幸运、自豪与骄傲！

四、学习英雄事迹，感受榜样力量

崇尚英雄才会产生英雄，争做英雄才能英雄辈出。这是习近平总书记向我们发出的动员令。英雄模范能折射出人们的价值观，引导人们的行为取向。讴歌英雄模范，弘扬主旋律、传播正能量、激发精气神，事关国家兴旺发达和民族前途命运。回望历史，中华民族历经磨难，从千难万险中奋起，一个重要的原因就是，始终有一群"脊梁"在民族生死存亡之时舍生取义、精忠报国，在国家大灾大难面前守望相助、共渡时艰，他们是民族英雄、是时代先锋。在抗疫前线，共产党员不忘初心、白衣战士无惧风险、人民警察奋不顾身、社区干部日夜守望、志愿者们忙碌奔波，他们共同书写着可歌可泣、感人至深的英雄篇章。

（一）八位院士的八个正确决定，成功扭转疫情被动局面

疫情面前，有多少人舍生忘死，逆风而行，就像一堵担当责任之墙、弘扬道德之墙、隔离"疫情"之墙、隔离"恐惧"之墙、隔离"谣言"之墙，竖立在疫情第一线，帮我们挡住了病毒和危险。这些人中最勇敢也最可爱的当属中国工程院八名院士：84岁的钟南山院士斩钉截铁地说"肯定有人传人的现象"，让举国知道疫情的严重性，为抗疫防疫指准了方向；李兰娟院士"武汉封城刻不容缓"发自肺腑的封城建议，有效阻止了大流行；王辰院士"武汉最紧迫的任务是建立方舱医院"的科学献策，打通了生命的绿色通道；陈薇院士"力争在最短的时间内，将我们正在研制的重组新冠疫苗，推向临床、推向应用"的坚定发言，给全国人民乃至世界人民吃了颗"定心丸"；乔杰院士"将孕产妇、儿童的治疗经验纳入新方案"的建议，在关键时刻促成了第七版《新冠肺炎诊疗方案》；张伯礼院士"中药早介入、全程参与"理念以及"中药漫灌"的治疗方式在新冠肺炎的治疗中起了重要作用；仝小林院士的"宣肺化湿"理论，成为全国中医治疗方案的思想指导，为患者送去救命神方；黄璐琦院士"中西医结合"治疗方案，有效降低了危重患者的死亡率，缩短了确诊患者的住院时间。这场抗疫战，他们既是院士，也是战士，我们要向他们致敬，向他们学习！

（二）哪怕只有万分之一的希望，也会倾尽百分之百的努力

截至4月26日，武汉在院新冠肺炎患者数字清零。经过近百天的艰苦努力，湖北重症及危重症病例从最高峰时的超万例实现清零，3600余名80岁以上患者被成功治愈。每一个生命奇迹，都源于永不放弃的努力。所有的"重生"，都在诠释一个理念：生命至上、人民至上。一个国家对生命的态度，是

最有说服力的文明标尺。在抗疫斗争中，全中国人民上下同心，全力以赴投入疫情救治，救治费用全部由国家承担，最大限度地提高治愈率、降低病亡率。为了抢救生命，全国约十分之一的重症医护力量集中在武汉，约四分之一的"救命神器"ECMO集中在湖北。不管是108岁的老人，还是出生仅30个小时的婴儿，医务工作者都绝不放弃救治他们。为了抢救生命，医务人员冒着被感染的风险采集病毒样本。身患渐冻症的金银潭医院院长张定宇在这场与病毒赛跑，与死神竞速的战疫中，用自己"渐冻"的生命托起更多生命的希望，不分昼夜争分夺秒地抢救患者。28岁的药师宋英杰因过度劳累再也没有醒来……没有生而英勇，只因选择无畏。那一封封捺着鲜红手印的请战书、那一道道口罩勒出的深痕、那一个个彻夜照顾患者的身影，正是对医者仁心的最好诠释。

（三）白衣战士冲锋在前、义无反顾，坚守在战疫最前线

我们在过年，他们在帮我们过关。他们舍生忘死，与新冠肺炎病人密切接触，就是为了打败共同的敌人——新冠病毒。在这场与死神抗争，与时间赛跑的阻击战中，是这些可敬的白衣战士在守护人民健康、义无反顾，留下最美的逆行身影：张继先，武汉市中心医院医生，疫情上报第一人，奋战在抗疫第一线，急病人所急；王行环，武汉雷神山医院院长，他以"一切为病人着想"为座右铭，以"尽量针对不同的病人制订不同的方案，做到因人而异、个性化治疗"为方略，把工作做到了极致。

不要以为英雄离我们太远，其实他们就在我们身边。

他们就是青州市三位首批援鄂医护人员。

他们三位均来自潍坊市益都中心医院：

庄育田，重症医学科主任、主任医师。

钟安桥，呼吸内科副主任、副主任医师。

王婷，感染性疾病科护师。

他们是专家：要培训当地医护人员、要下沉县医院会诊、要督导医院工作。

他们是医生：夜以继日和死神争夺病人性命，义无反顾。

他们是心理疏导员：安抚病人的焦躁情绪，温柔体贴胜似家人。

他们是装卸工和搬运工：医疗物资和行李要自行装卸，病房用氧要自

己推。

他们是服务员：自我服务，服务同事。

他们还是……

钟安桥是山东援鄂医疗队大别山区域医疗中心临时党支部青年委员，他充分发挥共产党员的先锋模范作用，带头实践入党誓词，抱定随时为党和人民的事业贡献一切的坚强信念，急难险重任务冲锋在前。

50 多岁的庄育田主任，是山东省第二批援鄂医疗队中年龄最长者。本来不在援鄂医生选调的年龄范围之内，但出于一个医生"我就是要看看这种新型病毒到底是啥样？偏要和它过过招"的职业本能和执着追求，坚决要求到最危险的抗疫一线，终于如愿以偿。在黄冈市中心医院，他一方面面临医疗物资紧缺、医院根本不符合病人收治条件却非收不可的困难局面；另一方面承担着前所未有的超负荷工作压力和心理压力。庄育田老当益壮，性命攸关时刻把安全留给同事，把危险留给自己。查房时他总是让年轻医生靠后，而自己却迎着咳嗽的病人勇敢向前。思想上向党员看齐，行动上时时处处以共产党员的标准严格要求自己，3 月 19 日他被批准火线入党。

巾帼不让须眉。如果说庄育田在山东援鄂医疗队年龄最大，则王婷当属最小者。出生于 1993 年的她看上去文文弱弱，说话不急不缓，很难把她和那个在病房独当一面的超强天使联系在一起。在大别山区域医疗中心，王婷负责护理 20 名新冠肺炎患者，正常的备药、挂（撤）瓶、输液、巡视、换瓶、给病人分饭发药、安抚患者情绪、帮助患者翻身、给患者处理大小便……分内的工作有条不紊。抽空还要打扫卫生，对地面、墙壁、卫生间和病房设施进行消杀；还要收集打包处理污染物和患者生活垃圾……这些原本应该由护工或保洁员完成的分外事，王婷依然做得一丝不苟，毫无怨言。建康复群，在线上为出院病人答疑解惑；建购物群，设身处地为住院病人排忧解难。她仿佛像高速旋转的陀螺，永远停不下来。问她累不累？她腼腆一笑，说："我年轻，一会儿就歇过来了。"

她为患儿采血的事不得不说。

穿两层防护服动作不敏捷，戴橡胶手套触觉不敏感，护目镜叠加光线暗淡视力不敏锐，幼儿血管细如发丝隐隐约约难发现，在重重困难之下，王婷保持沉着冷静，硬是做到了"一针见血"。采血结束了，孩子妈妈竟浑然不知，憨憨地问道："怎么还不开始？"一滴水可以映出太阳的光辉。王婷的敬业精神和精湛技术可见一斑。假如没有这场疫情，合家团圆之时，想必她还是个在父母面前撒娇的孩子，可一旦上了战场，就成了顶天立地的战士。年轻人是祖国的希望和未来，"90后"长大了。

在全国支援湖北抗疫期间，青州市共有2批11位医护人员勇敢前行。其他8位援鄂医疗人员，同样是英雄。在此，让我们牢牢记住他们的名字。

潍坊市益都中心医院（4人）：

重症医学科副主任、主治医师王从政（也是火线入党）。

重症医学科主管护师单正坤。

呼吸内科护师赵雪。

传染科主管护师王娜。

青州市人民医院（4人）：

呼吸内科副主任、主治医师郭红霞。

呼吸内科主管护师赵振芹。

ICU主管护师鞠晓霞。

ICU护师程军伟。

11位英雄在灾难降临的时候，面对祖国召唤挺身而出，逆向前行，展现了大无畏的英雄气概；他们舍小家顾大家，无私忘我医者仁心的崇高精神，令人感动和钦佩；他们以实际行动践行着"敬佑生命、救死扶伤、甘于奉献、大爱无疆"的使命与担当；他们克服重重艰难险阻，日夜奋战在救死扶伤最前线，为抗疫工作做出了巨大贡献，为青州人民争了光，他们是最美逆行者，他们是新时代最可爱的人。

抗疫英雄群体在国家和人民最需要的关键时刻挺身而出，站得出来、顶得上去，用他们的实际行动践行初心、使命，舍小家、顾大家，筑起了一道道安全防线，他们不仅是"最美逆行者"，是当代最可爱的人，要向他们学习、致敬。我们要进一步弘扬抗疫精神，激发爱国热情，坚定理想信念，自觉向先进典型看齐，学习时代楷模，凝聚前行力量，在常态化疫情防控中履职尽责、担当作为、开拓创新，为"弘扬抗疫精神，争做时代新人"贡献力量。

（四）青春尚热血，战疫显担当——青春在战疫中闪光

在国家危难时，一声声"我要上"不绝于耳，一封封请战书捺满红色手印，有那么一大批年轻人选择了担当与苦抗，给虚弱的病人以温暖的肩膀。在4.2万多名驰援湖北的医护人员中，超过1.2万名是"90后"和"00后"，他们为打赢这场疫情防控阻击战贡献青春力量。武汉大学人民医院东院区神经内科护士单霞，在参战前，悄然在家剃光长发。武汉江夏区金口卫生院范湖分院24岁的医生甘如意，回老家过年，大年初一听到疫情消息，第一时间做出返岗决定。那时已经封路，这个看起来瘦瘦弱弱的小姑娘，竟骑着自行车经历4天3夜，一路吃着泡面，风雨兼程，跨越300多千米回到医院，投入抗疫一线。眉县职教中心二年级学生朱如归，大年初一瞒着母亲独自步行几百千米前往湖北孝昌县第一人民医院做起了志愿者，一干就是几个月，他的事迹相继被多家中省媒体报道。抗疫英雄不胜枚举，他们用实际行动诠释了真善美，永远是我们学习的榜样。

五、弘扬"抗疫精神"，勇担时代使命，争做时代新人

习近平总书记曾经指出，人无精神则不立，国无精神则不强。精神是一个民族赖以长久生存的灵魂，唯有精神上达到一定的高度，这个民族才能在历史的洪流中屹立不倒，奋勇向前。这次疫情防控中体现出的良好精神品质和精神风貌，形成的伟大的抗疫精神，是以爱国主义为核心的民族精神和以改革开放为核心的时代精神的高度凝练，是对中国精神的进一步丰富和深化，为中国精神增添了新的时代内涵。它必将为中国未来的发展提供重要的精神助力，为实现中华民族伟大复兴的中国梦添砖加瓦、凝聚力量。

青少年是祖国的未来和希望，是整个社会中最积极、最有生气的力量，是实现中华民族伟大复兴"中国梦"的生力军。习近平总书记强调，实现中华民族伟大复兴的中国梦，物质财富要极大丰富，精神财富也要极大丰富。如何把疫情当教材，将"疫情危机"转化为"教育契机"，引导青少年传承和弘扬这次疫情防控中形成的伟大的抗疫精神，使下一代从这场疫情中学会思考生命的意义、责任与担当，丰富他们的精神内涵。

疫情既是教育的背景，也是教育的资源。一个民族在灾难中失去的，必将在民族的进步中获得补偿。要在灾难中获得补偿，就必须时刻充满自省、

自律、自觉、自信的精神。全球新冠肺炎疫情仍在加剧蔓延，对青少年教育而言，常态化的疫情防控形势既是危机也是机遇，要引导青少年从国内外抗击新冠肺炎疫情的实践对比中提高民族自信心、增强社会责任感，深刻理解"中国共产党为什么能、马克思主义为什么行、中国特色社会主义为什么好"。中国共产党为什么能？第一，中国共产党不仅是中国工人阶级的先锋队，也是中华民族的先锋队，还是中国革命、建设、改革发展事业的领导核心。第二，中国共产党的宗旨是全心全意为人民服务，用习近平总书记的话就是中国共产党为人民谋幸福，为民族谋复兴，为世界谋大同。第三，历史选择了中国共产党、人民选择了中国共产党；这是经过历史和事实充分证明了的。第四，中国共产党历经团结带领全国各族人民从站起来、富起来到强起来的波澜壮阔的过程。从积贫积弱、被人欺负的国家建立起崭新的人民共和国，综合国力空前强大。第五，中国共产党是用马克思主义武装起来，并且把马克思主义基本原理与中国革命、建设的实际结合起来，与时俱进，具有强大的生命力。第六，中国共产党具有自我革命自行纠正错误的能力。马克思主义为什么行？很简单。因为马克思主义基本原理揭示人类发展的科学规律。马克思主义在中国的成功实践足以成为证明。中国特色社会主义为什么好？第一，中国特色社会主义符合人类社会的发展规律，开辟了科学社会主义发展的新境界；第二，中国特色社会主义以人民为中心，创造性地满足人民对美好生活的需要；第三，中国特色社会主义显著提高了综合国力，迎来了中华民族伟大复兴的时代，提升了中国的国际地位；第四，中国特色社会主义可以集中力量办大事；第五，中国人民在中国共产党的领导下，当家做主；第六，中国共产党实行民族区域自治制度，全国各民族平等团结；第七，中国特色社会主义实行共同富裕，最大限度消除绝对贫困；第八，中国特色社会主义开创了独立自主和和平发展的现代化道路，并为发展中国家实现现代化贡献了中国智慧、中国方案……以此，鼓励学生科学应对人生的各种挑战，充分认识远大理想实现过程的长期性和复杂性，辩证对待人生矛盾，树立正确的得失观、苦乐观、顺逆观、生死观、荣辱观。

挖掘"抗疫精神"的思政育人元素，为学生思想品德的养成提供精神动力和信念支撑。"抗疫精神"继承了中华传统美德的价值基因，弘扬了中国革命道德的奋进力量，彰显了社会主义道德的时代风尚，推动着新时代全民道德素质和社会文明程度达到新的高度。引导学生积极学习抗击疫情中涌现出来的勇于担当、忠诚尽责的英雄事迹，挖掘蕴藏于战疫故事中的精神实质，从抗疫典型中选树好人，创新传颂方法和载体，讲好抗疫故事。笔者作为潍坊市"五老"志愿者关爱宣讲团成员、党史国史宣讲队副队长，青州市"五老"志愿者关爱宣讲团副团长，要躬身示范做表率，投身抗疫做贡献，把培育和践行社会主义核心价值观贯穿于教育教学全过程，引领学生立志成才，争做时代新人。

教育的本质是培养人，围绕"培养什么人"这个教育的首要问题，全面贯彻党的教育方针，大力倡导学生传承和弘扬"抗疫精神"：传承和弘扬坚定信心，迎难而上的担当精神；传承和弘扬义无反顾、顽强拼搏的大无畏革命精神；传承和弘扬万众一心、同舟共济的团结精神；传承和弘扬救死扶伤、医者仁心的大爱精神；传承和弘扬作风优良、严谨求实的科学精神；传承和弘扬依法防控，有序防疫的法治精神。伟大的时代，需要伟大的精神。这次抗疫斗争中形成的伟大抗疫精神和我党历史上的红船精神、长征精神、延安精神、雷锋精神，"两弹一星"精神，改革开放精神，抗洪精神等一样，都将成为中华民族取之不尽、用之不竭的精神力量。广大青少年要以这次抗疫斗争为教材，传承和弘扬伟大的抗疫精神，进一步增强中国特色社会主义道路自信、理论自信、制度自信、文化自信，在实现"两个一百年"奋斗目标中，牢记使命，强化自我意识、生命意识、命运共同体意识，增进对中国共产党和中国特色社会主义制度的政治认同、思想认同、理论认同、情感认同，同心奋斗、矢志向前，心怀感恩、无私奉献，争做抗击疫情大考的合格答卷人、新时代的合格接班人。

六、青少年要立志成才，报效祖国

中华民族是一个伟大的民族，而爱国，更是一个神圣的字眼。革命导师列宁曾说，爱国主义是千百年来，巩固起来的对自己祖国的一种浓厚的感情。的确，这种爱国情怀是任何人也无法割舍的。在历史发展的曲折过程中，爱国主义历来是我国人民所崇尚的，它是我国各族人民团结奋斗的光辉旗帜，是推动我国社会历史前进的强大动力，对于日益繁荣富强的祖国来说，爱国主义更应该成为这个时代的最强音。

　　抗击疫情本身就是最生动、最硬核的爱国主义教育。疫情，让我们看到了什么叫众志成城，让我们看到了中国人民的力量和国家的力量，让我们更加坚定了"四个自信"，也让我们接受了一场最刻骨铭心、荡气回肠的爱国主义教育。

　　人类最高的道德就是爱国，爱国是人的首要美德。作为新时代的青少年，一要力争做到爱国"三以"，即以信念为基石，厚植"爱国情"；以本领为命脉，激发"强国志"；以担当为己任，践行"报国心"。二要坚持做到爱国"三必须"，即爱国必须加强自身知识储备，要多读书，树"三观"；爱国必须提升自身文明素养，要知感恩，行仪礼；爱国必须做好自己的事情，要立"三德"，讲修为。三要努力做到爱国"三有"，即有理想、有本领、有担当。理想、本领和担当是一个人的软实力——有理想才会有追求，有本领才会有实力，有担当才会有未来。四要牢固树立爱国"三意识"，即信仰意识（知党恩、听党话、跟党走），国家意识（爱国家、为国家、报国家），发展意识（德、智、体全面发展）。

　　疫情是镜子，大难面前照人生。人生在世，你可能不优秀，但不能不善良；你可能不成功，但不能不感恩；你可能什么都没有，但不能没有良知。这场疫情防控的总体战，让我们看到党中央的坚强领导，感受到国家治理体系和治理能力现代化的优越性，感动于全国人民的齐心协力，也见证了青少年一代的使命担当。中国，有能力履险如夷；中国人民，有能力化危为机；中国青少年，有能力担当重任！我相信，广大青少年，定能以疫为鉴，立志成才，在追梦圆梦中做出贡献，报效祖国。

　　每个人都有一份属于自己的志向，也许远大、也许平凡，那么，同学们，属于你的那份志向又能散发出多少光芒去指引你的未来呢？

　　俗话说："无志之人常立志，有志之人立大志。"立志是成功的动力，能让我们为实现人生目标而不懈地奋斗，凭借坚忍不拔的信念屹立在成功的巅峰眺望远方。立志贵在坚持，立志贵在立大志！而立大志，莫过于立志成才，照亮祖国未来的希望。

　　或许你们会觉得，如此"伟大"的志向过于遥远。但是，想必在座的每一位都该知道——千里之行始于足下的含义吧！没错！可千万不要小看了这第一步，立下一个志向就是我们漫漫征途的开始，如果起点缺乏远见或是模糊不清，那么，你将来所要走的路上将会留下遗憾甚至是悔恨。

无论你是立志成为一名学识渊博的科学家，还是一名燃烧蜡烛的教师；成为一名勤劳为民的公务员，还是一名保家卫国的军人；成为一名驰骋商海的弄潮儿，还是一名公正廉明的法官；成为一名救病济世的医生，还是一名为国争光的运动员……不论是什么样的选择，只要你的志向崇高而远大，恭喜你已经找准了起点，只需付出足够的努力和不懈的拼搏，相信你人生中所拥有的辉煌灿烂会是最多的！你的人生会变得充实与富足，会得到社会的认可和人民的爱戴。

立志成才，必须努力读书，专心致志，持之以恒地读书。作为莘莘学子中的一员，来学校的目标就是泛舟书海，读书成才。

读书，就是用心灵去感悟：星的灿烂，月的朦胧，花的嫣然，泪的晶莹，人类的进步，科技的腾飞，以及生命的沧桑与美丽。

读书，是在如画风景中捡拾朝花，寻找生命感悟的花絮。你可以泛舟西湖，随手采摘到生命启迪的莲子；你可以驾长车踏进苏杭，欣赏人间天堂；你可以登临泰山，了解帝王封禅的缘由，体味"一览众山小"的胸襟；我们为中华的崛起而骄傲，为中华腾飞而勤奋读书。

我会将报效祖国立为自己最高的志向，并朝这个方向努力。

如此慷慨的宣言，你要好好珍藏在心灵深处！看看自己身边那么多真正为志向所拼搏的人们，我们应该好好把握自己的人生，我们应该珍惜社会给予我们这大好的时光和机会，更好更强地发展自我，成为建设祖国的栋梁……

只有与时俱进，不断读书学习，才能改变自己的命运。这是个最好的时代，谁也拦不住你从芸芸众生中脱颖而出，在时代的潮头和风口熠熠生辉，只要你够聪明，够努力！

立志成才，我们无所畏惧，向未来的彼岸，奋勇航行。

报效祖国，我们无所保留，向成功的巅峰，奋力攀登！

青年兴则国家兴，青年强则国家强。同学们，你们生长在新时代，是祖国的未来和民族的希望。新时代正在召唤你们成长成才。希望你们在学校的教育培养下、在良好家风熏陶传授下、在全社会关心引导下，成为有理想、有本领、有担当的人，勇做时代的弄潮儿，待到长大参加工作后，努力把革命先烈前辈开创的伟大事业不断推向前进，在实现中华民族伟大复兴中国梦的生动实践中建功立业，报效祖国。

我的话讲完了，谢谢大家！

2020 年 6 月 5 日

第二编 **02**

| 青州市党性教育基地解说词选编 |

党的十八大以来，习近平总书记多次在不同场合、不同地点反复强调，革命传统资源是我们党的宝贵精神财富，每一个红色旅游景点都是一个常学常新的生动课堂，蕴含着丰富的政治智慧和道德滋养；要把这些革命传统资源作为开展爱国主义和党性教育的生动教材，引导广大党员干部学习党的历史，深刻理解历史和人民选择中国共产党的历史必然性，进一步增强走中国特色社会主义道路、为党和人民事业不懈奋斗的自觉性和坚定性，永葆共产党人政治本色。

我们铭记习近平总书记的谆谆教导，面对新形势、谋求新发展、实施新举措、创造新业绩，打造青州市红色景区新亮点；把红色资源利用好、把红色传统发扬好、把红色基因传承好，让革命的理想信念生生不息、代代相传！

中国共产党在带领人民进行革命、建设和改革事业的过程中，留下了可歌可泣的战斗精神和艰苦卓绝的奋斗印记。这些见证了中国共产党不断壮大并承载了红色信仰之光、革命精神意志的关键地点和历史实物就是红色资源。近年来，青州市不断加大红色资源发掘保护力度，建立红色文物大数据库，加强红色文化资源内涵价值的挖掘和阐释，提升展教水平，创新传播平台和方式。在这样的时代背景下，青州市"1+7"红色培训教育基地（青州市中小学生综合实践活动基地+段村烈士祠、青州烈士陵园革命历史展馆、陈毅纪念馆、华东保育院、赤涧村原益都县支前粮店、胡林古村原益都县委旧址、长秋村革命烈士纪念碑等红色培训教育基地）应运而生、顺势而成，以其强劲的历史沧桑感、浓厚的现实使命感集纳、展示了一幅幅中国共产党人气壮山河、催人奋进的生动画面，为全市党员干部、群众，尤其是广大青少年强化中共党史、中华人民共和国史、改革开放史、社会主义发展史（以下简称"四史"）学习和筑牢党性根基提供了全新的"红色熔炉"，并成了广大党员干部、群众，尤其是广大青少年坚定理想信念、牢记初心使命、汲取精神力量、强化使命担当、不断砥砺奋进的"加油站"和"推进器"。

为传承红色基因，青州市围绕推动红色文化培训产业发展，狠抓党员干部培训和青少年红色文化教育阵地建设，不断完善纪念场所功能，积极承接境内外党员干部培训教学、社会各界党团主题教育、人文自然景观研学采风活动，青州红色故事讲述从展馆走向社会，党员干部培训和青少年红色文化教育从讲堂走向体验。红色文化教育读本基地知名度的不断提升，不仅吸引党员干部群众和广大青少年前来参观体验，而且成为广大游客的网红"打卡点"。

近年来，我们坚持以文化人、以文育人，将社会主义核心价值观教育渗透到党员干部培训和青少年红色文化教育教学活动全过程，结合教学内容，丰富教育内容，寓诚信、爱国、敬业等人物、事件等于课堂教学之中，在体现实事求是、严谨科学精神的基础上，融入社会主义核心价值观精神。尤其是青州市关工委和教体局关工委定期组织引导党员教师、学生到关心下一代爱国主义教育基地，开展主题鲜明、形式多样、内容丰富的实践体验活动，通过参观学习、聆听讲解、寻访英雄人物、走一段英雄路等，追寻英雄的足迹，踏寻英雄的精神铭记光辉历史，弘扬革命传统，把"传承红色基因"作为重要的实践主题，融入教育教学，营造红色教育的浓厚氛围，潜移默化中使红色基因渗进青少年学生的血液、沁入青少年学生的心扉，引导广大青少年树立正确的世界观、人生观、价值观。结合日常管理，引导学生从身边小事做起，养成良好习惯。根据学生的认知水平和心理特点，采取组织爱心社团，开展学困帮扶等形式多样、富有成效的方式，广泛深入地对学生渗透社会主义核心价值观教育。举办以"中国梦""富强梦""我与家乡""我爱祖国"等为主题的讲座、班会、征文、演讲、知识竞赛、文艺演出、辩论等活动，每年参与人员达10万人次以上，引导广大中小学生自觉学习、践行优良道德品质。同时，青州红色文化教育基地年均进馆参观的社会各界人士达到10万多人（次），开展主题党日、重走长征路、红军生活体验和各类研学、采风、家庭亲子游等活动人士达到800多批次、50000多人次。

今后我们将继续贯彻落实习近平总书记"红色基因就是要传承""思政课不仅应该在课堂上讲，也应该在社会生活中来讲"的重要指示精神，以红色教育基地为依托，充分整合境内红色场馆和爱国主义教育基地的资源，打造"党史教育工作室"，组建"党史教育宣讲团"，推出"党史教育精品讲座"，通过邀请专家和青州红色文化教育基地内讲解员、研究员共同组成宣讲团的方式，采取展厅讲解、市民讲堂、社区讲座、巡回讲坛、线上直播等形式，开展"党史教育特色活动"，带领广大"五老"同志讲好党的历程和光荣传统，深化教育主题，拓展育人功能，讲活历史故事，用活红色资源，用历史精神感召人、陶冶人、教育人，引导广大党员干部不忘初心，牢记使命，推动共同理想培育，为推进"五强四宜"现代化美丽青州建设凝聚磅礴力量、教育引导广大青少年坚定不移听党话、跟党走，努力成为中国特色社会主义事业的合格建设者和可靠接班人。

中共青州地方史展馆解说词

——青州市党性教育基地解说词之一

樊光湘

尊敬的各位领导，各位嘉宾：

欢迎大家莅临《铭记青州红色文化历史 传承地方红色文化精神》展览馆参观指导。我是讲解员樊光湘，非常荣幸能为领导和嘉宾们提供讲解服务。

尊敬的各位领导，各位嘉宾，我们先看"前言"。

为纪念建党 96 周年，重温党的光辉历史，继承和发扬党的光荣传统和优良作风，深入推进"两学一做"学习教育常态化制度化，进一步增强党的凝聚力和战斗力，激励广大党员坚定理想信念，更加坚定"四个自信"，不忘初心，砥砺前行。在纪念抗战全面爆发 80 周年、中国人民解放军建军 90 周年、中国共产党成立 96 周年和喜迎党的十九大胜利召开之际，《铭记青州红色文化历史 传承地方红色文化精神》展览馆终于开展了，献礼给党的十九大！该展览馆分三个展厅：第一展厅《中共青州地方党组织的光辉历程》；第二展厅《从青州地方党的历史中汲取精神力量》；第三展厅《中共青州地方党组织的历史实践给我们的深刻历史启示》。其中，第一展厅分为三个单元：新民主主义革命时期青州地方党组织的建立、演变及其活动；青州地方党组织在建设时期的演变及其活动；青州地方党组织改革开放时期的演变及其活动。它是弘扬青州精神的展厅。以历史年代为序，采用纪事本末体形式，全景式展现中国共产党从 1921 年到今天在青州的曲折道路，该展览以大量翔实的史料，展现了中国共产党从地下斗争到夺取政权，领导人民浴血奋战，推翻"三座大山"，中国共产党在青州改天换地的光辉历程。该展览有力地说明，没有共产党，就没有中华人民共和国；没有共产党，就没有中国特色社会主义的发展。

该展览在充分尊重史实文献并为表现史实服务的基础上，尽量避免空洞说教，寓情于理、通俗易懂，尽可能增强时代感，在潜移默化中，使人能多角度地了解当时鲜明的历史时代特征。该展览在青州具有极高的权威性和理论性，是我市第一次以展馆形式出现的"党史史书"，是进行党员党性教育、青少年党史教育的一部完整的、永久的党史教科书。

下面请各位领导和嘉宾随我一起来（自然大方地引导参观者进入第一展厅）。

这里是《铭记青州红色文化历史 传承地方红色文化精神》展览馆的第一展厅，主要展示的是中共青州地方党组织的光辉历程。

中共青州地方党组织96年的光辉历程，大致分为新民主主义革命、社会主义革命和建设、改革开放和社会主义现代化建设三个大的历史时期，每个时期前后大约为30年时间。96年来党领导青州人民做了三件大事：第一件大事，是在新民主主义革命时期，经过28年艰苦卓绝的斗争，推翻了帝国主义、封建主义、官僚资本主义的反动统治，建立了人民民主政权，开辟了人民当家做主的崭新时代，开启了青州发展的历史新纪元。第二件大事，是在社会主义革命和建设时期，经过29年多的艰苦探索和奋斗，在恢复和发展国民经济的基础上成功进行了社会主义改造，确立了社会主义基本制度，实现了青州历史上最深刻最伟大的社会变革。初步建立起比较完整的工业体系和国民经济体系，取得了社会主义建设的巨大成就和宝贵经验。第三件大事，是在改革开放和社会主义现代化建设时期，实现了从贫穷落后到富裕和谐的巨变，大幅提高了城市地位和人民生活水平，为建设现代化中等城市开辟了广阔前景。改革开放30多年来取得的成就，既是青州发展史上最为璀璨夺目的辉煌成就，也是中国改革开放发展的一个缩影。

第一单元：新民主主义革命时期青州地方党组织的建立、演变及其活动

1. 青州地区阶级斗争异常激烈，广大人民群众的革命意愿更加强烈，新民主主义革命有深厚的群众基础

清末民初，中国是个半殖民地、半封建社会性质的国家，整个民族深受帝国主义和封建主义压迫，国内军阀混战，国家积贫积弱，广大人民群众苦不堪言，处于水深火热之中。

（1）在文化方面受帝国主义、封建思想的摧残、奴役，洋教盛行，文化复古，毫无生机，绝大部分群众享受不到文化权利。

19世纪中叶，帝国主义列强开始瓜分中国。他们依仗不平等条约赋予的特权，掠夺经济资源，推行殖民文化。日本帝国主义多次派员到青州进行地质矿产调查，窥探中国资源，以开办洋行，设立教堂等手段，掠夺经济资源，进行文化侵略。随着帝国主义工业品的侵入后，青州手工业逐步破产，流氓无产者占全区总人口的25%，青州经济破产已到了极其严重的程度。

（2）政治上受压迫、受欺凌，阶级斗争激化。地方民团，无恶不作，肆虐乡里，欺压百姓，族权、神权奴役群众，人民群众处于水深火热之中。连绵不断的军阀混战给青州人民带来无穷无尽的灾难，仅1922年至1928年间，大小战乱就达20余次。1928年10月21日，在军阀吴延年、窦宝章、刘振彪之间的土匪、军阀混战中，青州城北关镇武庙街等就有10多座楼房被焚，数百群众惨死，4000余人无家可归。反动军阀横征暴敛已达到"无人不捐，无物不税"的地步。据统计，仅捐税就多达40多种。再加上天灾人祸，广大人民群众难以为生，濒临绝境。

（3）青州地区，广大人民群众在经济上受剥削，食不果腹，生活异常艰难困苦，过着牛马不如的生活，苦大仇深，盼望早日改变万恶的旧社会制度。青州人民在遭受帝国主义、军阀官僚掠夺与摧残的同时，还深受封建地主阶级的残酷压迫和剥削。从青州阶级、土地统计表可以看出，当时占青州总人口仅8%的地主、富农却占有85%的土地，地权的高度集中，给青州人民带来无穷的灾难。地主以榨取封建地租形式剥削农民，还进行高利贷剥削，青州人民过着牛马不如的悲惨生活。许多贫苦农民因生活所迫被殖民者诱骗当了"契约华工"受尽苦难。"衣不裹体，食不饱肚"就是当时青州人民悲惨生活的真实写照。

（4）在社会方面受到地痞流氓及土匪的肆虐。特别是土匪猖獗，他们无恶不作，危害百姓，社会动荡不安。例如，青州南闵家庄大地主、土匪闵广居横行周围几百里，所犯之处，烧杀抢掠，绑票人质，交纳数百至数万大洋才能释放人质，交不起，他们就残酷杀害人质，罪恶滔天，人民群众反响强烈，急切盼望改变社会现状。

为了求得生存和民族的解放，青州人民进行了不屈不挠的斗争，反帝反封建的革命浪潮，一浪高过一浪。早在1900年（光绪二十六年）8月，城关、涝洼、东圣水等地农民在义和团运动的影响下，袭击基督教堂和天主教堂，"城市集镇，遍布传单，灭洋灭教，众口一词"，反洋教侵略斗争此起彼伏，揭开了青州人民反对外国文化侵略的先声。1911年，辛亥革命爆发后，青州各地的同盟会小组成员和军民积极响应，迅速光复了青州城，许多仁人志士为了推翻清王朝的统治，献出了宝贵的生命。但是，这一次次曾经威震青州山河的农民起义斗争最后都失败了。

因此，起来革命，推翻"三座大山"的压迫和剥削，建立新民主主义制度和社会，是青州地区广大人民最迫切的愿望。

2. 青州最早创立的共产党组织及其活动

1919年五四运动后，特别是中国共产党诞生后，《新青年》《向导》等革命书刊不断传入青州，马列主义在青州得到了迅速传播。青州的革命知识分子终于发现只有走马克思主义指出的无产阶级和全人类解放的道路，才是唯一的出路。

五四运动，促进了马克思主义与青州工运相结合。1920年秋冬，王尽美、邓恩铭在山东成立共产主义小组。此时，王尽美、邓恩铭等同志陆续将上海共产主义小组成员邵力子、沈立庐主编的《民国时报》《星期评论》以及《新青年》《新生活》《中国建设》等进步书刊传入青州，青州的知识分子以及青年学生视之为"唤醒民众，改造社会主义的有力武器"，标志着马克思主义在青州开始扎根并产生了深远影响。

1922年10月，山东最早的共产党人之一王翔千从济南来到青州，宣传马克思主义，开展革命活动，揭开了马克思主义在青州的传播和党的创立时期的光辉一页。王翔千成为青州最早的马克思主义传播者和青州党、团组织的奠基人。

王翔千是诸城县人，济南共产主义小组成员之一。1922年由王尽美介绍加入中国共产党，并在中共济南支部工作。他到青州之前的公开职业是济南育英中学的教员，到青州的公开身份是青州省立十中国文教员。

到青州省立十中后，王翔千迅速展开工作。利用课堂，他经常向学生介绍社会主义思想，启发学生关心国家前途和命运。他在讲课中，向学生灌输马克思主义理论，介绍俄国十月革命，引导学生关心国家的前途和命运。他选印的第一篇讲义是《阶级斗争》。他引导学生创办读书会，向学生推荐进步书刊，如《共产党宣言》《唯物史观》《社会主义讨论集》《中国青年》《向导》《铁路工人》周刊等。这些全新的内容，给同学们开辟了新的知识领域，使同学们的思想境界进入了一个新的天地。除去在课堂上进行宣讲以外，他还利用课余时间指导和组织学生创办了"新剧社"，编演新戏，宣传新思想、新文化和反帝反封建的革命道理。在他的指导下，"新剧社"编演了许多生动感人、富有教育意义的新剧。他利用各种形式广泛接触同志，并推荐一些马克思主义的书籍和进步书刊给同学们看。一时间，一些马克思主义的书籍和进步刊物，在广大青年学生中广为流传。他还深入工厂，接近青年工人，同青年工人交朋友，宣传马克思主义的基本原理。通过这些宣传教育，使广大学生、青年工人逐渐领悟到只有革命才是中国人民翻身解放的唯一道路，只有共产党才是劳苦大众光明前途的希望。

1923年春天，王翔千离开青州回济南工作。他在青州虽只有不到半年的时间，却把马克思主义的种子播撒在青州大地。王翔千离开青州后，其弟王振千又在青州接替他的工作。王振千原为青州省立十中教员，来青州后，他与王翔千对换，到济南育英中学接替王翔千的教学工作，由于受其兄影响，进步很快。王振千回到青州省立十中后，边教学，边进行马克思主义宣传，并为青州党、团组织的创建做了大量工作，也为青州团组织活动提供了条件。

1923年5月，益都四师学生王为铭受到马克思主义熏陶后，在青岛《胶澳日报》副刊发表了一篇为纪念马克思105周年诞辰而写的一篇文章，题为《马克思主义与中国革命》。这篇文章引起了当时在《胶澳日报》任副刊主编的中共一大代表邓恩铭的注意。随后，邓恩铭便到青州以探亲（其舅父黄泽沛在益都县任知事）为掩护找到王为铭，向其进一步宣传马克思主义的革命观，并赠给王为铭《共产党宣言》（现存于山东省第一个农村党支部——广饶县刘家集村党支部党史展览馆）和《第三国际代表大会决议》两本书。从此，邓恩铭借其舅父黄泽沛在益都县任知事的方便条件，经常到青州与学生进行广泛的接触，启发青年学生的革命觉悟，扩大马克思主义的影响。在邓恩铭的影响下，5月29日，青州省立十中、四师、甲农的27名学生在城里冯家花园成立了青州平民学会。学会骨干有赵文秀、石毓冥、祝树蕃、王元昌、刘序功等。平民学会组织会员参加座谈会、讲演会、文艺演出等活动，探讨了改造社会的理论和方法，进行了反帝爱国活动宣传，推动了全市新文化运动的发展和马克思主义的传播。6月，益都四师校长刘尚敬压制反帝爱国学生运动。刘尚敬是前清举人，思想陈腐，视新文化为异端。学生略有不满，便开除学生，并借期末考试压制学生的读书活动。刘尚敬压制民主、专横跋扈的行径，激怒了全校老师和学生。在邓恩铭的鼓动下，四师掀起驱刘学潮，并发动全校老师和学生对学校当局推行法西斯教育、开除进步学生的行径进行了斗争；掀起了改革封建落后的法西斯教育制度、进行反帝爱国教育、传播进步思想的热潮。8月，十中学生联合会创办《学生联合会》会刊，在会刊第一期上发表了宣言。宣言指出：会刊供全体学员发表学生时代的新思想，以便交换知识，研究学术；供学员发表对社会的看法，站在改造社会的前列；介绍新文化、新思想，补救社会方面知识的空虚，让会员明了现在的急务，并在改造旧制度、旧恶习中自觉地改造自己。

《青州学生联合会》会刊创办后，广大青年学生利用会刊介绍苏俄革命、宣传马克思主义以及民主自由思想，研究各种新思潮，探索救国救民、改造社会的道路和方法。会刊刊载了一些宣传社会主义，鼓动进行社会革命的文章，号召无产阶级团结起来，同地主、资本家做坚决的斗争，从地主、资本家手中夺回权利；号召工人中的先觉者投入工人运动中去，宣传群众，组织群众，为无产阶级的解放事业而奋斗。其还发表论述劳动阶级、阶级斗争、社会制度的根本改造等问题的文章，通过具体事实，剖析社会，痛斥反动当局的罪恶，抨击社会时弊，启发青年学生的觉悟。这些对推动革命形势的发展和学生运动的兴起，起了重要作用，也标志着青州学生在马克思主义的影响下，达到了一个新的思想境界。

在这期间，王尽美第二次来到青州，在十中做旅欧考察报告，历数第一次世界大战期间，帝国主义国家统治集团加紧压迫剥削劳动人民，大发战争横财的罪行；而苏联在列宁的领导下，建立了第一个共产党领导的劳动人民当家做主的社会主义国家，给广大青年学生指明了中国革命的前途。一时间，社会主义成为人民公认的新思潮。尽管当时人们对社会主义的认识还很肤浅，对各种社会主义流派的实质还分辨不清，但十月革命的成功，苏俄社会主义制度的建立，却促使先进知识分子以苏俄为榜样，开始思索、探求改造中国社会的道路和方法。研究和宣传社会主义逐渐成为进步思想界的主流，这是五四运动以后新文化运动的突出特点。

11 月，中共中央特派员尹宽来青州检查指导工作，历时 1 周，同进步青年谈话，了解情况，指导工作，强调学生运动必须与工农民众相结合。鼓励青年学生结识工人，与工人交朋友，使学生运动沿着健康道路发展迈出了重要一步。

五四运动以后马克思主义的广泛传播，构成了在青州建立共产党组织的思想基础；最早接受和宣传马克思主义的知识分子与青年学生，有的完成了由旧民主主义向新民主主义的过渡，有的完成了民主主义向社会主义和共产主义的过渡。参加了中国共产党，这又在组织上为青州建立共产党组织提供了干部准备，因此，青州建立党组织的条件已基本成熟。

青州，是山东最早建立地方党组织和开展党的活动的县市之一。青州党组织的建立有一个显著的特点，就是经历了一个先建团、后建党，由学生到工农，从城市到农村的过程。1921 年，中国共产党诞生后，同年冬，共产党员王翔千介绍学生李耘生（李殿龙——山东省第一个农村党支部——广饶县刘家集村党支部创始人）加入了中国社会主义青年团，成为青州历史上第一个团员。随后，刘俊才（刘子久）、刘序功、王元昌、赵文秀等相继入团。1923 年 1 月，中国社会主义青年团青州团小组建立，负责人为李耘生。1924 年春，李耘生被调至济南地委工作后，青州团的工作由刘俊才负责。4 月，团中央决定在青州建立团支部，中共一大代表王尽美、邓恩铭先后来到青州，具体指导帮助建立了中国社会主义青年团青州支部，刘俊才任支部干事长，团员有十数人。6 月，刘俊才十中毕业后，被调至中共济南地执委工作，团青州支部书记由王元昌担任。团支部发起了反对帝国主义利用基督教进行文化侵略的收回教育活动；并通过东关县立第一高小教员杜华梓组织发动了全县小学教员增薪罢课运动，迫使县教育当局答复了教师的合理要求。8 月，经团中央局批准，建立团青州特别支部，隶属团中央。1924 年冬天，根据 1924 年 5 月中共中央扩大执行委员会的《S·Y（即中国社会主义青年团）工作与 C·P（即中国共产党）关系决案》中有关团员转党的决定，团青州特别支部的一批团员杜华梓、王元昌、赵文秀、李春荣、王懋坚等转为共产党员，成为青州第一批党员。

1925 年 1 月，在中共济南地方执行委员会的具体指导下，建立了中共青州支部。杜华梓任支部书记，隶属中共济南地方执行委员会；2月，改属中共山东区执行委员会，驻地涝洼村。中共青州支部的建立，是青州历史上开天辟地的大事，标志着马克思主义的根基已经扎入了青州大地，揭开了中共青州地方党组织发展的新篇章，标志着青州的共产主义运动进入了一个崭新的阶段。

在第一次大革命高潮来临时，新成立的青州支部相继领导建立商学联合会、农民协会、益都儿童团组织；领导组织恢复平民学校、创办农民学校；开展了阻止奸商贩小麦给日本人、青州车夫罢工、声援青岛工人罢工、上海五卅（五卅惨案）运动，反抗土豪劣绅压榨农民、反基督教活动、郑母暴动等一系列运动，有力地打击了帝国主义和封建势力。青州支部并把愿意起来革命的东圣水村小学教员魏复中（魏眉之次子）发展入党。魏复中入党后，在东圣水村向热爱祖国、渴求进步的青年宣传反帝发封建的革命道理，宣传马克思列宁主义。很快它就在东圣水村小学和东圣水村培养了一批积极分子，使东圣水村很快就成为当时青州党组织乃至山东党组织政治活动的中心，为青州党组织在农村的发展壮大创造了条件。

1927年5月，原属潍县县委领导的中共尧沟支部，拨归益都领导。此时中共益都地执委下辖城关、涝洼、圣水、东朱鹿、尧沟等16个村党支部，全县党员发展到170人。

鉴于青州革命形势的发展和党组织的壮大，尤其是以益都为核心的昌乐、临淄、临朐、广饶、寿光等县党的活动更加活跃，已具备建立地执委的条件。因此，中共山东区执行委员会决定在青州建立中共青州地方执行委员会，代行区委职权，统一领导潍坊西部的益都、寿光、临朐、昌乐、临淄和广饶六县的党组织。

1927年4月，中共青州地方执行委员会在东圣水村正式建立，隶属中共山东区执行委员会，下辖益都、寿光、临朐、昌乐以及临淄和广饶六县的党组织。宋伯行任书记，杜华梓任组织部部长，田裕炀任宣传部部长，商勤学任总务兼交通员。交通点有：寿光县的张家庄、崔家庄和于家尧河；临朐县的吴家辛兴；昌乐县的尧沟；临淄县的呈羔和商王庄；广饶县的延家集、刘家集、耿家集、吕家王镇和封庙等地。中共青州地执委的成立，对于所属各县党组织的发展，起到了积极的促进作用。

至此，中共青州党组织实现了中共青州支部—中共益都地执委—中共青州地执委的三级跳。

3. 大革命失败后青州地方党组织的建立及其活动

1927 年，蒋介石、汪精卫相继背叛革命后，国内阶级关系发生了重大变化，斗争形势陡然逆转，轰轰烈烈的大革命中途夭折，帝国主义、封建势力和买办资产阶级扶植国民党反动派充当新工具，妄图在全国范围内建立反革命独裁统治。

4. 抗日战争时期青州地方党组织的演变及其活动

抗日战争期间，为了争取青州地方实力派参加抗战，在中共中央和山东省委的领导下，青州地方党组织对青州地方实力派及社会各界人士开展了大量的、多层次、多渠道的统战工作，推动了抗日民族统一战线在云南的形成和发展。在中共鲁东工委的具体领导帮助下，青州各地的党组织与广大共产党员，积极响应中共中央北方局"脱下长衫，到游击队去""有人出人，有钱出钱，有力出力，有枪出枪"的号召，按照山东省委的统一部署，要求各级党组织与广大共产党员、青年工人、农民、知识分子都应迅速行动起来，大力开展抗日民族统一战线工作，广泛组织抗日救亡团体，集中力量筹集抗日经费和枪支弹药，积极发动组建并参加抗日武装的工作。从 1937 年底开始，青州党组织先后组建了，八路军鲁东抗日游击队第十支队，八路军鲁东游击队第八支队，第十二、第十七、第十三中队，益北大队，四边县青年中队和工农大队，益寿临广四边县地方武装——六大队，益寿临广四边县独立营，益寿临广四边县特务大队，八路军第四支队新编第一营，益都县大队，益都县第二游击大队等一批党直接领导的人民抗日武装，有效地同日伪顽进行了不屈不挠的斗争。先后创建了青州胶济铁路北益寿临广四边区抗日根据地和青州胶济铁路南西南山区抗日根据地。为抗日战争的胜利和推翻国民党反动政府做出了很大的贡献。

中共益都县委在中共山东省委、八路军山东军区的领导下，依靠益都县党政军民的共同努力，依靠人民群众的大力支持，创建、巩固、发展了益都县西南山区抗日民主根据地，建立了拥有 400 余人的正规军和 3 万民兵的强大兵团，发动了 1939 年 3 月 20 日的青州市庙子镇（原益都县四区）土湾村抗日伏击战；1940 年 7 月下旬，阳明山北岭设伏兵击毙鬼子小队长小林；7 月

16 日，在卸石山下的一个小山村——东下册村击落敌机并活捉日军飞行员金井；1942 年 4 月 28 日上午，打响孙家岭保卫战；6 月 4 日拂晓，吉吉顶战斗等较大规模的战斗开展达 10 多次，狠狠地打击了日寇和反共顽固派吴化文部新四师的嚣张气焰，大大地鼓舞了军民的抗日士气，有力地从战略上配合了八路军、新四军兄弟部队在敌后战场的抗战，支援了国民党抗日部队在正面战场的作战，为赢得中国抗日战争和世界反法西斯战争的胜利做出了重大贡献。在城北，县委派人到国民党徐振中部做统战工作，以徐部之一中队为基础，组成了"益都人民抗日游击大队"。

其间，两地区党组织分别在其上级领导下，发动群众，同日伪顽进行了艰苦卓绝的英勇斗争。

1940 年，第二游击大队，面对驻守在青州境内胶济铁路以南、弥河以东地区（益东地区）的反动武装：除了黄楼乡南霍陵村据点、谭坊镇状元桥村据点、谭坊火车站据点、杨家庄火车站据点、郑母镇中心村据点、赵坡乡北陈村据点、郑母镇关帝庙村据点的日本 219 人、伪军 523 人外，还有杜华梓的国民党益都县政府的武装，侯耀庭的二十二支队，王葆团的六旅，新编十五旅四团，十七旅六团一部分，共计 2000 余人，先后发动了向日寇借枪、偷袭日军运输线、设计惩罚反共顽固派、吉林村突围战、夜袭伪十区老鸦窝村乡公所、活捉并击毙日军翻译李毅等战斗。抗日军民用智慧打了一次次漂亮仗，使驻益都县日军也为之震动。

不得不提不能忘却的屈辱历史。

抗日战争全面爆发后，1937 年 12 月 9 日，国民党县长杨九五弃城而逃，日军侵占了青州城。从此，日军开始在青州土地上设立据点，建筑岗楼，对革命根据地利用"拉网"战术，进行"大扫荡"，采取烧光、杀光、抢光的"三光"政策。先后制造了骇人听闻的田庄、郭集、东朱鹿、长秋、南仇村等惨案，给青州人民带来了家破人亡的重大灾难。一是田庄惨案。1938 年 2 月 17 日，日军在没口村开枪打死国民党临朐县大队士兵 1 人、村民 1 人，伤 4 人；路过金家楼子村时，放火烧毁了数都数不清的房屋，抢走了财物若干，杀死无辜百姓 13 人，烧死 4 人，伤 3 人。接着又窜到田庄（原属临朐县），这个不足 150 户的村庄被杀死无辜百姓 42 人，被杀绝 6 户。其中，宋云端一家就摊上 5 口。有 30 多名妇女失去了丈夫，许多孩子成了孤儿。二是朱石羊大劫难。1938年4月5日，30多名日军火烧朱石羊村部分房屋。同月，又先后两次放火将全村房屋烧毁，使朱石羊村化为一片灰烬。三是郭集惨案。1938年9月4日，200名日伪军包围了郭集村，放火烧毁房屋100余间，杀害百姓30余人。四是赵家庄惨案。1939年2月27日，日军包围了赵家庄，将未来得及逃避的老人妇女11人，全部残杀于村头。五是东朱鹿惨案（亦称腊八惨案）。1941年1月5日（农历1940年腊月初八）这一天，国民党顽固派徐振中（刘旭东之学生）为报臧台战败之仇，趁中共清河地委组织部部长李寿岭、中共益寿县委组织部部长刘旭东、宣传部部长张鲁泉等到东朱鹿村检查工作的机会，纠集敌顽、日寇、汉奸200多人，将东朱鹿村团团包围，包括地委组织部部长李寿岭，县委组织部部长刘旭东，宣传部部长张鲁泉等12名党组织领导人和革命群众壮烈牺牲。六是"四二八"惨案。1941年5月23日，在日军对益北根据地推行第一次"治安强化运动"期间，日伪军将经常掩护我地下党员，救护八路军伤病员的四边县有名的拥军模范、东朱鹿村妇救会主任于素梅抓住后，用尽了惨无人道的酷刑，让她供出八路军，她始终坚贞不屈，仍高喊"打倒汉奸！""共产党万岁！"她是喊着革命口号英勇就义的，终年49岁。翌日，日军在东水渠村北门外河滩中，残杀了村妇救会会长张淑贞和益七区组织委员赵世福等7人。尹卓然之妻怀孕8个月，也未能幸免。是日为农历四月二十八日，因此，这次惨案亦称"四二八"惨案。七是马鞍山惨案。1942年11月9日，2000多名日伪军包围了马鞍山，山上有山东纵队一旅二团副团长王凤麟等伤病员及抗战干部家属40余人，英勇抗击着日伪军的猖狂进攻。激战两天一夜，消灭敌官兵100余人。最后，由于敌众我寡，弹尽粮绝，除少数人脱险外，王凤麟等28名同志壮烈牺牲。益都县参议长冯旭臣先生一家6口同时遇难。为了表彰冯旭臣一家的献身精神，鲁中地委赠冯旭臣后人"一门忠烈"的匾额。八是南仇村惨案。1945年8月，普通区区长韩祥德率区中队在邵庄北西坡村被日伪军蔡建亭部包围。韩祥德等大部分人突围，有9人被捕后活埋在南仇村的南门外。

　　抗日战争期间，在益东牺牲的烈士有：温学厚，东圣水村人；陈锡珍，大陈家庄人；郑其善，阳河村人；李传锡，宫家庄人；赵焕成、赵文汉、赵文山，南吉林村人；潘延绅、潘世忠，韩家庄人；韩均、孟宪章，建德庄人；张耀廷，桃园村人；何玉彬，营子庄人；杨立芳、周玉明、李志绍，霍陵村人；王得善，老鸦窝村人；陈庆贵，陈家庄子人；刘学彦，四区人；赵昆、王开田，赤涧人……另外还有北阳河村以身殉国、名垂青史的刘逢源烈士；李集村大义凛然、视死如归的李志韶烈士；南星落村舍生忘死、壮烈牺牲的郭民烈士；杜家村坚贞不屈的刘明训烈士；大官营村铮铮铁骨的郇肇纪烈士；四边县建军建政功勋卓著的陈伯强烈士等。

在艰苦的八年抗战中，为了民族的解放，青州人民在党的领导下，发扬了光荣的革命传统，涌现出众多的英雄人物。他们抛头颅、洒热血、前赴后继、浴血奋战，为国为民，献身捐躯，英烈们的丰功伟绩，将永远留在青州人民的心中。

青州是抗日战争时期的革命根据地，在八年抗日战争和根据地建设中，有1529名革命先烈为国捐躯。在抗日战争胜利后，为了表彰、纪念烈士的丰功伟绩，教育人民，党和政府先后建成了段村烈士祠，灵堂内载有396位烈士的英名；王桑青州烈士陵园，灵堂正厅悬挂1511位烈士的英名，后迁火石山；庙子镇革命烈士纪念堂，灵堂内有庙子镇的129位革命烈士的英名；长秋村抗日烈士纪念碑，碑的南侧刻有长秋村许孝田等26名革命烈士的英名。

"千古壮烈，万载光荣。"没有先烈的奋斗和牺牲，就没有今天的幸福生活，先烈们的丰功伟绩，以及烈士们的英名，将与日月同在，与山河共存，永垂青史，光耀千秋！烈士们勇于献身的精神，将永远教育和激励青州人民热爱祖国，热爱家乡。青州人民正在发扬光荣的革命传统，继承先烈的遗志，为建设美好的家园新青州做出应有的新的更大的贡献。

5. 解放战争期间青州地方党组织的演变及其活动

1945年8月，抗日战争胜利后，根据新的斗争形势，中共鲁中区党委决定组建中共青州市委、市政府；中共四边县委奉中共渤海区党委之命改为中共益寿县委。中共益都、益寿、青州三县（市）委领导地方武装和人民群众继续战斗，打击拒不投降的日伪军。胶济大队一、二、三、四中队分别建立，活动在西起枣园东到谭坊一带，有力地打击了铁路沿线敌人。

1946年1月，国共两党签订"停战协定"，三县（市）党组织抓紧停战机会在城乡普遍恢复、建立党组织和民主政权，开展"百日练兵"活动和"双减"反奸诉苦运动。由于国民党积极准备内战，不断制造摩擦，形势日益紧张。5月，青州市撤销。6月，正当人民群众欢庆翻身解放的时候，蒋介石悍然撕毁停战协议，向解放区发动进攻，内战爆发。国民党整编第八军侵占青州城和铁路南大部分乡村。铁路北徐振中部也卷土重来。益寿县根据中央"五四"指示，"没收地主土地分给无地或少地农民"的政策，经过试点逐步展开了土改运动。由于国民党反动派发动全面内战，其地主还乡团活动猖獗。为打击敌人的破坏活动，支持土改斗争，成立了以县委书记陈洪波、县长赵治安为首的对敌斗争委员会，提出"一手拿枪，一手分田"的口号，统一领导全县的对敌斗争。经过近 4 个月的艰苦斗争，毙伤敌人 196 余人，获枪 50 余支，摧垮了反动乡村政权，收复了敌占区。

1947 年，两县党组织发动群众积极支援莱芜战役，该役胜利之后，青州城随之解放，形势暂趋缓和。为配合人民解放战争的胜利进程，争取青州人民的解放，中共青州地方组织积极领导城市和农村两个战场的斗争。在城市，先后领导了抗议美军暴行、反饥饿反内战反迫害运动、助学运动和人权保障运动、"反美扶日"运动等一系列爱国民主运动，这些运动不但使青州党组织和爱国民主力量经受了一次次生与死的考验，而且为全省农村武装斗争培养了干部，输送了大批有生力量。同时，益都县武装配合鲁中三分区主力歼灭国民党益都县保安队两个中队，俘敌 30 余人。在农村，经过长期的武装斗争准备和据点建设，两县委领导青州各族人民举起武装反对国民党反动统治的旗帜，在进行土地改革的同时，大力开展动员参军、支前工作，组织数千人的运输大队和常备担架队支援孟良崮、南麻和临朐战役。其中益寿青年在"反蒋保田"口号鼓舞下，很快组建起一个新兵营，编入主力部队。党领导下的青州人民武装，沉重打击了国民党反动派在青州的统治，震慑了青州反动势力，钳制了 20 多万国民党部队。7 月 30 日，我军主动撤出临朐战役后，国民党整编第九军及张天佐部第十五团复占青州城，"还乡团"复辟，封建势力倒算，形势再度恶化。两县委一面组织老弱干部及烈军家属、村干部转移黄河北解放区；一面带领军民开展斗争。经过两个月的艰苦作战，至 10 月，益都县形势好转。12 月，中共益临昌工委重建，何子健任书记。益都、益寿两县按照上级部署开展了以"三查三整"和"三大方案"为主要内容的整风运动，加强了党员和干部队伍的思想、组织和作风建设。

1948 年初，国民党的重点进攻被粉碎，敌我双方在力量对比上发生了根本性的变化，人民解放军转入全面反攻。益都、益寿军民积极配合鲁中、渤海军区主力部队消灭敌人有生力量。2月9日，益都县独立团在龙山一带击溃徐振中部2000余人。3月10日至20日，华东野战军山东兵团发起胶济铁路西段春季攻势，在鲁中、渤海军民大力配合下一举攻克张店、周村等15座城镇，乘胜向东推进。驻守青州城的国民党军政人员，见大势已去，仓皇逃往昌乐、潍县。鲁中军区基干武装积极配合主力部队作战，一举收复青州城。青州城获得最后解放。中共益都县委进城后，安抚工商各界，恢复生产，并成立了军事管制委员会，整顿社会秩序。随之，中共中央华东局、华东军区和山东省政府机关、山东省军区、昌潍地委进驻青州，实现了益都县城与解放大军以及上级党组织的领导胜利会师，古邑青州在中国共产党的正确领导下，焕发了青春，青州的历史从此翻开了崭新的一页。其间，益都、益寿两县委认真贯彻华东局指示精神，发动群众生产救灾，县区机关干部节衣缩食支援群众，政府发放贷款、贷种，帮助群众克服困难，恢复生产。4月，潍县战役胜利后，益都、益寿两县获得完全解放。从此，青州全境最终永久地掌握在人民手中。同时，华东局为了探索接管城市的经验，成立了中共青州建设委员会。是月，中共益临昌工委撤销。7月，益临县建立。8月，青州市重建。翻身后的人民群众在益都、益寿、益临、青州四边县（市）党组织的领导下，积极参军支前，据统计，9月至11月济南、淮海战役期间，支前民工23万人，有3500余名青年参军。

　　1949年1月，青州市合并于益都县。为支援全国的解放战争和开辟新区工作，三县委遵照上级指示，动员近200名干部南下，领导班子进行了调整。4月，华东局、华东军区南下，山东省军区在益都重建。益都、益寿、益临三县干部认真学习、贯彻党的七届二中全会精神，带领群众继续完成土改、建政任务，大力开展生产救灾工作。10月1日，中华人民共和国成立。三县人民载歌载舞热烈庆祝这一光辉节日。从此，青州进入了一个新的历史发展时期。

　　6. 青州人民革命胜利的基本经验

　　从1925年中共青州党支部成立，到1948年青州全境获得解放的23年中，中国共产党领导青州各族人民，为夺取新民主主义革命胜利进行了艰苦卓绝的斗争。经过无数革命先烈的流血牺牲，艰苦奋斗，终于推翻了帝国主义、封建主义、官僚资本主义三座大山的压迫，实现了青州各族人民彻底翻身解放，青州历史从此翻开崭新的一页。

　　胜利来之不易。青州人民在自求解放的道路上，选择了中国共产党的领导，经过长期艰苦卓绝的斗争，终于获得了彻底的解放。据不完全统计，青州党组织建立以来，共有2000多名革命志士为人民解放事业捐躯。共产党人前赴后继，不屈不挠，用血肉筑成了胜利的丰碑。青州人民正是从这血与火的斗争实践中认识到，没有共产党，就没有中华人民共和国。

　　中华人民共和国成立，是中国共产党领导人民、军队奋斗了28年，经历了无数的挫折和失败后才取得的。它标志着中国革命进入了一个新阶段。在近30年的艰苦奋斗中，青州党组织和青州人民做出了巨大牺牲，积累了极其丰富的历史经验，也有过极其沉痛的教训，正如中国人民的伟大领袖毛泽东在总结新民主主义革命的历史经验时指出的那样，一个有纪律，有马克思列宁主义的理论武装的，采取自我批评方法的，联系人民群众的党，一个由这样的党领导的军队；一个由这样的党领导的各革命阶级各革命派别的统一战线，这是我们战胜敌人的主要武器。青州各县新民主主义革命的胜利，主要也是依靠了这三件法宝。

　　首先，青州党组织建立较早，同人民群众有着血肉联系，并且十分注意自身建设，党员在人民群众中始终起着骨干、带头和先锋模范作用，发挥了不屈不挠的献身精神。青州党组织自1925年建立以来，始终把马克思列宁主义的普遍真理同青州的斗争实际结合起来，始终把党组织自身的思想建设、组织建设和作风建设放在第一位。尤其是在最艰苦的土地革命战争时期和抗日战争时期，白色恐怖严重、斗争环境恶劣、生活条件极端艰难的情况下，党组织和广大党员凭着对共产主义和人类解放事业的崇高信仰及坚定信念，坚持地下斗争，开展敌后斗争，并且在远离上级组织或高度分散时做到了县自为战，区自为战，村自为战，前赴后继。在20多年的斗争历程中，各县委、特支、支部被破坏数十次，党员、干部牺牲数近2000人，有的党员家庭"一门九英烈"，甚至全家为革命捐躯。斗争，失败，再斗争，再失败，再斗争，直到胜利，这便是青州党组织走过的道路；奋斗，牺牲，再奋斗，再牺牲，再奋斗，前赴后继，鞠躬尽瘁，这便是青州广大党员的形象。

　　其次，青州各县党组织十分重视武装斗争，掌握军队。大革命失败后，中共益北特支就建立和领导了"红枪会"和"联庄会"等农民武装，多次组织农民同反动军阀政府做斗争，有的党支部还秘密成立地下武装，进行武装自卫，为后来举行抗日武装起义创造了条件。在抗日战争时期，中共益都县委相继在益北东朱鹿村一带建立八路军鲁东游击队第八支队和第十支队。它在青州抗日根据地立下了赫赫战功，在山东抗日根据地乃至在全国解放、抗美援朝战争中也功不可没，还在八路军、解放军的战斗序列中占有一定位置。还有在抗日战争时期和全国解放战争时期的各县独立营（县大队）、自卫团、武工队及民兵等，都对建设抗日根据地，保卫人民的胜利果实，打退国民党反动派的进攻起了重要作用。在整个抗日战争和解放战争中，各县仅独立营升级达几千人，参军人数总计超过 5000 人，极大地支援了解放战争。

最后，青州各级党组织在 20 多年的斗争中，坚持和发展了统一战线，团结了社会各界的进步力量，组成了浩浩荡荡的革命队伍。早在大革命时期，青州各县党组织就积极推动以国共合作为基础的人民革命统一战线在青州的实现，大力宣传国民会议促成会，帮助国民党培训干部，发展党员，改造组织，扩大影响，使各县国民党组织在迎接北伐中起了较好的作用；在抗日战争时期，各县党组织高举民族解放的大旗，团结一切可以团结的阶级、阶层、人民团体、社会名流，调整阶级关系，为民族解放服务，实现了全面抗战的局面；在对日作战中，各县地方武装，一贯支持和配合国民党军队的抗日行动，即使在发生摩擦之后，党和抗日根据地人民仍然援助他们对日作战，使抗日阵线不断扩大；在解放战争中，虽然国民党推行内战政策，但各县党组织仍坚持统一战线政策，尤其是在城市工作中，团结一切热爱和平民主的进步党派和无党派人士，使新民主主义建立在了最广大的群众，最广泛的统一战线的基础上，从而极大地壮大了人民革命力量，夺取了解放战争的伟大胜利。

总之，青州人民革命的胜利，是马克思列宁主义的胜利，是毛泽东思想的胜利，是中国共产党的路线和政策的胜利，青州人民的革命斗争是中国人民革命斗争的一部分；青州人民革命的胜利，是青州各级党组织把马克思主义、毛泽东思想与青州地区的革命实践相结合，领导军队和人民群众浴血奋战的结果。青州党的历史是一部光荣的历史，是留给后人的一份具有丰富内涵的宝贵财富。认真学习这段历史，汲取这段历史的经验教训，必定会激励人们继承前人的革命意志，继承和发扬党的优良革命传统与革命精神，继往开来，勇于探索，开拓进取，努力争取建设中国特色社会主义的更大光荣！

第二单元：青州地方党组织在建设时期的演变及其活动

1949 年 10 月，青州人民迎来了中华人民共和国成立的盛大节日。境内处于执政地位的益都、益临、益寿三县党组织，肩负起了建设新政权，恢复和发展国民经济的新的历史使命。

1952 年 6 月，由于国家财政经济状况的基本好转和社会主义革命取得了伟大成就，为适应大规模经济建设新形势的需要，山东省人民政府报请中央人民政府政务院批准，撤销了益寿县、益临县建置。原益寿县马兰区、臧台区、高柳区、张孟区、大尹区及龙泉区的 8 个乡，口埠区的 6 个乡和原益临县郑母区、香山区、尧西区、弥东区的 4 个区划归益都县。益都县辖的方山区划归临朐县；金岭镇划归桓台县。区划调整后，益都县划为 18 个区，以序数命名，辖 173 个乡镇。

在青州三县合并过程中，青州三县县委都做了大量细致的工作。认真学习和贯彻政务院关于撤销益寿县、益临县建置，调整区划的指示，着重加强对干部的教育，扎实做好中心工作和机关交接工作，使走者愉快，留者安心，上调分配或上调学习培养者高兴。主要做了以下几项工作：（1）对县区干部的教育和安排。一是组织县区干部学习调整区划指示，使其真正认识到青州三县合并的意义和重要性，并研究了对干部的安排、工作交接和善后处理工作。二是加强对干部的思想教育，发挥党团员的骨干作用，深入细致地做好思想工作，克服混乱现象。三是根据干部的工作能力及时适当安排。留者及时分配，上调分配或上调学习培养者及时上送。对一些有特殊问题者及时恰当解决。（2）对群众的教育与安排工作。召开人民代表会议，讲明青州三县合并的意义，解除群众的顾虑；益寿县、益临县对过去用过的群众的房子给予修理补偿；借用群众的物品物资归还原主或以新换旧，帮助群众解决一些实际困难，让群众满意。（3）做好集体物资的清点与处理。（4）做好文件的清理存档工作。经过一个月的努力，顺利完成了青州三县合并任务。青州三县合并后，荣梓仍任中共益都县委书记，黎民生代理益都县长。8 月，山东省政府任命黎民生为益都县长。

益寿县、益临县两县从建立到撤销，其间历经了战争年代血与火的考验、迎接中华人民共和国成生的喜悦，实现了新民主主义社会革命和建设的伟大胜利。两县人民都在其县委、县政府的领导下，进行了艰苦卓绝的斗争，创造了无数可歌可泣的事迹，为中华人民共和国的成立和建设做出了巨大贡献。尤其是老一辈革命者和共产党人所表现出的崇高革命信念、坚定的革命意志和为祖国为人民无私奉献的精神，是值得人们永远学习、继承和发扬的。

1952年至1956年，青州三县及三县合并后的益都县党组织认真贯彻执行党中央的路线、方针、政策，领导青州人民开展了抗美援朝"结束土改"镇压反革命和"三反""五反"运动，基本完成了对农业、手工业和资本主义工商业的社会主义改造，巩固了新生的人民民主政权，为开始全面建设社会主义做了充分的准备。

1957年，我国进入开始全面建设社会主义时期。在党的社会主义建设总路线的指引下，益都县广大党员、干部和人民群众发挥了高度的社会主义积极性与创造精神，各项事业都取得了很大成就，为国民经济进一步发展奠定了物质基础和技术基础。但是，由于党在探索社会主义建设道路上发生的某些严重失误，党组织经历了曲折的发展过程。1957年夏，反右派斗争开展，对于极少数右派分子反党反社会主义的言论进行反击是必要的，但是发生了严重扩大化的错误；1958年开展的"大跃进"和人民公社化运动，使得以"高指标""瞎指挥""浮夸风""特殊风"和"共产风"为主要标志的"左倾"错误泛滥起来，导致了经济建设的严重损失；1959年开展的反右倾斗争，使一批党员、干部受到了错误的批判和处分，党内民主生活遭到严重损害。再加上自然灾害肆虐，国民经济出现持续三年的严重困难。1961年以后，县委认真总结经验教训，端正工作指导思想，坚决贯彻中央调整国民经济的"八字方针"，带领全县人民勠力同心，努力工作，使国民经济很快得到了恢复和发展。这一时期，县委根据中央"关于加速进行党员、干部甄别工作"的指示，对在"拔白旗""反右倾""民主革命补课"等运动中，受到错误批判和处分的党员、干部，给予了认真的甄别平反。1963年至1965年间全县开展了"社教""四清"运动，由于对阶级斗争估计不当，混淆了两类不同性质的矛盾，一批基层党员、干部受到误伤。

这段时期，尽管出现过一些严重失误，但县委始终抓紧了党的思想、组织和作风建设，保持和发扬了党的光荣传统与优良作风，党的组织和党员队伍都有了迅速发展。至1965年底，县委共辖24个党委，4个党组，20个党总支，945个党支部，共有党员12035名。

1966 年 5 月至 1976 年 10 月，是"文革"十年内乱时期。益都县党政工作和经济建设遭到了中华人民共和国成立以来最为严重的挫折和损失。

在"文革"严重动乱的形势下，各级党组织普遍受到冲击，各级党政领导干部遭到批判斗争和无情打击，共产党员被迫停止了组织生活。1969 年 11 月，经山东省革命委员会党的核心领导小组批准，建立了益都县革委会党的核心领导小组，县革委会主任林学汤任组长。此后，益都县开展了整党建党运动，由于受派性影响，吸收了一些不符合入党条件的人入党，提拔了一些不称职的干部，造成了党员干部队伍在组织上、思想上和作风上的不纯。1971 年 2 月，中共益都县第三次代表大会召开，选举产生了第三届县委，郝清、徐贞吉、赵立诚先后任县委书记。县委恢复后，各公社先后召开党代会，恢复了公社党委。随着各级党组织的恢复和健全，党的组织生活也恢复了正常。1971 年 9 月，党中央粉碎林彪反革命集团后，益都县各级党组织认真贯彻中央的指示精神，批判了林彪反革命集团的罪行。在整个形势趋向好转的情况下，1974 年初开展的批林批孔运动，将斗争矛头又一次指向各级领导干部，形势再度趋向混乱。1975 年，邓小平主持中央工作后，县委坚决贯彻中央的指示，开展了全面整顿工作，益都县国民经济有了明显好转。1976 年春，开展的所谓"反击右倾翻案风"运动，使各级党组织和各项工作再次受到冲击。

在"文革"动乱年代中，益都县国民经济虽然受到严重破坏，但广大共产党员、干部群众，坚持生产和工作。到"文革"后期，工农业生产和文教科技事业仍取得了很大的发展，农田水利建设成绩突出，粮食产量逐年增长。到 1976 年，县委设工作部门 5 个，辖 23 个党委，1 个党组，25 个党总支，1033 个党支部，共有党员 21960 名。

第三单元：青州地方党组织改革开放时期的演变及其活动

1976 年 10 月，党中央一举粉碎了"四人帮"反革命集团，结束了"文革"十年内乱，我国进入了社会主义现代化建设新时期。益都县委带领全县干部群众，深入开展了揭批"四人帮"反革命罪行的运动，进行了拨乱反正和全面整顿工作，各项事业有了新的发展。

1978 年召开的党的十一届三中全会，重新确立了马克思主义的思想路线、政治路线和组织路线，把党的工作重点转移到经济建设上来。益都县党的思想建设和组织建设都获得了新的生机与活力。在这个伟大的转折中，益都县党的工作，特别是组织建设，紧紧围绕经济建设这个中心，开展了一系列卓有成效的工作，为振兴青州经济，全面开创社会主义建设新局面，提供了组织上的重要保证。益都县各级党组织全面贯彻执行党的十一届三中全会制定的路线、方针和政策。开展了真理标准问题大讨论，认真清理和纠正了"左倾"错误影响，从思想上、政治上、组织上进行拨乱反正，平反冤、假、错案，落实党的各项政策，解决了一大批历史遗留问题。坚持四项基本原则和改革开放的方针，大力加强社会主义物质文明和精神文明建设，发扬社会主义民主，健全社会主义法制，开创了社会主义建设的新局面。

如今，放眼青州古城，一座座桥梁巍然屹立，一条条道路宽阔平坦，一栋栋高楼拔地而起，一座现代化中等城市正在转型、科学、全面发展中崛起。

此时此刻，我们更加怀念、更加感恩那些为青州市解放、社会主义革命和建设做出牺牲和贡献的革命先辈。是上万名青州儿女奔赴鲁中乃至全国抗日战场，为保家卫国同日本侵略者浴血奋战，许多人牺牲在战场上，葬身异乡，才能打下江山，使青州人民获得新生；也是他们追随先辈们的足迹，怀着对青州这片红土地的特殊感情，以各种方式关心支持青州革命老区建设和发展。

革命先辈的功勋永志不忘，我们也在追问，要以怎样的努力、实现怎样的发展来告慰先烈、回报人民。这些年来，在他们曾经战斗过的地方，在他们洒下鲜血和汗水的红土地上，在党中央、国务院的亲切关怀和省委、省政府的正确领导，以及一大批老首长、老将军的支持帮助下，青州大地和全国全省一样，正发生着深刻变化，正在不断进步与发展。近年来，我们紧紧围绕建设开发繁荣秀美幸福青州的目标，大力推动"现代化中等城市建设"，经济社会发展呈现良好态势，经济实力不断增强，城乡面貌日新月异——"两城四区建设"发展格局逐步形成。古城，严格控制拆迁规模和建筑高度，稳步推进古城保护修复建设；新城，以综合商务中心为起步区，完成道路网格体系，配套完善基础设施。东部花卉旅游区，努力建设以花卉产业为支撑的农业观光基地；西部工业项目区，建设新型生态工业园区；南部生态文化区，打造生态文化体验和休闲度假胜地；北部高新区，加快园区向高新化转型。

产业特色突出。农业——培育形成了瓜菜、畜牧、花卉、果品、优质粮五大支柱产业，弥河银瓜、青州蜜桃、敞口山楂等特产远近闻名，弥河银瓜、青州蜜桃曾是朝廷贡品。青州市拥有江北最大的蔬菜生产基地，产品以瓜果和时令蔬菜为主，直供北京、上海等各大城市，年销量达 220 万吨；特别是花卉产业异军突起，被评为山东省"十大产业集群"之一，入选中国产业集群品牌 50 强。连续九年成功举办省级花卉博览交易会。2009 年，中国第七届花卉博览会在青州举办。工业——全市上下突出工业重点，全力打造以江淮汽车为龙头的汽车及零部件、以卡特彼勒山工为龙头的工程机械、以弘润石化为龙头的石油化工三个 500 亿级产业集群；液压件、太阳能光伏、食品加工三个 200 亿级产业集群；烟草包装、起重机械、电力设备、生物医药、风电装备五个 100 亿级产业集群；纺织服装、新型建材、建筑机械、石油机械、电子信息、农机制造、家具家装七个 50 亿级产业集群。全市规模以上工业企业 518 家，2014 年完成工业总产值 1572.1 亿元，实现主营业务收入 1380 亿元，实现利税 137.4 亿元、利润 71.9 亿元。旅游业——是"中国优秀旅游城市"，境内自然景观、历史人物等旅游资源十分丰富，拥有国家 5A 级景区 1 处，国家 4A 级景区 3 处，国家级风景名胜区 1 处，国家森林公园 1 处，国家地质公园 1 处，国家级文物保护单位 2 处，省级文物保护单位 11 处。通过整合区内旅游资源，新建龙兴寺、宋城、花卉博览园等大型旅游项目，形成了古城文化、佛寿文化、山地森林、东方花都、齐文化五大旅游片区。建有银座佳悦、青都国际等星级酒店 9 家，其中五星级酒店 2 家，四星级酒店 7 家；2013 年接待中外游客 489.9 万人次，旅游总收入 44.7 亿元。商贸物流业——现代物流发展迅速，现有专业物流企业 980 家，建设了钢铁物流园、港天保税物流中心等一批物流项目；商贸流通发达，有主营陶瓷卫浴、灯具灯饰、五金、板材、机电等商品的新创宜佳商贸城，主营水产品、海产品、干货、调味品的海天干鲜市场，主营箱包皮具、鞋帽、礼品饰品、洗化日用百货的亿丰义乌小商品城等，年交易额过亿元的专业市场达 40 余处。文化产业——文化经营单位 400 多家，形成书画艺术城、钰铧文化市场等较大文化市场 4 处，年交易额 10 多亿元。

政务环境良好。坚持"旅游立市、工业强市、商贸活市、和谐发展"的发展战略，千方百计为投资者创造良好的生产和生活环境，加强了城市交通环境、生态居住环境、法制环境建设，继续完善"人民办事中心"这一独具特色的行政管理和服务模式，30个市直部门的119项事权全部下放，集中办理各类行政审批、为民服务、会计核算和招投标等事宜，着力打造高效、廉洁、服务型政府，已进驻部门70个，工作人员400余名，纳入各类服务、审批事项506项，实现了"进一个门办一切事"，平均每天接待办事群众5000余人次，办理各类事项4300多件，按时办结率达100%，大大方便了投资者，提高了行政效率。

青州市旅游景点众多。云门山——云门山是1985年省政府公布的第一批省级风景名胜区之一，位于青州城南2.5千米处，海拔421米。驼山——驼山，名为"驼岭千寻"的驼山与云门山东西相望，因山形似驼，故称"驼山"。驼山，位于青州城西南，离城6千米，主峰海拔408米，为古青州八景之一，被称为"驼岭千寻"。玲珑山——玲珑山，在青州城西南16千米处，海拔567米，面积2.73平方千米。仰天山——仰天山为国家4A级旅游景点，位于山东青州城西南46千米。2000年2月22日，国家林业局正式批准仰天山为国家森林公园。黄花溪——黄花溪位于国家级风景名胜区青州市，誉为"北方九寨沟"。从青州市庙子镇圣峪口村西南行2千米，过泰和山风景区，通过泰和隧道，就到了黄花溪。范公亭——范公亭公园占地面积300余亩，位于青州市范公亭路西端。顺河楼——顺河楼建于清朝咸丰年间。1988年在顺河楼北建李清照纪念馆，面积3000平方米，有归来堂、金石斋、易安室、人杰亭、词廊等景点。青州市博物馆——青州市博物馆是中国唯一一座县级一级博物馆，馆藏文物达三万余件，国家珍贵文物就有一千多件。国家级湿地公园——弥河文化旅游度假区位于青州城区的东郊，在弥河大桥以南。它西望青州花博园，东眺青州黄楼花卉基地，这几个景点连成一线，就组成了一条青州近郊休闲旅游的黄金线路，是青州近郊游不可或缺的一个旅游景点。今年2月27日，国家旅游局授予青州古城旅游区5A级景区称号，标志着青州旅游业进入了一个全新的发展时期。目前，青州市正以获得5A级景区为契机，以更高的要求提升软硬件建设，全力打造国内一流的全域旅游目的地。青州古城旅游区总揽青州古城、云门山景区、博物馆三大板块，是融自然景观、人文景观于一体、城景合一的文化旅游区。青州古城城建格局完整，历史脉络清晰，是国内外罕见，至今保存完好、山水城一体的明清古城。为全面提升古城旅游区品质和形象，青州市聘请专业规划设计院专家团队高水平编制了《青州古城旅游区创建 5A 旅游景区提升规划》，从 8 个方面、216 个评分点着手，全面提升改造景区软硬件。建成一级游客服务中心、游客集散中心和二级游客接待中心 4 处，建设、改造、提升停车场 14 处、观光车站 4 处，新建、改造卫生间 15 个，推动汽车站、火车站的两个游客咨询中心建成并投入使用，新增景区外部交通标识牌及室内交通牌，景区环境质量和服务设施明显改善。业态是凸显旅游景区吸引力的重点，青州古城景区不断规范业态招商，打造了以美食为主的高家亭巷、以旅游纪念品和青州特色为主的偶园特色街和以高端文化产品为主的南门大街等特色街区，共招商和转型商家 500 多家，并引进具有多年成功景区营销经验的公司，对景区未来的市场化运作进行了有益尝试。青州古城 5A 级景区创建成功，使青州古城景区跻身国家对外宣传平台，拥有了一块加快国际化、增强竞争力的"金字招牌"，随着青州旅游发展环境的不断优化，旅游规划体系逐步完备，旅游市场秩序逐步规范，旅游产品日益丰富，旅游基础设施大为改善，旅游大团队数量大量增长，周末和节假日宾馆、酒店"一床难求"现象成为常态。2016 年，该市实现旅游总收入 81.6 亿元。

目前，乡村游风生水起。

去年，上白洋村被纳入青州 10 个乡村旅游示范村，村里成立合作社，修建盘山路，办起农家乐，搞起乡村游，昔日的山沟沟如今焕发了勃勃生机。去年国庆节以来，村庄共接待游客 2 万多人，综合经济收入 40 多万元。

近年来，青州大力依托比较优势，以建设旅游强市为目标，突出全域布局，纵向推动城乡旅游一体化发展，横向推动旅游与花卉、文化、书画、养生养老等产业融合。先后推动出台了《关于进一步推动旅游业发展的意见》和《青州市推动乡村旅游发展意见》等旅游业扶持政策。积极优化空间布局，以古城为龙头，打造中部古城片区、南部佛寿文化片区、东南部高端休闲旅游区、西南山地森林片区、东部花卉生态片区、西部影视文化六大片区。建成了覆盖全市的旅游标识引导系统。抓好 10 个乡村旅游示范村，加快乡村旅游合作社、品牌经营户建设，打造乡村旅游升级版。依托花博会、文博会、翰墨青州书画年会等，大力发展会展旅游。

同时，青州市打破行政区划做大旅游市场，以有机农业、花卉、林果产业为突破口加快休闲农业与乡村旅游融合发展，东部打造花卉观赏型乡村休闲旅游，南部发展山地休闲生态游，北部打造社会主义新农村建设典型，中部促进乡村旅游民俗发展，形成了各具特色的乡村旅游休闲带。依托丰富的农业资源和田园景观创新合资、合作渠道，着力突出市场化运作、公司化经营，通过土地置换、资源变现等多种方式和路径，新上旅游项目，积极吸引银行、外商、民间资本进入乡村旅游，对改善乡村旅游基础设施、丰富旅游产品起到了积极的推动作用。

青州市还积极培育温泉、滑雪、汽车营地、研学旅游等新业态，引进开发一批高层次、高质量的旅游项目。做好旅游路线优化、基础设施改造和景区管理提升，发展智慧旅游，建设宜游青州。目前，该市已被确定为全省乡村旅游示范市（县），拥有国家 A 级景区 14 处，省级旅游强乡镇 3 处，省级旅游特色村 5 个。

青州市特产丰富。种类有青州柿干、青州银瓜、青州辣椒、青州柿果、青州敞口山楂、隆盛糕点、冬雪蜜桃、青州大椒干、青州全蝎、五里蜜桃等。

同时，我们也清醒地认识到，面对与全国全省同步建成小康的历史任务，面对革命老区人民对幸福生活的热切期盼，我们唯有心怀对革命先烈的崇高敬意和对革命老区人民的浓厚感情，大力弘扬井冈山精神，认真贯彻落实党的十八届三中、四中、五中、六中全会和习近平总书记系列重要讲话精神，不辜负党中央和省委的殷切期望与重托，团结带领革命老区干部群众按照中共青州市委提出的"一二四三"发展战略（围绕"一个目标"，突出"两个加快"，紧抓"四个着力"，强化"三大保障"，动员全市上下"树立正气、敢于担当、全面发展、再创辉煌"，为建设美丽、富强、文明、和谐新青州而努力奋斗。"一个目标"，即"再创新辉煌、实现青州梦"；"两个加快"，即"加快构建现代产业体系、加快构建新型城镇化体系"；"四个着力"，即"着力加强生态建设、着力推动文化建设、着力改善民本民生、着力抓好党的建设"；"三大保障"，即"全面激发社会创新创造活力、全面深化改革和对外开放、全面加强干部作风建设"），"树立正气、敢于担当"，自力更生、奋发图强，坚定不移地推进工业化、信息化、城镇化、农业农村现代化与绿色化同步发展，坚定不移地推进经济、政治、文化、社会、生态建设和党的建设，努力建设五强（工业强市、旅游强市、文化强市、花卉强市和生态强市）四宜（宜居、宜业、宜游、宜养）新青州，为实现四个全面战略布局，为实现中华民族伟大复兴中国梦，为实现青州经济社会"全面发展、再创辉煌"做出新贡献。以此告慰心系人民、情牵老区的革命先辈，回报那些为中国革命和建设做出巨大贡献和牺牲的老区人民。

下面请各位领导和嘉宾随我一起来（自然大方地引导参观者进入第二展厅）。

这里是《铭记青州红色文化历史 传承地方红色文化精神》展览馆的第二展厅，主要展示的是从青州地方党的历史中汲取的精神力量。

青州地方党的历史发展中蕴含着丰富的精神、信仰和党性教育因素，善于从党的历史中汲取前进的精神力量，通过阅读学习青州地方党的历史，传承红色基因、深挖时代价值、荡涤思想灵魂、提升精神境界、接受党性的洗礼和熏陶，会起到汲取精神力量、传承红色基因、锤炼党员党性的最佳效果。

一是从青州党史人物身上学习汲取精神力量，锤炼党性修养。在青州地方党组织的发展历史进程中，千百万共产党员，坚持了党的理想，实践了党的宗旨，把为共产主义奋斗的远大理想同革命和建设任务结合起来，在各条战线、各自的岗位上，解放思想、实事求是，开拓创新，艰苦奋斗，站在革命斗争、现代化建设和改革开放前列，赢得了广大人民群众的信任和爱戴，为党的事业和党的形象增添了光彩。青州是一块红色的土地。经过长期的革命斗争锤炼，这里产生了磨盘山战斗的遗恨，活捉李青山的凯歌，夜袭顽八军的神勇，推官战斗的雄威，民兵勇夺机枪的佳话，围剿特务队的美谈，五里堡子袭击战的神机妙算，龙山峪伏击战的辉煌战果；涌现出了"一门九英烈"的刘旭东一家、"一门七烈"的革命先驱魏嵋一家、一家三代七人为革命牺牲的冯旭臣一家、孤胆英雄刘子明、侦察英雄马功臣、"杀头不要紧，只要主义真"——刘胡兰式的英雄于素梅、"杀了我一个，倍有后来人"的烈士张淑贞……这些都生动地体现了共产党领导下的青州儿女政治觉悟和组织能力的空前提高。与此同时，大批青壮年农民潮水般地加入人民军队。他们的足迹踏遍了整个中国，他们的鲜血洒遍了万水千山。"青山处处埋忠骨，何必马革裹尸还。"青州儿女参加了东北著名的四平街战役、辽东天王山战役、锦州战役、莱芜战役、泰安战役、江苏泗州域战役、淮海战役、渡江战役、上海战役、厦门战役，他们作战英勇顽强，不怕牺牲，冲锋陷阵，许多战士为国捐躯。马春来、王作林、李学智、王孔盛、牟同新、尹欣然、刘善俊、崔传智、张次陶、孟兆常、王孔远、刘正吉、李连富、李春梅、杜云德、郭全喜、祝天宏、房崇胜、田中修、蒋有庭、宋来荣、董大学、刘胜、杨华禄、聂行林、李瑞丰、张瑞武等烈士就是青州儿女的优秀代表，他们牺牲时的平均年龄是 23 岁。

　　吴振东烈士是弥河镇梭庄村人。1924 年参加中国共产党，是我市早期的共产党员之一。1922 年 4 月参加革命后，从事学生运动。1926 年 1 月，党组织派他到河南省发动农民运动。1926 年 12 月的一天，在洛阳市狮子巷召开农民运动领导人会议，部署武装起义前的准备工作时，遭到反动军警的突然袭击，他在率领与会人员突围中壮烈牺牲，是年 27 岁。

　　赵文秀烈士是谭坊镇魏家庙村人。在我党建党初期，为青州的学生运动做出了很大的贡献。1925 年，在青岛、南京等地开展工人运动，立下了不朽功勋。1927 年 3 月，在南京配合国民革命军北伐时，在激战中壮烈牺牲，年仅 23 岁。

　　青州市五里镇十字村的李春荣烈士，成功地参与领导了震惊全国的 1925 年青岛日商纱厂工人大罢工，"五二九"惨案之后，他在津浦路大厂发展团员，培养工人运动的骨干。在白色恐怖中，他积极发展党员团员和农民协会会员，壮大了党的组织。铲除了谷官屯的恶霸李洪楼、惯匪郭景芳、张麻兰和 5 名盐巡，震动了鲁西北，在组织武装暴动中壮烈殉国，年仅 22 岁。

　　魏嵋烈士是东坝镇东圣水村人，出身书香门第。辛亥革命时就参加了孙中山领导和组织的同盟会，"五四"运动爆发后，他积极支持在城里读书的子孙参加爱国游行，抵制日货，热情鼓励子孙学习革命理论、加入共青团、加入中国共产党。省委联席会议在他家召开，他担负全部食宿和车费。他为了资助革命活动，将家中土地卖了大半。他的子孙有的为了革命以身殉国，有的为了避免遭敌逮捕逃往他乡。魏嵋的革命家庭，成了后来益都党组织的坚强堡垒。

　　朱良镇东朱鹿村的陈景堂烈士在短暂的革命征途中，展现了闪光的青春。他入党后，很快学习和掌握了刻钢板蜡纸与油印技术，被省委分配到青岛工作，冒着极大危险，在秘密的办公地点，关门关窗，夜以继日地刻板印刷，1931 年 4 月，他身上带着党的传单和文件，被国民党便衣警察逮捕。敌人对他用尽酷刑，他给出的只是"不知道"三个字，最后英勇就义，年仅 22 岁。

　　1928 年，原中共益都县委组织部部长杜华梓叛变，致使益都县的党组织受到严重破坏。1931年东阳河村郑心亭烈士等秘密成立了益都县革命委员会。1932年郑心亭任益都县委宣传部部长，并任郑母暴动总指挥，终因敌强我弱宣告失败，郑心亭被捕入狱。一年后，他和难友一起高唱《国际歌》英勇就义，年仅24岁。

郑母暴动虽宣告失败，但它在青州革命史上却留下了可歌可泣的一页。郑母村的冀虎臣烈士是暴动的先锋，他机智勇敢，打响了暴动的第一枪。起义失败后，他辗转济南、北京，组织抗日武装起义，1936年牺牲于河北，年仅29岁。

青州人杰地灵，许多外籍革命烈士在青州为国捐躯。潍坊市城北门里的宋伯行烈士，于1926年10月至1928年2月，任中共青州地方执行委员会书记兼中共益都地方执行委员会书记，他为青州党组织的发展壮大立下了不朽功勋，后遭到军阀张宗昌当局逮捕。他在押赴刑场时泰然自若，威风凛凛，向敌人索取纸笔，简述了自己的革命生平，坐在椅子上，慷慨就义，显示了共产党人的高风亮节和大无畏的革命英雄主义精神。

广饶县西李村的李耘生烈士，1922年在青州省立十中上学时加入中国社会主义青年团，继而转为中国共产党党员，建立刘集党支部任党支部书记，为青州的革命工作做出了突出贡献。1925年作为山东团的代表赴上海参加中国社会主义青年团第三次代表大会，后调任济南地委书记。1928年，调任中共南京市委书记。1932年因叛徒出卖第二次被捕，临刑前镇定自若，年仅27岁的李耘生烈士，以坚定的步伐走完了光辉的一生。

段亦民烈士是临朐县黄石店村人，1931年担任中共益都县委书记，为青州党组织的恢复和发展，为农民运动、学生运动做出了突出贡献。1933年，在济南英勇就义。

李志韶烈士是我市东夏镇李集村人，1937年他响应"脱下长衫，到游击队去"的号召，组织成立了益都县抗日救亡团，扒毁大桥，割断电线，破坏日寇的通信设施，扩大抗日武装。1939年被国民党投降派秘密杀害，年仅24岁。

刘旭东烈士是我市朱良镇南段村人，在抗日战争中，历尽艰辛，坚持敌后斗争，为党和革命事业做出了重大贡献。在东朱鹿事件中，为国壮烈捐躯，年仅42岁。刘旭东烈士一家，为了民族的解放和民族的独立，先后有九人为国壮烈捐躯，被誉为"一门九英烈"之家，抗战胜利后，1945年益寿县人民政府赠给他的后人一面"群英齐荣"的锦旗（现珍藏于青州市博物馆）。

一门九英烈，英雄之家。像东朱鹿这样的村庄，像刘旭东这样的家庭，青州革命史上还有一处，就是西南山区的长秋村。这个村庄在抗战初期全村仅有百余户人家，先后参军的就有119人，有26人牺牲在战场上，有68人死于敌人的牢狱中或当劳工被摧残致死。原益、临、淄、博四边县联合办事处主任、独立营营长冯毅之的父亲冯旭臣、爱人孙志兰、妹妹冯文秀、三个女儿（大女儿冯新年，12岁；二女儿冯芦桥，"七七事变"那年出生，5岁；三女儿冯平洋，太平洋战争爆发时出生，1岁）在马鞍山战斗中光荣牺牲或跳崖殉国，气壮山河。抗战胜利后，鲁中行署和参议会授予冯家"一门忠烈"金字匾额（现存于青州博物馆）。

以身殉国、名垂青史的刘逢源烈士是阳河村人。1927年入党，抗日战争开始后，对创建寿五区和益寿临广四边县抗日革命根据地做出了重大贡献，1941年7月在任蒲台县动委员会主任期间，有坏人告密，被敌顽军逮捕，为国捐躯。

马功臣是邵庄镇朱家石羊村人。牧羊鞭伴他度过了心酸的童年，颠沛流离的部队生涯使他增长了才干。他练就了"飞毛腿"，夜行75千米不停歇；他生就了"千里眼"，天再黑百米之内行人物品看得一清二楚；他生就了"顺风耳"，练就一身好功夫，上墙爬屋如走平地。他带领三四名队员活动在敌人的心脏，抢军火，筹军款，摸岗楼，惩恶奸。当时的清河军区杨国夫司令员说："马功臣和他的特务大队是我们的'后勤部、供给处'，是我军的仓库。"1941年他因公负重伤，治疗无效，永辞人间。

烈士中有智勇双全的马功臣这样的战士，也有打入敌人内部的刘子明这样的英雄。1942年刘子明打入伪保安十三旅岳柏芬部队内，并且直接掌握了一部分武装。在党的领导下，利用合法身份与敌伪进行了多次斗争。1944年由于叛徒告密被俘，面对敌人的铡刀慷慨就义，年仅27岁。

1942年的四边县环境十分恶劣，出门见碉堡，抬头是岗楼，封锁沟遍地，封锁墙林立。当时的四边县委组织部部长郭民烈士就是在这种环境中领导群众开展游击战的，化整为零，深入敌后，"大街是占领区，院子是游击区，屋内是根据地"，使敌人腹背受敌。1943年在突围中捐躯，年仅23岁。当时的宣传部部长张星文写了一首诗："郭民生来性刚尤，赤胆忠心向神州。杀尽日伪平生愿，甘洒热血报国仇。"

四边县委书记丁亦民烈士是寿光县高家庄人，敌人为了"蚕食"占领四边地区，发动了一次又一次大的"扫荡"。针对逆转的战争形势，四边县委领导白天集中野外，夜晚分头下村，每人一条麻袋，晴天遮烈阳，雨天遮风雨，夜晚铺着睡觉。召开"红五月"宣传大会时被日寇包围，不幸被俘，虽遭残酷审讯，始终坚贞不屈，在熊熊烈火中，英勇就义。

陈德民烈士是弥河镇大章庄人，1946 年入党，他所在的部队是我军主力兵团之一，他曾参加过莱芜、孟良崮、新泰、兖州、济南、渡江、杭州等著名战役。在莱芜战役中，他率领着全连战士，冒着敌人密集的炮火，冲锋陷在前，头部受重伤仍坚持不下火线，直到占领敌人的制高点；在解放济南战役中，他率领战士奋不顾身地冲上战斗第一线；中华人民共和国成立后尤为民兵建设做出了显著贡献，终因多年戎马生涯，积劳成疾，1958 年病故，时年 39 岁，同年 8 月被批准为革命烈士。

马华瑞烈士是口埠镇南口埠村人，1945 年参军入党，在王母宫村北伏击战中，机智勇敢地带领全班战士消灭了敌人，缴获重机枪 1 挺，步枪 10 余支，荣立二等功。在南征北战和保卫祖国边防中，锻炼成为一名严以律己、忠于职守的指挥员。1956 年因患脑出血病故于云南省盈山县民族医院，时年 33 岁，同年 10 月被批准为革命烈士。

看以革命烈士的伟大事迹，令人感觉那些烈士就在面前，有血有肉、有情有义，坚持救国救民的信念，特别能打动人。烈士们身上有很多正能量，信念、责任、廉洁、奉献……这些都是值得我们在工作中去学习、去发扬光大的。

我们应铭记历史、缅怀先烈、珍爱和平、开创未来！我们每一个中华儿女，都应立足本职岗位，为振兴中华、实现"中国梦"而努力！

中华人民共和国成立初期，党和政府面临着严峻考验。国民党还有上百万军队在西南、华南和沿海岛屿负隅顽抗；在新解放地区，国民党在溃逃时遗留下的大批残余力量，同当地恶霸势力相勾结，不断进行反抗和捣乱活动。对此，人民解放军采取"大迂回、大包围"的作战方针，以雷霆万钧之势，勇猛追击残敌，并进行了大规模的剿匪作战。许多青州儿女奋战在云南、四川，英勇顽强，战功卓著。钓鱼台村的谭佃友烈士，在云南省围剿国民党军队残余势力的一次追击战斗中，率领全营战士深入地处深山丛林的敌穴追捕敌人，不幸负伤，经抢救无效，光荣牺牲，年仅29岁。为剿残匪，何明光、刘洪德、江洪熬烈士，忠骨埋天涯，丹心照乾坤。

中华人民共和国成立不到一年，又面临着外部侵略的威胁。1950年6月25日，朝鲜战争爆发。美帝国主义的军队打着联合国的旗号在朝鲜仁川登陆，并不顾我国政府的一再声明和警告，把战火烧到我国东北边境，轰炸我国安东（今丹东），严重威胁我国安全。同时，美国把它的第七舰队派往中国台湾，在公海上炮击我国商船。在这关键时刻，党中央毅然做出"抗美援朝，保家卫国"的英明决策，中国人民志愿军于10月19日跨过鸭绿江，赴朝作战。志愿军在全国人民的支持下，与朝鲜人民并肩作战。两国人民经过三年艰苦奋战，把美国侵略者从鸭绿江边赶回"三八线"，迫使美帝国主义于1953年7月27日同中朝方面签订了停战协议，从而粉碎了美帝国主义侵占朝鲜并进而侵略中国的狂妄计划，打破了美帝国主义不可战胜的神话，为保卫我国安全和世界和平做出了重大贡献。

浩浩荡荡的志愿军队伍中，有2000多名青州儿女。牟杰、卞克敬、苏振林、范文祥、唐锡云、石孝孟、康保全、杜青和等155名烈士的忠骨埋在朝鲜国土上，他们的光辉形象似一个个"王成"，世世代代活在中朝人民的心中。

战争终于过去了，青州儿女又在建设战线上大显身手。建设战线同样面临着许多艰难险阻，有时要付出牺牲的代价。

首先，值得重视的是那些久经沙场的老战士在建设事业中做出的无私奉献。

郇肇纪烈士是弥河镇大官营村人，1932年入党后积极从事党的秘密活动，被捕后坚贞不屈，表现了共产党人的高风亮节。出狱后，先后辗转于西安、延安、东北，为中华民族的解放事业做出了显著贡献。从1949年开始从事党的组织和纪律检查工作，在工作中，始终坚持党的原则，勇于同不正之风做斗争，是一位从政廉洁、刚直不阿的优秀共产党员、党的好干部，1964年病逝于济南，当年被批准为革命烈士。

秦洪洲烈士是葛口村人，在抗日战争时期，对加强四边县党和政权的建设，巩固扩大革命根据地做出了突出的成绩；在解放战争时期，参加多次著名的战役，立下了汗马功劳。中华人民共和国成立后在济南从事国防工业工作，忠于职守，成绩突出。1970年8月，因患癌症病故于济南。

陈伯强烈士是东朱鹿村人，在抗日战争中为益寿县的政权建设做出了显著成绩，在解放战争中转战南北，战功卓著；在抗美援朝战争中任志愿军司令部副参谋长，1962年任解放军原总后勤部西安办事处主任，1975年10月病故于上海，当年被批准为革命烈士。

李云鹤烈士是安徽省金寨县人，1938年1月至6月，分别任中共益都县委书记、中共益都中心县委书记，为我市党的建设和政权建设做出了重大贡献。他兢兢业业为党为革命艰苦奋斗46载，是一位坚强的共产主义战士。

建设的环境离不开钢铁长城的保护。黄楼镇的刘悦华烈士为了国家安宁，为了人民幸福生活，为了四化建设，血洒西南边疆。堂子村的李元顺烈士参军后在河北省静海区执行抗洪救险任务时，为抢救落水同志不幸光荣牺牲，年仅23岁。

五里镇东赵村的吕宝德烈士参军后在平度市固山工地抗洪抢险中，不幸光荣牺牲，年仅21岁。

大王乡懒柳村的王会清烈士在寿光县巨淀湖农场驾马车执行运输任务途中，辕马受惊难以驾驶，为保护战友和国家财产，用尽全力和惊马搏斗，终因气力不支，不幸牺牲，年仅20岁。

生活在今天的我们，谁也无法忘记在白色恐怖中献身的先驱；谁也无法忘记与日寇汉奸血战到底的志士；谁也无法忘记为了迎接中华人民共和国诞生的英雄；谁也无法忘记在振兴中华的各条战线上奉献生命的优秀女儿。

他们优秀的品格和感人的事迹，代表着建设中国特色社会主义事业的发展方向，体现了社会主义新的时代风貌，令人感动、催人奋进，给人以力量，给人以鼓舞。通过青州地方党史中典型人物事迹的深入学习，让鲜活的历史人物唤醒我们的情感认同，以情感人、以情动人，体悟共产党人在生死考验前不胆怯、功名利禄前不迷失的坚定信仰到底是什么，究竟从哪里来，使理想信念在情感认同中内化于我们的心灵，这样更具吸引力和感染力，可谓触及灵魂、震撼心灵。

其次，是从青州地方党史事件中汲取精神力量，获得党性体验。不懂青州地方党史，就无法了解中共青州地方党组织；不了解青州革命史，就无法懂得我们脚下的土地。阅读青州地方党史中的一系列重大的、重要的历史事件，仅以抗战时期的为例：（1）西王车惨案。1938年1月29日，日伪军百余人包围高柳镇西王车村，将全村群众赶在一处，逼问游击队的下落，群众置之不理，日军就向群众开枪，杀害张榛夫妻、张椿、张清吉、张俊吉、张寿吉、张庆吉夫妻、张兆元兄妹等23人，烧毁房屋百余间。（2）廉颇村惨案。1938年1月30日，日军自益都县城追捕一名八路军战士，在追至高柳镇廉颇村内主干道东北一树林处时八路军战士失去踪迹。日军恼恨之余，随即将毒手伸向廉颇村的无辜村民。杀害村民17人，多为老人、小孩。梁起云、梁起山、梁有义、梁玉、梁来学、潘民、梁云山、梁秀生、梁有仁、梁佃先、梁佃生弟媳、梁寿青及哥哥梁寿春13人在家中被打死；梁卫汉被日军绑在树上，残害至死；梁文学、梁文增、梁可为被刺刀刺死后又被放火焚烧。烧毁房屋550余间，抢走粮食10万余斤、牲畜50余头、鸡1000余只。（3）金家、大田庄惨案。国民党的一个区队长徐永义，外号徐四，是王坟镇大田庄村人，是国民党的一个区队长，人称徐四队长。为人比较正义，在广大人民抗日热忱的感召下，曾打过日寇。1938年2月17日，日军以搜寻徐四队长为由，在王坟镇钓鱼台村、金家楼村、大田庄村制造了一系列惨案，在金家楼村，枪杀金玉山、李明山、金传胜、高京四、李汝周、赵金堂、李汝贤、高张氏、张邓氏、石大妮等19人，放火烧了半片村；在大田庄村，将青壮年集合在村西沟处用机枪扫射，打死褚纪福、褚纪升、韩长义、褚朋万、褚朋珠、李福顺、李福禄、郭全贵、宋治堂、宋治禹等44人，并放火烧了整个村庄。（4）朱石羊大劫难。1938年4月5日，30多名日军火烧邵庄镇朱石羊村部分房屋。同月，又先后两次放火将全村房屋烧毁，使朱石羊村化为一片灰烬。（5）郭集惨案。1938年9月4日，日伪军在何关镇郭集村烧毁房屋40余间等。（6）赵家庄惨案。1939年2月27日，日军包围了高柳镇赵家庄，制造了赵家庄惨案。（7）东朱鹿惨案。因1941年1月5日这一天是农历腊月初八，又称"腊八惨案"。（8）"四二八"惨案。（9）马鞍山惨案。日军的暴行，激发了青州军民反侵略的怒潮。青州军民在各地党组织带领下，积极响应中共中央的号召，冲破国民党片面抗战路线所设置的重重阻力，坚决贯彻全面抗战路线，同仇敌忾，万众一心，共赴国难，积极奋勇投入抗击日寇、保家卫国的民族解放战争，境内迅速形成了轰轰烈烈的抗日局面。所有这些都使我们领悟到：人类的精神一旦被唤起，其威力是无穷无尽的。青州地方党组织一诞生，就团结带领青州人民寻找实现理想的中国革命道路。蕴含着新民主主义革命时期的"英勇顽强，不怕牺牲"青州精神，社会主义革命和建设时期的"勤劳勇敢，艰苦奋斗"青州精神，改革开放和现代化建设时期的"敢为人先，争创一流"青州精神的青州地方党史事件总能撼人心魄、令人感动。改革开放以来，2009 年 9 月 25 日至 10 月 5 日，第七届中国花卉博览会在青州成功举办；今年 2 月 27 日，国家旅游局授予青州古城旅游区 5A 级景区称号，梦圆 5A，千年古城展新姿……近年来，青州市先后获得了国家历史文化名城、国家卫生城市、国家园林城市、中国优秀旅游城市、全国社区建设示范市、国家级生态建设示范区、国家地质公园、全国园林绿化先进市、全国科技进步先进市、全国粮食生产先进县（市）、全国老龄工作先进市、全国文化工作先进市等荣誉称号，连续六次被表彰为"全国民族团结进步模范集体"，是 2016 年度中国中小城市综合实力百强市（全国科学发展百强县市）（列 63 位）、山东省经济 30 强县（市）之一等。学习青州地方党史事件，获得党性体验，可以感受我们党的伟大理想所蕴藏的巨大力量，这种力量吸引了、动员了无数仁人志士投身党的队伍，鼓舞、激励着无数优秀青州儿女为之奋斗、为之献身。

再次，是从中共党史和青州地方党史文献中汲取精神力量，接受党性熏陶。善于从经典著作中汲取力量，向来是我们党的优良传统。1939 年，毛泽东在与马列学院学员谈话时强调：马列主义的书要经常读。邓小平同志说，学马列要精。习近平总书记要求，老老实实、原原本本学习马克思列宁主义、毛泽东思想，特别是邓小平理论、"三个代表"重要思想和科学发展观。

经典作品有原理体现、有思想浓缩、有实践指南，品读《资本论》《共产党宣言》《德意志意识形态》《哲学的贫困》《反杜林论》《家庭、私有制和国家的起源》等经典著作，是我们获得精神给养、激发奋斗自觉的重要途径；学习《毛泽东选集》《邓小平文选》、习近平系列重要讲话，以及建党以来、中华人民共和国成立以来重要历史文献，可以加深党员干部对党的路线方针政策的理解，强化对党的信仰的理性认同。青州的党员干部还要深入细致地学好《中共青州地方党史（第 1 卷）》《中共青州地方党史（第 2 卷）》《中共青州党史资料专题探讨与研究》《党史工作的理论与实践》《青州群众路线教育与实践》《发展中的青州革命老区》《青州市青少年党史教育》《青州抗战专辑》《云门抗日烽火》《青州人在抗日战场上》《青州市抗战时期人口伤亡和财产损失》《中国共产党青州历史大事记》《改革开放实录（青州卷）》《青州红色旅游指南》等党史书籍，深刻了解青州 90 多年来，在党领导下的发展奋斗历程，深刻缅怀老一辈革命家所做出的突出贡献。在追寻党史发展的不平凡轨迹中，启迪求实创新的思路，激发跨越争先的热情，切实用青州的悠久历史传递情感，用青州改革发展的光辉岁月激扬斗志。总之，要学习马克思主义理论，让全体党员干部知道我们从哪里来，根扎在哪里，要走向哪里，明白人民是历史的主体和创造者，从而坚定相信人民、依靠人民、为了人民的理念。学习中国特色社会主义理论体系，使党员干部掌握科学理论，消除疑惑，廓清迷思，坚定"四个自信"。理论学习能够深化理想信念，理性认同才能升华理想信念，让马克思主义、社会主义和共产主义信仰成为党员干部党性的最高和终极信仰。

　　最后，是从青州地方党史遗产中汲取精神力量，经受党性锻炼。党史遗产资源包括重要革命纪念地、纪念物、标志物及其所承载的革命历史、革命精神等。青州地方党史遗产是红色党性教育资源，它凝结了青州地方党组织的奋斗历程、建设经验和信念作风，是青州地方党组织在长期领导青州革命与建设的伟大实践中创造和积累的丰富的历史经验，穿越时空、撼人心魄，它生动记载了青州革命的历史进程，再现了革命先辈的光辉足迹，体现了青州人民的伟大精神，是一笔宝贵的精神财富，是党性教育的珍贵资源，具有重要的"存史""资政""育人"功能。青州地方党史遗产资源具有直观感化作用，以实物、实景、实例、实事为载体，我们可以穿越时空、触摸历史、感受震撼、启迪思考。利用青州市烈士陵园、青州市博物馆、陈毅纪念馆、华东保育院旧址、中共益都县委旧址、中共东圣水村党支部旧址、段村烈士祠、长秋村抗日烈士纪念碑、赤涧村原益都县支前粮店、清凉山临朐战役指挥所纪念亭等多处革命烈士纪念园馆碑亭等承载着老一辈革命家坚定信念、闪耀过感人至深的党性光辉的地方进行党性教育体验，认真聆听、深刻感悟、虔诚拜谒，带着敬仰、带着自豪、带着激动、带着泪水去细细品味我们青州精神之"根"和人生之"魂"，于情景交融之中触摸历史，思想上受到教育，心灵得到洗礼，精神上得到升华，灵魂上得到净化。这对每一位党员干部加强党性修养、坚定理想信念、保持优良作风具有不可替代的重要作用，对提高党员干部运用马克思主义立场、观点和方法分析处理问题的能力，对推进党的建设伟大工程、永葆党的先进性有着十分重要的指导借鉴意义。

下面请各位领导和嘉宾随我一起来（自然大方地引导参观者进入第三展厅）。

这里是《铭记青州红色文化历史 传承地方红色文化精神》展览馆的第三展厅，主要展示的是中共青州地方党组织的历史实践给我们的深刻历史启示。

中国共产党在青州96年的奋斗历程——"烽火连天的革命岁月、热火朝天的建设年代、波澜壮阔的改革时期"已经载入史册。在这90多年的奋斗历程中，既有成功经验，也有深刻教训。以史为鉴，资政育人。学习中共青州地方党组织史，尤其是学习中华人民共和国成立前那段艰苦卓绝、惊天动地又感人肺腑的奋斗史实，为党领导青州人民继续胜利地走向未来提供了历史的智慧和深刻的启示。

一是青州地方党组织始终高度重视坚强领导核心的建设，始终高度重视基层党支部坚强战斗堡垒的建设。

二是坚持用马克思主义中国化的科学理论为指导，坚定不移地走中国特色社会主义道路。党在青州96年的历史，是推进马克思主义中国化的历史，正是依靠正确的理论指导，党带领青州人民夺取了一个又一个胜利。在新的形势下，党要在青州实现"两个基本"目标，建设"五强四宜"新青州，仍然必须坚持马克思主义，坚定理想信念，保持政治定力，坚定不移地走中国特色社会主义道路。

三是坚定理想信念。"英雄志向实伟大，勇士流血最光荣。"青州革命斗争的实践证明，坚守革命的理想信念，无限忠诚于党和人民事业是开创革命新局面的精神支柱。面对极为险恶的斗争形势，青州地方党组织、革命军队和政府干部以及广大革命群众，怀着"星星之火，可以燎原"的信念，坚信革命必然胜利，在战场上冲锋陷阵、英勇杀敌；在敌人的屠刀下慷慨就义、视死如归；在艰难困苦的环境中乐观向上、斗志昂扬。

艰苦的环境和严酷的斗争，使他们付出了巨大代价，据《青州市烈士名录》记载，1921年至1949年牺牲的有名有姓的烈士就有1711名，还有无数的革命先烈，青山埋骨，但没有留下他们的姓名。他们真正做到了为共产主义信仰而奋斗、而献身。志无休者，虽难必易；行不止者，虽远必臻。只要坚定理想信念，坚守革命品质，就能够不怕牺牲，排除万难，去争取胜利。

四是青州地方党组织既坚持以军事斗争为中心，又坚持紧抓红色区域的经济建设不动摇并密切关心民生建设。军事斗争的胜利巩固了根据地建设。而对苏区的经济建设和改善人民生活的问题，青州党组织都时刻放在中心工作位置上。1931年以后，制定和采取了把发展农业生产作为首要任务、实行劳动互助、开展生产竞赛、科学种田、鼓励开荒、提供信贷、兴修水利及大力发展国有经济、发展合作经济组织、发展贸易、成立银行等方针政策。根据地的经济建设取得了很大成绩，有力地支援了革命战争。同时，青州党组织十分关心群众生活，广大工农群众成为社会的主人，生活也获得很大的改善和提高。当时苏区的粮食、食油、蔬菜自给自足，群众无比信任党和苏维埃政府。1931年6月，益都县城及周边四五万群众和赤卫队一天之内就能把县城的城墙挖倒，可见人民群众对党和苏维埃政权的拥护达到何等程度！这其中党的经济建设和群众工作经验多么突出。

五是青州地方党组织始终坚持艰苦奋斗的作风。青州地方党组织的革命斗争史说明，敢于斗争、敢于胜利和艰苦奋斗的精神，是开创革命斗争新局面的重要法宝。当年，革命斗争虽然是十分困难危险的，但在党的领导下，广大的青年学生、知识分子、农民、工人及其他革命群众，不怕任何困难危险，团结起来，奋起斗争，克服了一个又一个困难，排除了一个又一个险情，攻克了一个又一个难关，最终取得革命斗争的胜利。特别是青州地方党组织在那样恶劣的环境中发扬"敢于斗争、敢于胜利和艰苦奋斗"的精神，不但抓紧根据地的社会事业建设，而且努力地抓好社会管理，巩固了红色政权。在文化教育建设方面，建立健全文化教育各级机构、基本上普及了小学教育。在文艺方面，在工厂、农村、学校都普遍建立俱乐部、开辟群众游乐场所，办理书报刊物。在体育运动方面，1932年5月，举办青州第一次体育运动大会。在医疗卫生方面，建立各级卫生组织，开展群众性防疫等卫生运动。在敌人四面围困的苏区内，党和苏维埃政府进行了各种社会改革和各项建设，建立了各级群众团体，如工会、农会、青年团、妇女解放委员会、儿童团、反帝大同盟、互济会、商会、贫农团等，依靠这些基层组织、最广泛发动群众，管理社会，整个苏区在兴盛时期，社会面貌蓬勃富有朝气。在强敌犯境时，组织撤退井然有序，有生力量和党政机关得以保护，红色政权坚如磐石，人民群众是其深厚的根基。

六是坚持实事求是，把党中央的路线、方针、政策与青州市情结合起来，一切从实际出发，是青州各项事业成功的关键。党在不同历史时期都有不同的历史任务，全市各级党组织在贯彻中央精神的大前提下，必须结合当地实际，创造性地开展工作，才能使党的路线、方针、政策得到落实。不同时期在青州开展的各项工作能够在全省乃至全国有重大影响，都是青州各级党组织坚持实事求是、一切从实际出发、创造性地开展工作的结果。

习近平总书记强调，历史是最好的教科书。学习党史、国史，是坚持和发展中国特色社会主义、把党和国家各项事业继续推向前进的必修课。回顾96年的辉煌历程，我们深刻地感受到，党所领导的革命、建设和改革事业是前所未有的伟大事业，只有中国共产党的领导才能实现民族独立、国家富强和人民幸福，才能实现中华民族的伟大复兴。展望未来，我们正在进行的建设中国特色社会主义事业，正是在前人艰苦创业、不懈奋斗奠定的坚实基础之上继续进行的。全面、历史、辩证地回顾和学习党的历史，可以使我们更加深刻地认识历史发展的必然性，更加自觉地把握历史发展的规律性，更加卓有成效地开展当前的工作，更加满怀信心地迎接各种挑战，开创更加辉煌的未来。

今天，在我们纪念中国共产党诞生96周年及喜迎党的十九大胜利召开之际，我们要把学习青州地方党组织的光辉历史和学习党的路线、方针、政策结合起来，特别是与广泛宣传党的十八大以来党和国家事业发展的生动实践、重大成就、宝贵经验，唱响主旋律，弘扬正能量结合起来，更加自觉地团结在以习近平同志为核心的党中央周围，为统筹推进"五位一体"总体布局、协调推进"四个全面"战略布局，激励全党全国各族人民坚定中国特色社会主义道路自信、理论自信、制度自信、文化自信，振奋精神、砥砺奋进、再接再厉，深入推进伟大斗争、伟大工程、伟大事业，为实现"两个一百年"奋斗目标、实现中华民族伟大复兴的中国梦、做好加快建设"五强四宜"城市新青州篇章继续奋斗，以优异成绩迎接党的十九大胜利召开！

我的讲解完了，谢谢大家！

2017 年 9 月 25 日

段村烈士祠教学点解说词

——青州市党性教育基地解说词之二

樊光湘

（参观人员下车后，在院外广场列队站好）

各位学员，欢迎来到青州市党性教育基地——段村烈士祠教学点参观学习，我是本教学点的教员×××。

在南段村与北段村之间，原本有一个铁塔寺，抗日战争期间被鬼子炸为废墟。1945 年 8 月 15 日，日本鬼子投降后，四边县人民政府将此处改建为段村烈士祠。烈士祠于 1947 年惨遭国民党反动派破坏，1952 年益都县政府出资重建，以后又历经多次修缮。

段村烈士祠展区分五个部分，正面的烈士纪念堂内主要展示的是 648 位烈士的简要生平及烈士用过的战斗遗物；东侧的第一展区是党史大事展区，主要介绍中共党史和青州北部党组织发展史；西侧的第二展区展示的是"一门九英烈"和"一门三烈"的英雄事迹及烈士遗物；南侧的第三和第四展区主要介绍抗日和解放战争时期的典型人物与事迹。今天咱们主要参观的是正厅烈士纪念堂，以及西侧展厅。

目前，段村烈士祠是潍坊市境内最早、山东省境内最大的烈士祠，被评为潍坊市"重点文物保护单位"、山东省"重点文物保护单位"，以及潍坊市国防教育基地；也先后被青州市当作"青州市干部教育基地""青州市党外代表人士教育基地"等。

下面，请大家跟随我到烈士纪念堂，缅怀革命先烈，感受爱国情怀。

（烈士纪念堂内列队站好）

各位学员，烈士纪念堂主要祭奠×××地区抗日战争、解放战争中牺牲的

648 位烈士英灵，其中包括省级著名烈士 2 名和"一门九英烈""一门三烈"等英雄群体。

大家看到的三块大匾，分别是×××题写的"英名千古""忠勇壮烈""浩气长存"。

在十四年的抗日战争时期，为国殉难的青州烈士有 340 余名，其中县团级以上干部 11 名，荣获二等功烈士 2 名。

解放战争时期青州烈士 300 余名，其中县团级以上干部 8 名，荣获二等功以上著名烈士 9 名。厅内陈列着烈士们的生平简介、英烈遗照及枪支、徽章旗帜、文件书信等重要物品。每逢重大节日，各级党组织和社会群众纷至沓来，组织党章宣誓等活动以示警醒。

提到青州抗战时期的重大事件，不得不提到在青州革命史上占有相当地位的东朱鹿村。东朱鹿村位于当时益寿临广四边县交界处，是四边县联防的枢纽，是益北抗日救亡的核心，有"小苏维埃"的光荣称号。东朱鹿村革命组织非常活跃，群众基础良好，一次参军近百人，以东朱鹿村民兵为骨干，组建了益北四大队。益北四大队积极参加苏维埃政府的政权建设与生产建设，在加强军事训练的同时，帮助建立起兵工厂、被服厂、印刷厂、医院和小学校，为抗日游击队提供了可依托的根据地。益北四大队还先后参加了纸坊伏击战、岳家庄村公路西侧公路伏击战、智取石槽盛据点、臧台战斗等，在敌强我弱的情况下，战士们从容不迫、沉着应战，发挥不怕疲劳、连续作战的精神，与敌人展开了一次次激烈战斗。战斗中战士们巧妙地避开敌人大队人马的攻击，利用有利地形，抓住战机，走走打打，打打走走，先后歼敌 100 余人，屡建奇功。后晋升到八路军山东人民抗日游击第三支队杨国夫司令员领导的三支队。他们曾拦截击毙刺探情报的女特务，痛歼进村扫荡的日寇，打土匪，灭恶霸，除汉奸，为开辟益北抗日根据地、巩固革命政权、夺取革命胜利做出了巨大贡献。正因如此，敌人恨之入骨。1941 年半年时间内，日伪军就在东朱鹿村制造了三次骇人听闻的惨案，也就是"腊八惨案""四二八惨案""六一三惨案"。在这三次惨案中，敌人利用汉奸、叛徒提供的情报，包围村庄，烧杀掳掠，往地道里打机枪、扔手榴弹，用柴火和辣椒点着火，架上风车往洞里灌烟，吊打逼供，刀砍枪击，致使刘旭东、李寿岭、张鲁泉、陈庆祥、罗洪功、于素梅、尹法贤、张淑贞、陈频三等 38 名烈士、27 名群众为了中国人民的解放事业，献出了宝贵的生命。

其中，李寿岭烈士是长山县旧口村人，1937年参加革命，1941年1月任中共清东地委组织部部长时，因开展反"扫荡"斗争的需要，到益寿县检查指导工作，在东朱鹿事件中光荣殉国，年仅26岁。

张鲁泉烈士是广饶县红盆村人，任中共益寿县委宣传部部长时，为巩固广大益北抗日根据地，做出了很大贡献，在东朱鹿事件中为国捐躯，年仅24岁。

面对我们正前方的纪念碑，我提议大家一同鞠躬以表示对烈士的缅怀。

一鞠躬！二鞠躬！三鞠躬！

（西侧展厅内列队站好）

各位学员，我们现在看到的是"一门九英烈"与"一门三烈"的典型事迹。在抗日战争和解放战争时期，青州市北部党组织团结带领广大人民群众开展了艰苦卓绝的斗争。英雄儿女们为了革命事业，前仆后继、勇往直前，在艰苦的环境中不惧困难、忘我工作；在险恶的地下斗争中，置生死于度外，坚贞不屈，视死如归。在高柳这片热土上，涌现出了一大批为国捐躯、英勇就义的革命志士。其中，益寿临广四边县（今青州市高柳镇）南段村的刘旭东烈士一家，为了民族的解放和中华人民共和国的成立，先后有九人为国壮烈捐躯，其家庭被誉为"一门九英烈"之家，抗战胜利后，1945年益寿县人民政府赠给他的后人一面"群英齐荣"的锦旗（珍藏于青州市博物馆）。

刘旭东（1899—1941），名晓亭，字旭东。1937年加入中国共产党，1941年1月牺牲。在长达40多年的革命生涯中，他从事过教师、医生职业，历任中共益寿临广四边县七区区委书记、中共益寿县委组织部部长等职。回顾他人生中的不同时期（关于刘旭东的事迹详见第一编第二讲），刘旭东始终不忘国家忧难，体现出英勇顽强、不怕牺牲的革命斗志。

各位学员，今天我们来到段村烈士祠，缅怀先烈、追寻足迹，就是为了能够更深切感受到老一辈革命先烈对共产主义的坚定信仰，体会在当时那艰苦卓绝的年代，我们的革命先辈们为什么会那样做，为什么有那么多先辈为革命抛头颅洒热血，是一种什么力量指引着他们前仆后继、视死如归。在当代社会，在拥有美好幸福生活的今天，虽然少了战火的磨砺与斗士的牺牲，但是革命先烈的精神不能丢，要学习他们心有大我、至诚报国的爱国情怀，学习他们不怕牺牲、敢为人先的敬业精神，学习他们淡泊名利、甘于奉献的高尚情操，做到秉承遗志，弘扬精神，不忘初心，砥砺前行。

作为革命后辈的我们，要结合"两学一做"学习教育常态化制度化，在开展形式多样的学习英雄人物的过程中，让英雄人物的光辉事迹时刻在我们心中传颂，使英雄人物成为我们心目中的偶像和健康成长道路上的路标；要进一步提升自身的政治素养和党性的修养，更加坚定理想信念，强化宗旨意识，净化思想品德，把爱国之情、报国之志融入祖国革命和解放的伟大事业之中、融入人民创造历史的伟大奋斗之中，从自己做起，踏实做好本职工作，为实现"两个一百年"奋斗目标、实现中华民族伟大复兴的中国梦贡献智慧和力量！

参观到此结束，谢谢大家！

2017 年 8 月 31 日

胡林古原益都县委旧址解说词

——青州市党性教育基地解说词之三

樊光湘

尊敬的各位领导：

欢迎来到青州市党性教育基地——胡林古原中共益都县委旧址参观指导。

胡林谷也叫"胡林古"，原名"槲林崮"，是位于孙胡流域最顶端的一个村庄。这里人稀地广，盛产林果，山泉不竭，冬暖夏凉，四面环山，绿树辉映，只有五孙公路通向外面，俨然是一个"世外桃源"。全村77户，285人。有"先有胡林谷、后有青州府"之说，说明这个地方是鲁中地区最早有人生活的地方。抗战时期，中共益都县委曾在胡林谷办公。老县委的办公场所、所在的院落、迎宾墙、吃水用过的水井、武器库、兵工厂、靶场等遗址还保存完好，村中一处房屋的后墙上还保存有20世纪五六十年代生产队的工分榜。村内的街道和村民依山而建的房屋全是石头造型，古朴别致，村东长岭有千年栗子林、日观峰、门楼峪、窟窿山、母牛泉、神仙台、石牛屋等十多处自然景观。

胡林古这个较偏远的小山村，之所以成为省内外游客敬仰和缅怀先烈的红色胜地，是源于70年前，中共益都县委、县政府曾经在此办公，指挥抗战，领导革命，为巩固和发展西南山区革命根据地浴血奋斗，谱写了一曲曲壮丽辉煌的赞歌。

1939年10月，山东分局第一区党委（大鲁南区党委）二地委（鲁沂地委）决定撤销中共益南工委，建立中共益都县委，辖益都县铁路南各区。成立地点在益都城西南长秋村，后因抗日形势严峻转移至西南山区王坟镇胡林古村。中共益都县委在这里建立抗日根据地，发展抗日武装，加强群团建设，发展各界群众参加抗日武装，为抗日斗争做出了很大贡献。

为充分发挥教育基地在党员干部教育培训中的重要作用，青州市对这处旧址进行了修复。2016年，为了丰富培训形式，提升培训品质，青州市委组织部牵头对全市干部教育基地进行了建设提升，本着"秉承遗志，追寻足迹"的目标要求，胡林古原中共益都县委旧址作为首批教育基地示范点被挂牌"青州市干部教育基地"。

我们兴建这个"青州市干部教育基地"，就是要以历史的事实让人们进一步认识到，只有实现民族独立和人民解放，成立人民当家做主的中华人民共和国，才能真正实现民族振兴、人民幸福。以事实说明，人民群众是战争胜利的基础。中国人民抗日战争胜利是全民族抗战的胜利，是全体中华儿女的共同荣光！

我们这个"青州市干部教育基地"的主题是"砥柱青州"，讲述的是在1937年至1945年的抗日战争时期，青州各党派、各民族、各阶级、各阶层、各团体在中国共产党倡导建立的以国共合作为基础的抗日民族统一战线旗帜下，众志成城，同仇敌忾，抗击侵略，救亡图存，共赴国难的爱国主义篇章。

下面，请各位领导跟我进入益都县委院内，感受革命前辈艰苦奋斗、勇往直前的精神力量。

益都县委原大院，经过建设提升后，各建筑内都设计了主题展览。大门南侧是县委原机关警卫室，现在作为"青州妇运百年"展厅；院内北侧是原县委办公室旧址；东侧是原县财政局，现在作为"青州党史展厅"；办公室东侧是原县公安局，西侧是伙房旧址，现在作为"青州团史展厅"；南侧是会议室旧址，现在作为"烽火胡林谷"展厅。

请大家进入县委原办公室。

中共益都县委由陈锡德任县委书记，陈叔俊任宣传部部长，冯敬之任组织部部长，冯毅之为县委委员兼任廖荣标司令员领导的八路军山东纵队第四支队新一营营长。1939年11月8日成立益都抗日民主政府，冯毅之被选为县长。同时建立了基层抗日政权——二、三、五区联合区工所。

屋里的展板分别是当时的地图、主要负责人、当时的县委（政府、群团）职能（内容略）。站在古旧的老式家具前，抚摸破旧的公文包和锈迹斑斑的军号，思绪仿佛又回到了战火纷飞的战争年代，革命先烈冲锋陷阵、勇往直前的情景历历在目……

（参观结束后，引导至党史展厅）

各位领导，现在我们来到"青州党史展厅"。

1939年，随着抗日民主政权的建立和巩固，西南山区根据地的经济建设、文教事业也得到了发展。此外，根据地还办起了印刷厂、被服厂、修械所和后方医院，对战时环境中的西南山区根据地的生存发展起了极大的保障作用。

1940年，抗日形势比较严峻。日伪军在淄河流域增设据点，反共顽固派吴化文部新四师向淄河流域大局进攻。八路军山东纵队第四支队新一营和益都县大队在长秋、上张、下张、窦家崖、孙家岭、西崖头等战斗中，顽强地阻击了敌人的进犯。不仅如此，党组织于8月改编了游散在西南山区的杨敬坤部，建立了益都县大队第二大队。同时，刘明训、何子健带领第二游击大队到城东平原坚持斗争，进而建立了抗日民主政权——益东行署。

1941年，"皖南事变"发生后，国民党地方顽固派由消极抗战到积极反共，抗日形势进一步恶化。6月底，中共青州敌工委书记黄绍远公开叛变投敌，益都百余名党员群众被捕。为应对严峻的形势，益都县委带领全县党政军民采取多种方式同日伪顽进行坚决斗争。

1942年，抗日形势继续恶化。2月，日军调集大量兵力对我军民反复"扫荡"，实行"铁壁合围""梳篦拉网"等战术，在我根据地内安设据点10余处。由于日伪顽的联合"清剿"，李家峪等13个村庄被"蚕食"，但是，全县党组织和人民不仅没有屈服，反而更加英勇顽强，采取灵活的战术同敌人进行斗争。同时，县委领导就地同群众一起坚持斗争，并逐步建立起革命的两面政权、情报站和秘密联络站，干部实行"职业化"，与可靠的党员群众加强联系。八路军山东纵队第四支队新一营和县大队密切配合，这支精干的武装，像一把钢刀一样，采取"翻边战术"，开展小型活动，实行"麻雀战"，不断袭扰敌人，在敌伪据点密布、碉堡林立、封锁沟纵横的艰苦环境中，站住了脚跟，一直坚持到抗战胜利。

经过一年多的艰苦斗争，1943年春天以后，形势开始好转。益都县委在上级党组织的领导下开展了整风学习运动，加强了党的建设，带领群众开展了生产运动，同群众一起克服了灾荒，度过了黎明前的黑暗，迎来了胜利的曙光。

自 1944 年起，益都县委带领广大军民进行战略反攻，乘胜继续扩大战果，取得一系列胜利，同时在根据地内开展"双减"运动和副业生产，开办各种类型学校，发展教育事业，促进了根据地的建设。

1945 年，全县形势继续好转，6 月中旬，益都县开始进行"双减"、反奸诉苦试点工作。8 月 22 日，鲁中区主力在山东独立第一旅的配合下，一举解放青州城，歼敌 2000 余人，活捉伪益都县保安大队长王葆团。中共益都县委随即进城，布告市民，恢复生产，整顿秩序。

（参观结束后，引导至团史展厅）

各位领导，我们现在所处的是"青州团史展厅"（内容略）。

（介绍屋内陈设）

（参观结束后，引导至烽火胡林谷展厅）

各位领导，请到"烽火胡林谷"展厅参观。

中共益都县委成立后，建立了抗日根据地，发展抗日地方武装，配合主力部队进行作战，反"扫荡"、反抢粮、打击敌特汉奸等斗争，县大队发展到130 余人。中共益都县委还大力倡导群众性的练兵习武运动，主力部队也经常为地方武装培训战斗技术骨干，指导练兵，使抗日地方人民武装真正成为一支特别能战斗的力量。益都县人民群众，在党组织的有力领导下，纷纷拿起大刀、长矛、土枪武装自己。全县人民热烈拥军，许多青少年踊跃参加八路军。同时，分别成立"农救会""青救会""青年抗日先锋队""儿童团"，发动募捐，支援抗战，涌现出大批先进青年。"农救会"经常向农民群众进行"国家兴亡，匹夫有责"的爱国主义教育和"谁养活谁"的阶级教育，把抗日斗争同他们的切身利益联系在一起，鼓励他们搞好生产，支援抗战，同时发动农民、工人、商人开展减租反霸、增加工资、免税抗债等斗争，使之在斗争中得到锻炼和提高。"青救会"除积极参加抗日战勤任务外，还主动承担了宣传鼓动群众的任务，他们成立俱乐部、戏剧表演剧团、秧歌队等，一有空闲或逢节日集会就演出抗日文艺节目。青救会中的战斗骨干还组成"青年抗日先锋队"，担负着抗击敌人和维护社会治安的任务；"儿童团"组织少年儿童参加抗日团体，在读书、劳动、开会、唱歌的同时，配合自卫团站岗放哨，查路条，捉汉奸，照顾抗战家属等，为抗日斗争做出了突出的贡献。

（逐个介绍展板内容，参观结束后，引导至妇运百年展厅）

各位领导，我们右手边的是"青州妇运百年"展厅。

抗日根据地建立后，中共益都县委立即派出大批领导干部深入根据地每个村庄，宣传党的抗日主张，陆续组织建立了自卫团、青救会、妇救会、儿童团等抗日群众组织。其中，妇救会在组织广大劳动妇女参加抗战的同时，还引导她们投入冲破封建礼教、争取男女平等的自身解放运动中，从而树立主人翁意识，积极热情地参加缝军衣、做军鞋、磨面、织布、照顾伤病员等战勤和生产，青年姑娘还组织识字班，利用业余时间识字学文化，有的妇女还拿起武器，和战士一样站岗放哨，打击敌人。

各位领导，接下来，我们沿着这条道前行，到八路军山东纵队第四支队新一营广场参观。我们正前方一个宽阔的广场便是八路军广场，面积万余平方米，是八路军当年操练和接受检阅的场所；广场旁边沿河处为八路军晾晒衣服、河内为八路军洗漱的地方。近年来，市里对八路军广场和河道进行整修，面貌焕然一新，现在成为红色旅游景点之一，也是人们接受革命传统教育和休闲的场所。

来到益都县委旧址，通过参观历史遗迹、聆听历史故事，让我们能够更深切地感受到老一辈革命者对共产主义的坚定信仰，学习他们不畏艰难险阻，前赴后继、勇往直前的革命精神。现在，虽然战火的硝烟早已散去，但是，他们那种崇高的革命理想、坚定的共产主义信念，为人民谋幸福的人生追求；他们那种艰苦奋斗、勇于斗争、争创一流的革命精神值得我们学习。广大党员干部要结合"两学一做"学习教育常态化制度化和作风建设年活动，深入思考应该怎样进一步提高政治素养和党性修养，坚定理想信念，强化宗旨意识，净化思想品德，转变工作作风，做好本职工作。作为革命后辈的我们，要永远秉承遗志，追寻足迹，弘扬抗战精神，做一名合格的党员干部，为实现中华民族伟大复兴的中国梦而奋斗！

（结束语）

今天的参观活动即将结束，能够跟随各位领导一起参观，一起重温先烈们的革命情怀我感到很荣幸。其间，我真正地受到了教育，受到了启发：第一，我们青州有着光辉灿烂的革命史，我们为此而感到光荣；第二，先辈们在艰难岁月里，为了理想与信念，艰苦奋斗，不怕牺牲，精神可圈可点；第三，革命的胜利是先烈们以生命和鲜血换来的，我们应倍加珍惜来之不易的幸福生活。

感谢各位领导对我今天工作的支持与配合。我有做得不好的地方，敬请原谅。最后祝各位领导身体健康，工作顺利，万事如意！谢谢！

2017 年 9 月 6 日

华东保育院旧址解说词

——青州市党性教育基地解说词之四

樊光湘

尊敬的各位领导：

大家好！

欢迎各位领导到华东保育院旧址参观指导。

大关营村位于青州城东南，邻近弥河，这个环境幽静的村子，近年来频频吸引游客前来参观，只因一处旧址——华东保育院旧址。

进入院内，映入我们眼帘的首先是一块刻着"华东保育院旧址"的石碑，后面为其碑记。这是青州市委、市政府 2000 年 10 月重修华东保育院旧址的碑文。200 多字的碑文简单说明了华东保育院创建的原因、经过、意义。石碑后边是一座古井，当年保育院的孩子们喝的就是这口井的水。

下面我们进入纪念室中参观。这些老旧的桌凳就是当年孩子们学习的用具，墙上挂着的就是当年华东保育院的一些资料照片，以便让前来参观的人们了解当时的场景。

保育院一开办就确定了它的教学方针：实验新民主主义的儿童教育，培养集体生活习惯，提高生活能力，发展智力，提高文化，锻炼体格，培养服务精神，奠定参加中华人民共和国建设事业的思想基础。保育院第一批接收的孩子为 62 人。根据不同的年龄段，分为 3 个班：幼稚小班，（3 岁至 4 岁的 18 人）；幼稚大班，（4 岁半至 6 岁的 22 人）；小学班，（6 岁以上至 10 岁的 22 人）。后来，各班的人数逐渐增加，到 1949 年初，又增加了一个幼儿班。与此同时，这些班采取了保育员负责制，即一个保育员固定一两个、三四个孩子，白天照顾孩子学习、活动，夜晚带最小的孩子睡觉。小学班的孩子文化程度高低不一，分为一年级上、下学期和二年级上、下学期4种类型，在班内分组实行复式教学。随着入院孩子的陆续增加，小学班又分成了初级、高级两组，仍然采用复式教学方法。

当时孩子吃住在农村，条件比较艰苦，吃水需要先用桶从井里打上来，再挑回保育院里，粮食柴草要用马车从几十里以外运回来，蔬菜副食要天天赶马车到集市上去买。保育院刚成立的时候，大批粮食被运往前线，后方的粮食很紧缺，上级配给保育院的只有白薯粉。孩子们本来就面黄肌瘦、营养不良，又整天吃白薯粉，院长李静一和协理员邓六金特别着急。为了让孩子们吃饱吃好，保育院的工作人员不辞劳苦，多方奔走。在他们的努力下，各方向保育院支援了白面、大米、猪肉，华东局还向保育院拨了5只奶牛、4只奶羊。当时，按供给标准，孩子们的主食是红薯、小米、煎饼，菜金是很少的。分管营养的保育科科长文芸和总务科的同志，就把孩子们按标准供给的吃不完的粮食换成豆子，磨成豆浆，做成豆腐，以改善伙食。而为了给孩子们增加钙质，除炖骨头汤外，文芸和老炊事员还一起做醋，用醋焖酥小鱼，让孩子连鱼带骨头一起吃。此外，他们还想方设法粗粮细做、制定食谱、变换花样、调剂饭菜，增加孩子们的食欲。对身体较差或体弱多病的孩子，他们还按"病号菜金"标准，另做"病号饭"并增加牛羊奶的供应。经过一段时间的调养，孩子们脸色红润，个头儿也不断增高，一改瘦弱模样。在卫生保健方面，华东保育院也做得比较完善。该院制定了一系列卫生保健制度，如餐具顿顿消毒，饭前便后洗手擦嘴，毛巾手帕常洗蒸煮，被褥定期晾晒拆洗，床单枕巾定期洗涤，定期洗澡、理发、剪指甲，按季节注射预防针等。保育员最怕传染病来袭，因为一病就可能是一大片。一次，一个班的孩子全得了麻疹，后在保育员们的精心护理下，多数孩子很快就痊愈了，唯有一个1岁多的小女孩并发了肺炎，高烧几天不退，昏迷不醒。在当时的医疗条件下，只有青霉素能救小女孩，可整个华东局也找不到一支，怎么办？邓六金见状万分焦急，在听说济南可能有青霉素后，她当机立断，要了两匹马，带领一名医务员，连夜从大官营出发，一口气跑了300多里路，去到刚刚解放的济南，在一个教会医院买到了两盒青霉素，并连夜返回保育院给病重的小女孩实施注射。得益于此，小女孩不久便转危为安。据资料记载，华东保育院在大官营村期间，共发生过3次流行性传染病，生病儿童87人，在全院教职工的努力下，孩子们最终全部康复。

1948年春，伴随着人民解放战争战略进攻的胜利号角，中共中央华东局、华东军区领导机关进驻青州闵家庄。时值华东军政中枢运筹帷幄，准备大军南进逐鹿，势在决战之时。为安置保护随军干部子女和烈士遗孤，妥为抚育以纾后顾，华东局于1948年4月决定创办华东保育院，任命李静一为院长，邓六金为政治协理员。李、邓亲率创始同人，力任其难，从简就陋，于弥水之滨的大关营村始建华东解放军首所保育院（这里距华东局机关驻地2里路，距县城20里路左右，对保育院就近接受华东局的领导和随时南下搬迁、在益都火车站乘坐火车，都非常有利）。按照"一切为了解放战争的胜利，一切为了革命后代健康成功"的办院宗旨，实行"保教合一"的战时保教方针，形成了机构健全、制度完善、职责分明的工作机制，开创了领导表率，民主团结，敬业献身的崭新院风。创始前辈不辞辛苦，为抚育革命后代呕心沥血，垂爱至深，使幼童沐春晖、润雨露、获新知、强体魄，在烽火摇篮中健康成长，创解放区保教事业之典范。其情其德，可歌可泣。翌年3月，华东局暨华东军区挥师南下，华东保育院移址青州城里的天主教堂。6月华东保育院奉命南迁上海，告别创始之地青州，留下光彩照人的一页。

各位领导请看这副对联："家慈五男二女留独子，先父三男一死为人民。"这副对联集中说明了曾山同志（邓六金的丈夫）光荣的革命家庭：上联家慈指母亲康春玉，勤劳慈祥，生育五男二女，而两男两女幼年夭折，只有延生、洛生（即曾山）、炳生长大成人，延生、炳生为革命英勇牺牲，家慈的七个儿女只剩下曾山一人。下联是说父亲曾采芹为人忠厚，参加革命工作后以教书为掩护做秘密联络工作，最后被捕死于狱中。

华东保育院在青州年余，抚育革命后代百人，烽火摇篮，慈母情怀，当年幼苗，今日栋梁。近几年，国家有关领导同志曾先后重游青州故里，查询保育院旧址，重访曾经工作、学习和生活过的地方。触景生情，他们依据当年的照片，找到当年吃水的老井，拍手唱起当年的儿歌，无不深情满怀、感慨万千、热泪盈眶……

2015年5月，在弥河镇党委、政府的努力下，上海市市立幼儿园与青州市大关营华保幼儿园签订了《合作共建协议书》，将对幼儿园进行共建。华东保育院遗址对中小学开展爱国主义教育、大力弘扬以爱国主义为中心的民族精神，进一步加强中小学生思想道德建设具有重要意义。

这里顺便再向各位领导介绍一下中共中央华东局的有关情况。

1948年5月中旬，中共中央华东局机关迁驻闵家庄。济南战役是中共华东中央局驻闵家庄期间指挥的一次最有影响的战役。陈毅、饶漱石、张云逸、粟裕、谭震林、陈士榘、唐亮、舒同、王建安曾在此召开会议，研究部署济南战役。1949年2月8日，中共中央电令华东局、华东军区机关移驻徐州。至5月底，华东局机关最后一批干部搬走。中共中央华东局、华东军区机关驻闵家村的时间共计一年零两个月。

抗战胜利后，面对国民党内战阴谋，中共中央于1945年9月确定了"向北发展，向南防御"的战略方针，命令山东八路军主力跨海赴东北，控制具有重要战略地位的东北地区；华中新四军主力北上山东，巩固山东根据地。与此相适应，山东分局改为华东局，陈毅、饶漱石到山东工作；华中局改为分局，受华东局指挥。

根据中共中央的战略部署，1945年10月初到11月底，中共山东分局书记罗荣桓率领山东主力部队70000余人和地方干部4000余人奔赴东北。随后，新四军军长陈毅和原中共华东局书记饶漱石率新四军主力北移进入山东。同年12月，中共华东中央局（简称"华东局"）在山东临沂正式成立，饶漱石任书记，陈毅、黎玉任副书记，统一领导山东、华中两大战略区的党政工作。华东局机关开始驻临沂，1947年转移到诸城、五莲一带。

华东局成立后，原来属于山东分局的胶东、渤海、鲁中、鲁南、滨海5个区党委，直接由华东局领导。同时，积极领导和组织华东野战军的军事斗争，先后取得鲁南战役、莱芜战役、孟良崮战役等重大胜利。1947年6月，华东野战军发起临朐战役，攻打国民党精锐部队第8军。陈毅、粟裕的华东野战军指挥部就设在青州市弥河镇境内，并在紧靠临朐的清凉山设指挥观察所。陈毅就居住在闵家庄一幢青砖小瓦的二层小楼里。当时，华东野战军的炮兵阵地也设在弥河镇闵家庄村西的柳树林，陈毅担心敌人报复回击，村庄遭殃，就指令转移炮兵阵地，保护了村民的生命财产安全。

青州城解放后，1948年3月，伴随着华东野战军在山东战场胜利进军的号角，中共中央华东局和华东军区领导机关进驻青州城南闵家庄一带。山东省政府机关进驻城南闫刘村一带。饶漱石、康生、陈毅、粟裕、张云逸、许世友、曾山等党政军领导人曾在这里运筹帷幄，指挥了潍县战役、济南战役、淮海战役等重大战役，领导组织了生产、支前等工作。这对解放济南乃至整个华东地区，进一步扩大战果，对解放战争期间山东地方党政军组织的建设和发展，显然具有重要的战略意义。

中共中央华东局、华东军区机关、华东保育院驻青州的时间虽短，但是革命前辈矢志不渝、百折不挠、不怕牺牲、勇往直前、艰苦奋斗、勇于奉献的革命精神将代代相传，永放光芒！

各位领导，通过瞻仰革命前辈的丰功伟绩、观看教育基地的历史遗迹，结合"两学一做"学习教育，我们更加深切地体会到，人民群众是历史的创造者，只有牢记全心全意为人民服务的宗旨，从群众中来，到群众中去，站起来当伞，为人民群众遮风挡雨；俯下身做牛，为人民群众鞠躬尽瘁，把党的路线方针政策变成为群众的自觉行动，才能继承发扬革命前辈的光荣传统，才能团结带领群众在全面建成小康社会的实践中，实现转型科学发展。

参观到此结束，最后祝各位领导身体健康，工作顺利，万事如意！谢谢！

2017 年 9 月 7 日

抗战时期青州抗日根据地廉政建设展解说词

——青州市党性教育基地解说词之五

樊光湘

在抗战圣地青州这片血染的土地上，

有一条战线，在默默地维护着党章的神圣尊严；

有一支团队，在坚定地履行着权力的公开透明运行。

这里处处荡漾着清风正气，散发着创新活力，迸发着创业激情……

2015 年下半年，中共青州市委党史研究室将抗战时期青州抗日根据地廉政建设展通过网站、报刊相关专栏等载体展出后，受到广大党员干部群众的热议和欢迎。这是青州市委党史研究室打造地域特色廉政文化品牌的一次尝试。

近年来，青州市委党史研究室深入挖掘具有本地鲜明特色的廉政文化资源，着力打造"清润青州"廉政文化品牌，有效增强廉政文化亲和力和渗透力，为党风廉政建设注入了新的活力。

推出标题：

弘扬青州抗日根据地廉洁正能量

打造青州党风廉政建设文化品牌

——青州地区抗战时期根据地廉政建设的实践与启示

各位领导，各位学员（来宾），上午（下午）好！

欢迎参观抗战时期青州抗日根据地廉政建设展。

我是讲解员×××。

青州地区地处山东半岛腹部，位于胶济铁路中段，历代是兵家群雄角逐之地，战略位置十分重要。抗日战争时期，青州抗日根据地以通道走廊的特殊作用，将胶东、清河、鲁中三大抗日根据地连为一片，保证了各根据地之间的互相联系、互相配合、相互支持，为八路军战略反攻、挺进东北的堡垒阵地，为山东的抗战事业做出了巨大的贡献。一寸山河一寸血，一抔热土一抔魂。回想过去的烽火岁月，青州人民以大无畏的牺牲精神，为中国革命事业建立了彪炳史册的功勋，我们要沿着革命前辈的足迹继续前行，把红色江山世世代代传下去。

抗战时期中国共产党青州抗日根据地廉政建设展紧扣当前反腐倡廉的时代主旋律，通过大量翔实而珍贵的历史图片、文物文献资料，重点展现与回顾了抗战时期中国共产党青州抗日根据地廉政建设的光辉成就，系统总结了抗战时期中国共产党青州抗日根据地开展党风廉政建设的实践经验，从而为我党新时代的反腐倡廉工作提供了历史借鉴，是一部全方位展示抗战时期中国共产党青州抗日根据地反腐倡廉发展历程的史诗般画卷。

随着去年青州抗日根据地廉政建设展的开展，到这里瞻仰接受党风廉政建设教育的游人络绎不绝，成群结队的学生、干部、群众、部队纷至沓来，瞻仰遗址、继承遗志、弘扬遗风。这儿已成为缅怀历史、教育后人的凭吊圣地。

"忘记过去就意味着背叛"，让我们永远铭记和弘扬老一辈革命者对党和人民无限忠诚的精神，珍惜现在的幸福生活，为建设永不受辱的强大祖国一往无前、奋斗不息！

今天，非常荣幸由我来为大家讲解这次廉政建设展的相关内容。

各位领导，各位学员（来宾），现在，请各位随我一起看"前言"。

廉政建设既是党的建设和政权建设的重要内容，也是人民政府区别于剥削阶级的重要标志。它不仅关系到党和政府能否卓有成效地带领广大群众进行革命和建设，而且关系到党的事业成败与否。即使在炮火连天的抗日战争时期，党也丝毫没有放松对这一问题的重视。抗日战争时期，青州地区各县抗日民主政府及党政军机关工作人员艰苦奋斗、廉洁奉公是十分普遍的现象，尤其在抗战初期，各根据地贯彻党中央的指示，加强艰苦奋斗和为人民服务的教育，廉政建设成就斐然，为取得抗战的胜利做出了重大贡献。但随着抗战的深入发展，特别是相持阶段的到来，各县抗日民主政府又不同程度地出现贪污腐化现象，当然这在整体上不严重，与艰苦奋斗、廉洁奉公的主流相比仍是个别现象。针对这一情况，中共鲁东工委、中共清河特委和青州地区各县抗日民主根据地政府领导一起研究和分析腐败产生的原因，同时借鉴陕甘宁边区政府惩治贪污腐败的经验，采取了一系列措施，加强青州地区各县抗日民主根据地政府的廉政建设，收到了良好的效果。在纪念全面抗战爆发80周年、山东人民抗日武装起义爆发80周年、喜迎党的十九大胜利召开之际，在全国已进入全面建成小康社会、加快推进社会主义现代化的新的发展阶段，在实现中华民族伟大复兴中国梦的今天，我们回顾和研究当年青州地区各县抗日民主根据地政府反腐倡廉斗争的历史经验，对加强新时代廉政建设，有着深远的现实意义。当时，青州地区各县抗日民主根据地政府是在获得局部执政地位的情况下，在党的领导下，对如何防止腐化变质、纯洁共产党人思想问题上的一次宝贵探索，为今天树立了成功的典范，留下了宝贵的经验。

展览由"一、抗日民主政权的建立及其廉政使命；二、青州抗日根据地的廉政建设实践；三、青州抗日根据地廉政建设的启示"三部分构成。展览展示了抗日战争这一特定历史时期青州抗日根据地廉政法规法制建立健全的过程，并通过一些历史典故和具体的历史事件，讲述青州地方党组织老一代革命领导人的廉政故事，让大家了解当时青州抗日根据地党政军领导人多么的廉洁自律。

在20世纪三四十年代的世界反法西斯战争中，中国抗战爆发时间最早、历时最长。而在全国抗战中，青州一带是中国共产党领导的革命武装抗击日本侵略者的重要战场之一，中共党组织曾经在这里先后设置了14个县级党组织。其中胶济铁路以北6个；胶济铁路以南8个。除此之外，在党的领导下还形成了一些抗日民主政权。以这些党组织和抗日政权的建立为标志，青州地区形成了两块巩固的抗日根据地（俗称益北地区抗日根据地和西南山区抗日根据地），把红色革命的种子播撒在青州胶济铁路南北，并通过开展多种形式的游击战争、大型战役，给予日伪军以沉重打击。这次抗日战争时期党风廉政建设展览的举办必将进一步促进广大人民群众对青州抗战历史的关注和了解，在全市范围内营造广大人民群众共同纪念抗战胜利的浓厚氛围，营造缅怀历史、珍爱和平的巨大声势，形成不忘初心、砥砺前行、蓬勃向上的精神风貌。当前，我市正处在转型升级、弯道超车的关键环节，正处在打造

"五强四宜"新青州、建设现代化中等城市的重要时期，改革发展稳定的任务艰巨而繁重。每一个共产党员，特别是党员领导干部，要以此次展览活动为契机，更加牢记中国人民抗日战争伟大胜利历史，深切缅怀为人类正义事业献出宝贵生命的先烈；更加坚定理想信念，加强道德修养，模范践行"两学一做"，做到心中有党、心中有民、心中有责、心中有戒；更加深入地学习和思考抗战历史，积极借鉴历史经验，传承和弘扬苦难辉煌中孕育出的新民主主义革命时期的"英勇顽强，不怕牺牲"青州精神、社会主义革命和建设时期的"勤劳勇敢，艰苦奋斗"青州精神、改革开放和现代化建设时期的"敢为人先，争创一流"青州精神，不断增强团结一心的精神纽带，不断增强战胜困难的信心和勇气，不断增强自强不息的精神动力，勇于担当，开拓进取，为打造青州经济升级版、建设"五强四宜"新青州、推动全市经济社会持续健康发展而不懈奋斗。

现在，请各位随我一起参观第一部分："抗日民主政权的建立及其廉政使命。"

1937年7月7日卢沟桥事变爆发以后，国民党当局深感亡党亡国的威胁，遂接受中国共产党关于国共两党合作抗日的主张。中国共产党青州地方党组织领导八路军、新四军及其县大队等抗日武装，深入敌后，开展抗日游击战争，先后创建了益都西南山区和益北地区等抗日根据地，并在根据地建立了党的组织，壮大了人民军队，组建了党领导的抗日民主政权。

抗战时期，中国共产党的党政军机关工作人员艰苦奋斗、廉洁奉公是十分普遍的现象。特别是在抗战初期，各根据地贯彻党中央的指示，加强艰苦奋斗和为人民服务的教育，廉政建设成就斐然。但随着抗战的深入发展，特别是相持阶段的到来，各根据地党政军机关不同程度地出现了个别贪污腐化的现象，主要表现为以下几个方面：

（1）个人享乐主义、自我牟利思想、腐化堕落现象。如个别人漠不关心革命利益和群众利益，消极怠工，个人享乐思想却日益增长。有的人自我牟利思想也有所滋长。一些在职干部利用所谓"个人积蓄"做生意，休息养病的干部拿"休养费"做投机买卖，还出现了要求退伍，以便领取"抚恤金"经商发财的人。有的战士把做生意当成副业，有的干部染上了吃喝嫖赌的恶习。极个别干部"恋爱第一，革命第二"，组织上对他的婚姻问题解决迟了些，他便一连写四五封信催促、责备，严重者甚至以组织满足不了他的要求为借口，走上反党反革命道路。

（2）贪污及谋求小团体利益行为。当时根据地贪污现象时有发生。贪污有个人贪污和集体贪污两种。一般地，对个人贪污检举和处理比较严厉，但对集体贪污处理轻得多。集体贪污站在本位立场上，所以上级追究下来便互相包庇。实际上这是不管全局只管局部的极端狭隘行为，其危害更为严重。

（3）五花八门的以权谋私现象存在。在根据地除发生过虚报账目、涂改票据，甚至自刻公章自造票据等以权谋私行为外，还有盗卖公家粮食；没收来的走私物品秘不上缴，或据为己有，或卖掉分赃；拿公款与商人合股做生意，偷税漏税；购买高价公需品以获商人"馈赠"的财物；甚至在根据地和敌占区之间，靠枪杆子武装走私拒绝检查；战斗中为发洋财不扩大战果；极个别干部以打扫战场为名，率通信员东翻西找，坏的交公，好的私留，私欲膨胀到了战士流血牺牲的战场上；战斗结束，缴获的弹药以多报少，消耗的弹药以少报多，剩余部分或赠知己或私卖掉等。这不仅在群众中造成了不良影响，更影响了部队的士气，危害极大。

（4）其他腐化现象。个别干部怕吃苦携款潜逃，动辄在万元（旧币）以上。有的干部对检举揭发者打击报复。

剖析当时产生腐败现象的原因，不外以下几个方面：

（1）抗日民族统一战线中，除少数汉奸、卖国贼外，从农民到地主，从工人阶级到英美派资产阶级，从共产党到国民党，以及哥老会、青洪帮，无不包括，外界的各种不良恶习便有了侵蚀共产党的更多机会。例如，随着抗日根据地的迅速扩大，财经干部十分缺乏，在基层政权中使用了一部分旧人员，一些旧社会的恶习，不可避免地被带进了革命队伍。

（2）抗日民族统一战线建立后，国民党改变了对共产党的策略，推行"防共""限共""溶共"政策，由杀头改为腐蚀，搞拉拢、吹捧、金钱美女、高官厚禄的引诱，妄图把共产党融化在国民党中。

（3）抗日战争时期的解放区是新民主主义社会，它的经济基础包括以私营经济为主的多种经济成分。为了反对日本帝国主义和封建剥削制度，根据地允许自由资本主义经济得到发展，因而资本主义的思想就不能不对共产党产生影响。

（4）中国是个有长期封建统治史的国家，封建主义的腐朽思想时时刻刻在侵袭中国共产党的健康肌体。同时，中国共产党领导的广大敌后抗日根据地都建立在农村，参加革命的人中不少是农民群众，一些落后的农民意识，成为滋生腐败现象的温床。面对这些情况，党内一些同志缺乏思想准备。

因此，抗日民主政权建立以后，面临着严重的廉政建设任务。在国共合作的形势下，国民党以高官厚禄引诱共产党员，使共产党员面临被腐蚀和官僚化的严重危险；在敌后建立抗日民主政权，政治环境、自然环境、经济条件极端恶劣，如果政府不廉洁，必然为群众所厌弃，而无法立足；国民党政府腐败，在国共合作的情况下，如果不注意廉政建设，就会模糊群众对共产党的认识，被视为与国民党同流合污，丧失人民的信任，从而也就不可能吸引、团结、领导人民进行抗日。因而，中国共产党特别强调要保持党在抗日统一战线中的政治独立性，十分重视抗日民主政权的建设，始终把廉政建设作为政权建设的一项重要任务，致力于建设一个民主、公正、廉洁的政府。

现在，请各位随我一起参观第二部分："青州抗日根据地的廉政建设实践。"

（一）廉政教育是青州地区各县抗日民主根据地政府廉政建设的基础

针对青州地区抗日根据地的实际情况，为丰富中国共产党的廉政思想，青州地区各县抗日民主根据地政府在廉政思想教育中做了大量的工作。

1. 把《党章》作为廉政教育的基础材料

开展党风廉政建设和反腐败斗争，大量的工作是要在教育、防范上下功夫，提高广大党员干部的思想政治素质，增强拒腐防变能力，增强党的凝聚力和战斗力。

抗战时期，中国共产党领导的抗日民主政府公务人员队伍发展壮大得很快，新战士的来源比较复杂：一是经过短期培训入伍的；二是报名参军入伍的；三是由地方抗日武装改编的；四是从土匪、顽敌中解放经教育后要求入伍的；五是从国民党友军中投奔过来的。他们都有共同的抗日目的，但政治、军事素质不一，如不进行廉政思想教育很难适应艰苦的斗争环境。我们主要运用土地革命时期《中国共产党党章》，作为抗日战争时期中国共产党领导的抗日民主政府对公务人员进行廉政思想教育的学习读本。土地革命时期《中国共产党党章·总纲》已明确规定："中国共产党人必须具有全心全意为人民服务的精神，必须与工人、农民及其他的革命人民建立广泛的联系，并且要经常注意巩固与扩大这种联系"；"每一位共产党员必须用心去倾听人民群众的呼声，了解人民群众的迫切需求"；"中国共产党必须经常注意防止和清洗自己内部的尾巴主义、命令主义、关门主义、官僚主义和军阀主义等脱离群众的错误倾向"。同时，还学习毛泽东的《论持久战》，以及我军的性质、任务和加强军队组织纪律性，学习三大纪律八项注意。通过廉政思想教育，继承了我党我军的光荣传统和优良作风。在加强思想建设方面，始于 1941 年下半年的整理基层党的支部工作则是更大规模的集中系统教育活动。从 1941 年下半年到 1945 年，共进行了 4 次整理支部活动，尤以 1943 年 5 月开始的第二次整理活动最有成效。这次整理支部的基本要求是使"支部群众化"，"要克服农村支部目前各种脱离群众的现象"（如执行上级命令指示之公式化、不能自动讨论与解决当地群众之切身问题，工作上之命令包办，某些干部以"公家人""上司"自居，不以群众一分子的面目出现，以致个别干部贪污腐化等）；规定支部的任务有两个，"第一个任务是领导群众，为改善自己的经济、政治、文化生活而斗争"，"第二个是群众运动中发展党员，教育党员，培养党的干部"。同时规定要加强阶级教育，普遍轮训一次支委。整个根据地的集中教育，则是根据毛泽东同志号召和中共中央统一部署开展的整风运动。青州地区各县根据地的整风运动自 1942 年 7 月开始，经过初步整风、深入整风和民主检查三个阶段，至抗日战争胜利时结束。整风过程中，青州地区八路军和各县根据地地方党政机关于 7 月下旬至 12 月开展集中学习。青州地区各县党委还采取举办整风轮训班的办法，分批分期抽调部队和地方干部集中整风学习。从 1942 年 8 月开始，先后举办 9 期轮训班，将部队营团和地方区县干部全部轮训完毕。同时，各分区和各县也分别开办了轮训班，将部队连排干部和乡干部全部轮训完毕。整风运动中，青州地区各县党委还于 1943 年 6 月专门下发《关于反对目前党内严重存在着个人主义与自由主义倾向的决定》，指出在一些干部身上存在着功臣思想权位观念，存在假公济私贪赃枉法等现象，如不预告防止、及早纠正，必然走上"贪污腐化，动摇逃跑，以致叛变投敌的死路"，明确提出必须首先加强对干部的思想教育，正确地开展党内思想斗争，彻底纠正克服各种个人主义、自由主义及一切非无产阶级思想意识。整风运动使青州地区各县根据地广大党员干部提高了马列主义水平，发扬了理论联系实际、密切联系群众、实事求是、艰苦奋斗的优良传统和作风，也加深了广大党员干部的廉政意识，自觉按照廉政建设规范从事。

2. 党的重要领导人为廉政建设提出了具体要求

"共产党在政府工作中应该是十分廉洁、不用私人、多做工作、少取报酬的模范。共产党在民众运动中，应该是民众的朋友，而不是民众的上司，是诲人不倦的教师，而不是官僚主义的政客。共产党员无论何时何地都不应以个人利益放在第一位，而应以个人利益服从于民族的和人民群众的利益。因此，自私自利，消极怠工，贪污腐化，风头主义等等，是最可鄙的；而大公无私，积极努力，克己奉公，埋头苦干的精神才是可尊敬的。"（《中国共产党在民族战争中的地位》1938年10月14日，选自《毛泽东选集》第2卷第522页）。

"共产党的干部政策，应是以不谋私利为标准。这就是'任人唯贤'的路线。在这个使用干部的问题上，我们民族历史从来就有两个对立的路线：一个是'任人唯贤'的路线，一个是'任人唯亲'的路线，前者是正派的路线，后者是不正派的路线。共产党的干部政策，应是以能否坚决地执行党的路线，服从党的纪律，和群众有密切的联系，有独立的工作能力，积极肯干，不谋私利为标准，这就是'任人唯贤'的路线。"（《中国共产党在民族战争中的地位》1938年10月14日，选自《毛泽东选集》第2卷第527页。）

"举凡兵役、公债、灾民救济，无不成为贪官污吏借以发财的机会。彻底取缔贪官污吏。抗战以来，有发国难财至一万万之多者，有讨小老婆至八九个之多者，举凡兵役也、公债也，经济之统制也，灾民难民之救济也，无不为贪官污吏借以发财之机会。国家有此一群虎狼，无怪乎国事不可收拾。人民怨愤已达到极点，而无人敢暴露其凶残。为挽救国家崩溃之危机起见，亟宜于断行有效办法，彻底取缔一切贪官污吏。"（《向国民党的十点要求》1940年2月1日，选自《毛泽东选集》第2卷第724页。）

1940年7月1日，在淮南路东抗日根据地半塔集附近的大田郢举行纪念建党19周年党员干部会议上，刘少奇同志做了《做一个好的党员，建设一个好的党》的报告。刘少奇同志在报告中提出了做一名好党员应该注意的几点：①要尽心负责地为党工作，爱护党的每一个事物，如爱自己的事物一样；②为党与劳苦大众的公共事业而牺牲，是最值得的；③要做一个终身的好党员。

此报告对青州地区党政军干部起了很大的教育鼓舞作用。

刘少奇 1942 年 7 月与陈毅通信中强调指出："号召党员干部艰苦生活，实行严格的反贪污浪费的斗争，为了整个革命的利益，我们不应该姑息那些官僚主义者和贪污浪费者，为了革命的胜利，我们的光明前途与中华人民共和国的创造而节省我们一切可以节省的物质财产，对民力、对物质资产不珍惜的人，无异于对党对革命的不负责任，那无异于是犯罪。"（《刘少奇选集》上卷，人民出版社 1981 年 12 月出版，第 224~225 页。）

1944 年 9 月 8 日，毛泽东在《为人民服务》中指出："我们的共产党和共产党所领导的八路军、新四军，是革命的队伍。我们这个队伍完全是为着解放人民的，是彻底地为人民的利益工作的。"

"精兵简政，必须达到精简、统一、效能、节约和反对官僚主义五项目的。这次陕甘宁边区高级干部会议以后，我们应要实行'精兵简政'。这一次精兵简政，必须是严格的、彻底的、普遍的，而不是敷衍的、不痛不痒的、局部的。在这次精兵简政中，必须达到精简、统一、效能、节约和反对官僚主义五项目的。这五项，对于我们的经济工作和财政工作，关系极大。精简之后，减少了消费性的支出，增加了生产的收入，不但直接给予财政以好影响，而且可以减少人民的负担，影响人民经济和财政工作机构中的不统一、闹独立性、各自为政等恶劣现象，必须克服，而建立统一的、指挥如意的、使政策和制度能贯彻到底的工作系统。这种统一的系统建立后，工作效能就可以增加。节约是一切工作机关都要注意的，经济和财政工作尤其要注意。实行节约的结果，可以节省一大批不必要的和消费性的支出，其数目可以达到几千万元。从事经济和财政业务的工作人员，还必须克服存在的有些还是很严重的官僚主义，如贪污现象、摆空架子，无益的'正规化'，文牍主义，等等。如果我们把这五项要求在党的、政府的、军队的各个系统中完全实行起来，那我们的这次精兵简政，应算达到目的，我们的困难就一定能克服。"（《抗日时期的经济问题和财政问题》1942 年 12 月，选自《毛泽东选集》第 3 卷第 895 页。）

毛泽东还指出，"共产党员在八路军和新四军中，应该成为英勇作战的模范，执行命令的模范，遵守纪律的模范，政治工作的模范和内部团结一致的模范"，要求"共产党员无论何时何地都不应以个人利益放在第一位，而应以个人利益服从于民族的和人民群众的利益。因此，自私自利、消极怠工、贪污腐化、风头主义等，是最可鄙的；而大公无私、积极努力、克己奉公、埋头苦干的精神，才是可尊敬的。共产党员应和党外一切先进分子协同一致，为着团结全国人民克服各种不良现象而努力"。

毛泽东同志和刘少奇同志等党的重要领导人反腐倡廉的一系列重要论述，对于提高党的执政能力，努力开创党风廉政建设和反腐败工作新局面具有重大而深远的意义。

青州地区各县根据地党政军领导同志按照毛泽东同志和刘少奇同志等党的重要领导人的要求，一方面和敌伪进行艰苦斗争，一方面进行根据地的各项建设，尤其是廉政建设成效卓著。青州地区各县根据地党政军领导同志同根据地人民同甘共苦，克服困难，坚持斗争。为了减轻根据地人民负担，党和党领导的八路军和地方机关坚持自力更生，自己动手，一面打仗，一面开荒生产，为青州地区各县根据地人民树立了楷模。在14年的艰苦抗战中，青州地区各县根据地党政军领导干部像廖容标、杨国夫、陈锡德、胡维鲁、李云鹤、冯毅之、刘旭东、陈凤九、丁亦民、李荆和、冯旭臣、李有典、赵治安等，处处严格要求自己，以身作则，用实际行动倡廉兴廉，反对腐败，为抗日根据地廉洁奉公、勤政为民之风的形成起到了先锋模范作用。

革命先辈，光辉典范，廖容标、杨国夫、陈锡德等老一辈无产阶级革命家，为国为民，无私无畏，勤政廉洁，克己奉公的崇高风范常驻民心，永远是我们学习的榜样和做人的楷模。

3. 政府的号召和报纸杂志的宣传为廉政建设营造舆论氛围

为防止受国民党腐败统治政权的影响，中国共产党向全国人民提出了很直接的反腐倡廉的口号，即发布于1937年8月25日的《抗日救国十大纲领》规定，实行地方自治，铲除贪官污吏，建立廉洁政府。"刷新吏治，肃清贪污腐化分子"等。同时还告诫全体党员干部，要远离国民党政府对党员干部进行的升官发财、酒色等引诱。

1938年8月15日颁布的《陕甘宁边区政府惩治贪污暂行条例》规定，克扣或截留应行发给或缴纳之财物者、买卖公用物品从中舞弊者，均以贪污罪论。青州地区各县根据地也有类似的规定。

1942年12月25日《淮海报》发表了题为《反贪污腐化》的社论。社论指出克服贪污腐化应做到如下几点：①从政治上加强自我教育，加强理论修养与工作锻炼，多吸收别人的经验教训，提高警惕性，拒贪污；②接受民众检举；③加强督促检查，严整行政纪律，检查法令执行程度，建立严密的督导制度。

1938年9月，活动在铁路以北青州地区抗日根据地的八路军山东纵队三支队政治部出版了《挺进报》《战士园地》等报刊杂志。同时，1938年3月，铁路以南青州地区抗日根据地"淄河流域抗日联军办事处"和益（都）临（朐）淄（川）博（山）四边县联合办事处成立后，创办了党刊《淄河周报》。1941年7月，隶属中共鲁中区党委，辖益都、临朐、淄川、博山、昌乐、安丘、潍县等县党组织的中共益临工委在益都县孙家岭建立后，创办工委机关报，定名为《卸石山下》。这些党报党刊的创建和发行，在将国内外战况、党的方针政策及时进行传播，指导青州地区各县根据地抗日斗争的同时，还刊载了大量廉政教育和监督文章，就担负起了引导青州地区各县根据地党政军清正廉洁风尚的形成的教育任务。

1941年7月，隶属中共鲁中区党委，辖益都、临朐、淄川、博山、昌乐、安丘、潍县等县党组织的中共益临工委在孙家岭建立。益临工委成立后，为了巩固新生的人民政权，保卫胜利果实，新成立的中共益临工委加强了地方公安、武装队伍建设，成立县大队，逐渐发展到100多名队员。工委工作人员不失时机地开展了宣传发动群众的工作，他们严格执行《三大纪律、八项注意》，与群众打成一片，访贫问苦，为群众治病送药，帮助群众挑水、劈柴、耕地，坚持"三不走"，即水不满缸不走，借东西未还不走，驻地未打扫干净不走，还将缴获日伪军士兵抢走的东西归还原主，有口皆碑。工委宣传部和敌工部则立即组织人员组成宣传队。宣传队的主要活动是演戏、写标语等，活跃部队的文化氛围，开展防区附近的群众宣传工作。宣传队还办了油印小报《卸石山下》，登载新闻及诗歌、快板等文艺作品和学习新文化的辅导材料，对辖区县党组织、部队、地方武装和群众的廉洁勤政教育起到很大作用。

面对人生诱惑，应该何去何从，政府的号召和报纸杂志的宣传为廉政建设提供了诫勉篇。

警钟长鸣，过好六关。"实现六不为"，即通过强化教育、制度、监督和惩处等举措，使干部在腐败问题上不想为、绝不为、不敢为、不愿为、不必为、不能为。过好初始关，千里长堤，溃自蚁穴。过好小节关，小节不守，大节难保。过好亲情关，讲亲情不能错位，重友情不能变味。过好权力关，不可把党和人民赋予的权力当作牟取私利的工具。过好金钱关，谨防利欲熏心，做了金钱的俘虏。过好美色关，追求崇高的道德品质，健康的生活情趣。

算好人生七笔账。一算政治账，不要自毁前程。二算经济账，不要倾家荡产。三算名誉账，不要身败名裂。四算家庭账，不要妻离子散。五算亲情账，不要众亲蒙羞。六算健康账，不要心身憔悴。七算自由账，不要身陷囹圄。这七笔账是"廉政算账台"，通过引导干部职工算好政治账、经济账、名誉账、家庭账、亲情账、健康账、自由账，启发大家珍惜政治生命、生活待遇、家庭幸福和人身自由，从而在思想深处筑牢拒腐防变防线，做到"勿以善小而不为，勿以恶小而为之"。

（二）建立廉政制度是青州地区抗日根据地廉政建设的前提

俗话说，没有规矩不成方圆。要建立一支过硬的队伍，就必须有一套完整的规章制度，制度是约束人们行为的一种重要的工具。因此，要建立一支廉洁、拒贪、拒腐、工作高效的队伍，首先要建立好规章制度，从源头防范腐败行为的滋生。

1. 在实践中逐步完善财经制度

青州地区抗日根据地民主政权建立后，为了把这支队伍建设成一支在人民群众心中过硬的队伍，对行政工作人员在工作过程中有可能发生的贪污行为将如何惩治和边区政府行政纪律都制定了相关的条例。可是有关财经方面的各项制度尚在制定和完善中，因为缺乏制度的约束，一些方面出现了腐败的现象。因此，此时的财经制度的逐步健全和完善已成为青州地区抗日根据地进行廉政制度制定的中心工作。

1942年12月，中共鲁东工委、中共清河特委先后发出财政经济"要有比较巩固的经常政策，实行统一的累进税制"的指示。青州地区各县根据地财经部门制定严格的制度，并对所有工作人员制定共同守则。规定的内容有：不得嫖娼，不得赌博，不得吸食鸦片，不得收受商人赠礼，不得将公共物品赠送给私人等。对违反这一守则的人"亦相应订出法律，依其情节轻重，给予相应的法律制裁"。

此后，青州地区各县根据地，先后制定了预决算制度、会计制度、审计制度和金库制度等。这些制度建立的目的就是对我们财经工作战线上的人员给予保护，同时也保护着根据地仅有的一点资金。制度使得财经人员能够洁身自好，不贪污、不腐化，养成正确的人生观、价值观。

2. 建立有关奖惩制度调动大家积极性

为调动大家的工作热情和工作积极性，青州地区各县抗日根据地在加强财经制度建设和廉政制度建设的同时，建立健全了奖惩制度。1943 年 4 月《益寿临广四边县物资统计局奖惩办法》的颁发，是根据地确立奖惩制度的重要标志。该奖惩办法规定，拒绝贿赂者；态度和蔼善于工作能为人模范者；密报贪污帮助他人进步者，具有以上情形之一的根据情节给予当事人如下任一种奖励，即传令嘉奖、记功、奖状、物质奖励、晋级。打骂商人破坏政策；生活腐化舞弊有据者；不负责任使工作受到重大影响者；挪用公款经营商业者；工作消极屡犯错误者等，有上述情形之一的给予当事人以撤职、降级、禁闭或记过任一种处分。对 "一次舞弊 500 元以上者，数次舞弊 800 元以上者或空款 2000 元以上者" 将送司法机关处以极刑并以其财产抵偿，无财产者则向保荐人追偿。

规定还要求各部门对奖惩情况进行定期公布，对被惩治人员的主管领导，因没有及时制止和揭露具体情况的，根据具体情况给予撤职、降级、禁闭、记过等处分。对关禁闭的同志 3 个月内不得评先进；对受降级处分的公务人员 6 个月内不得评先进。在干部提拔考察过程中，首先考察他们所受的奖惩情况，然后确定提拔与否。1944 年，益寿临广四边县政府颁布的公粮田赋合并征收办法，对奖惩说得非常明白，对 "认真积极廉洁忠诚，按期完成任务的" 提取征起额的 5% 进行奖励；对 "有徇私舞弊情节或故意懈怠，未能按期完成任务的" 视情节轻重，分别给予警告、扣奖、惩办等处罚。

为了加大反腐倡廉力度，最近，中纪委颁布了《中国共产党党员领导干部廉洁从政若干准则》，这是我党在新的历史条件下，规范党员领导干部从政行为的基础性党内法规，体现了依法治党、从严治党的要求。廉洁从政行为规范，从八个方面做出 52 个不准的规定。它的颁布实施，对于巩固党的执政地位，密切干群关系，保证党员领导干部廉洁从政，促进经济社会平稳较快发展具有非常重要的意义。希望大家认真学习，时刻对照，严格遵守，防微杜渐，做廉洁从政的遵纪守法的表率。

反腐倡廉务必牢记党的宗旨，我们是共产党员，我们是人民公仆，不论官居何位，不管身处何地，都要把一切奋斗和工作目标定位于造福人民，应该看到，近年来，我市的经济和社会发展虽然取得了长足的进步，但部分群众的生活还十分困难。我们要时时刻刻做到廉洁勤政、执政为民、心系发展、情系群众，关心他们，献之心爱；帮助他们援之以手，扶持他们，倾之以力，让改革发展的成果惠及最广大的人民群众。

（三）廉政立法与执法是青州地区各县根据地廉政建设的保证

1. 制定惩治《条例》是青州地区各县根据地惩治腐败的主要依据

青州地区各县抗日根据地对廉政立法工作十分重视，在诸多的法规中，有1942年2月4日，益寿临广四边县参议会通过的益寿临广四边县《益寿临广四边县战时施政细则》；1942年3月颁布的《益寿临广四边县惩治贪污暂行条例》；1942年7月颁布的《益寿临广四边县惩治公务人员贪污暂行条例》等。其中，《益寿临广四边县战时施政细则》在青州地区各县根据地颁布的条例中最具有代表性。该细则共十四条：①拥护抗战国策，坚持抗战，坚持团结进步，施行山东省战时施政纲领，为彻底实现国府抗战建国纲领，建设新民主主义新益寿临广四边县而奋斗！②实行"三三制"的政权组织，贯彻民主政治。③动员人民参战，扩大抗日武装力量，保卫益寿临广四边县根据地。④增加人民财富，建立新民主主义的经济基础。⑤开源节流，厉行节约。⑥彻底精兵简政，节约人力物力，积蓄力量，准备战略反攻。⑦改善劳工生活，调节劳资双方利益。⑧加强农村阶级团结，改善农民生活。⑨加强文化教育建设，提高人民政治文化水平。⑩保证女权，提高妇女地位，改善妇女生活。⑪厉行正确的锄奸政策，贯彻保证人权主张，安定社会秩序。⑫建立卫生行政，减少人民的疾病死亡。⑬开展敌占区工作，争取敌占区人民，为将来反攻打下良好的基础。⑭增进国际友谊，团结在外华侨，扩大国际反法西斯统一战线。

1944年8月益寿临广四边县公布《益寿临广四边县修正惩治公务人员贪污暂行条例》；修正后的《益寿临广四边县惩治条例》规定"公务人员贪污财物在北海币500元以上的处死刑"。修正后的《益寿临广四边县惩治贪污条例》规定"财物在北海币1000元以上者处死刑或7年以上有期徒刑"。

2. 执法必严是青州地区各县抗日根据地惩治腐败的关键

上述惩贪条例表明了抗日民主政权反贪污，廉洁吏治，严肃执法的决心。好的法规制度必须严格执行，才能体现法律的威严，才能起到震慑的作用。在实际工作中，青州地区各县抗日根据地政权组织按照条例严格执法，对一些贪污腐化浪费等现象给予了严惩，有效地遏止了贪污腐败现象的蔓延。

（四）广泛监督，善纳廉政诤言，是青州地区各县抗日根据地廉政建设的关键

青州地区各县根据地党政军领导非常重视人民群众和社会各界的民主监督。

1. 自觉接受人民群众监督

毛泽东曾向全党指出，共产党是为民族，为人民谋利益的政党，它本身决无私利可图。它应该受人民的监督，而决不应该违背人民的意旨。抗战时期，紧紧依靠人民群众，实行民主政治，广开民主监督渠道，善于倾听人民群众的呼声，自觉接受人民群众监督，是青州地区各县根据地廉政建设的一个鲜明特色。

2. 加强群众监督建设好抗日民主政权

除了时刻接受人民群众的监督外，青州地区各县根据地廉政建设最重要的是充分发挥社会各界人士的作用，通过参议会的渠道主动接受社会各界监督。青州地区各县抗日根据地的"三三制"政权，即中共党员占三分之一，非党进步分子和中间分子各占三分之一。这一组织形式是青州地区各县抗日民主政府发挥社会各界人士廉政监督的方式之一。

发挥社会各界人士监督机制。青州地区各县抗日根据地都建立了"三三制"政权，并按照"三三制"原则建立人民代表会议。通过人民代表大会，选出能为抗战出生入死，为人民群众无私奉献的人到抗日民主政府机关工作。对工作不力的政府干部，代表有权提出批评或弹劾，对政府中贪污腐败分子代表有权予以清除。

青州地区各县抗日根据地颁发的条例中都赋予了社会各界人士对公务人员执法守法进行监督的权利，如《益寿临广四边县战时施政细则》《益都县保障人权及保护工商业条例》《益寿临广四边县保障人权暂行条例》等，都对社会各界人士的监督权做了明确的规定。青州地区各县根据地的领导都保持清

醒的头脑，虚心地接受了人民群众的监督批评。

3. 注重发挥舆论监督的作用

在人民群众和社会各界监督的同时，舆论监督对根据地的廉政建设也发挥了重要作用。这主要体现在青州地区各县抗日根据地的文化教育建设中，1938 年 9 月，铁路以北青州地区抗日根据地各部队、党政机关和人民团体积极创办了油印和铅印的各类报刊杂志，印刷出版了多种书籍。据统计，八路军山东纵队三支队政治部出版了《挺进报》《战士园地》等，八路军山东纵队三支队还有油印小报 10 多种。同时，1938 年 3 月，铁路以南青州地区抗日根据地"淄河流域抗日联军办事处"和益（都）临（朐）淄（川）博（山）四边县联合办事处成立后，创办了党刊《淄河周报》。1941 年 7 月，隶属中共鲁中区党委，辖益都、临朐、淄川、博山、昌乐、安丘、潍县等县党组织的中共益临工委在益都县孙家岭建立后，创办工委机关报——《卸石山下》。高擎战斗的旗帜，站在时代的前列，为宣传党的路线、方针、政策和解放区的中心任务鼓与呼，这是这些党报党刊最鲜明的一大特色。每当中共中央和解放区党委做出新的战略部署和发出新的重要指示，每当革命战争进入一个新的转折期、关键点，每当人民的解放事业即将迎来一个新的高潮的重要时刻时，这些党报党刊总是舆论先行，通过文字的力量，大版面、多篇幅、多角度，深入持久地进行宣传，动员群众沿着党所指引的方向大步前行。这些党报党刊的采编人员既是记者，又是战士，出生入死，亲临火线，在战斗中采写稿件，在采写稿件中坚持战斗，他们将耳闻目睹的事实写成专稿，为报纸提供了生动感人的报道，再现了抗日战场的真实场景，大大鼓舞了抗日军民的士气。这些党报党刊的创办和发行，将国内外战况、党的方针政策及时进行了传播，对于指导青州地区各县根据地的抗日斗争，宣传党的方针政策，教育广大党员干部群众，密切群众关系都发挥了积极作用。同时，还刊载了大量廉政教育和监督文章，引导青州地区各县根据地党政军清正廉洁风尚的形成，不仅担负起廉政建设的教育任务，也担负着廉政建设的监督作用。

现在，请各位随我一起参观第三部分："青州抗日根据地廉政建设的启示。"

打铁还需自身硬。青州地区各县抗日根据地廉政建设的成功经验，对我们当前搞好党风廉政建设，反对形式主义、官僚主义、享乐主义和奢靡之风，有着重要的启示：

第一，加强思想教育是搞好廉政建设的基础。进行廉政建设，必须加强廉政思想教育和作风教育，切实提高党政干部的政治觉悟和思想道德素质，坚持"教育为主，预防为主""惩前毖后，治病救人"的方针，这是从根本上铲除各种腐败现象的基础。党中央把廉政建设与整顿党风结合起来，批评整顿政府工作中的官僚主义、自由主义以及干部中的贪污腐化思想与落后意识，不断强化干部的"公仆"意识，树立全心全意为人民服务的观点，为廉政建设奠定了思想基础。

第二，领导干部的表率作用是搞好廉政建设的关键。在廉政建设中，领导干部要亲自抓，从自己做起，从身边做起，操守清廉，弘扬正气。领导干部做表率，本身就是无声的号召，以上带下，上行下效，就能形成好的风气。青州地区各县抗日根据地廉政建设能够取得成效，与同党政军干部的表率作用分不开。

第三，建立健全各种规章制度是搞好廉政建设的保证。建立健全各种强制性的规章制度，可以使党政干部有法可依，养成办事公道、廉洁奉公的作风；同时也可以堵塞各种漏洞，防止贪污腐败现象的发生。

第四，坚决惩处严重的腐败分子，是搞好廉政建设的重要措施。被资产阶级思想腐蚀了的严重腐败分子，是革命组织中的毒瘤。必须依法坚决惩处他们，才能保持我们党和革命政权的纯洁和健康，才能更加提高党的威信，才能深刻地教育广大干部和群众；同时也可以挽救一些犯错误的干部。

第五，加强监督检查，是搞好廉政建设的前提。通过加强监督检查，可以做到"三个防止"：规范权力行使，防止"权"上出问题；强化资金管理，防止"钱"上出问题；加强干部人事制度改革，防止"人"上出问题。不断开创党风廉政建设的新局面。

由此可见，青州地区各县抗日根据地的党政军各级机关正是按照毛泽东在《为人民服务》中所指出的"我们的共产党和共产党所领导的八路军、新四军，是革命的队伍。我们这个队伍完全是为着解放人民的，是彻底地为人民的利益工作的"这一要求，在思想上高度重视廉政建设，在行动上积极落实廉政建设，从扎根于人民群众、密切联系人民群众大处着眼，从爱护人民群众一草一木、约束自己一言一行小处入手，建章立制，规范行为，从"批评整顿政府工作中的官僚主义、自由主义以及干部中的贪污腐化思想与落后意识"等标准的制定、执行，鲜明地体现了青州地区各县抗日根据地廉政建设工作之细致、扎实。

同志们，大家一定要牢固树立正确的人生观、价值观，筑牢拒腐防变的思想防线，以"两学一做"学习教育常态化制度化严格要求自己，牢固树立"四个意识"，不断加强自身党性锻炼，增强廉洁自律意识，自觉遵守党纪国法，时刻做到自律、自警、自醒、自重，永葆廉洁本色。纪检监察系统党员干部作为国家经济和社会运行"免疫系统"的重要一环，对腐败问题更是只有常抓不懈，并根据"病源"研制出强力有效的"疫苗"，提出切实有效的措施建议，参与国家治理，才能防止"病毒"进一步变异蔓延，这是遵守党章、做一名合格共产党员的基本要求。反腐倡廉建设，任重道远。我们相信，只要持之以恒构筑预防和惩治屏障，全市党风政风就会更加清正，反腐防线就会更加牢固，保驾护航就会更加有力，青州的明天就会更加美好！

廉者荣，贪者耻，荣辱美丑、善恶黑白仅一步之遥；廉吏贪官、功臣罪人只是一念之差。我们每一名党员干部、国家公职人员都要常修为政之德，常思贪欲之害，常怀律己之心，筑牢拒腐防变的思想道德防线，永葆共产党人的浩然正气，堂堂正正做人，清清白白做官，干干净净做事，以浴火重生、蹈海弄潮的豪迈气概，以只争朝夕、时不我待的拼搏精神，以埋头苦干、勤奋务实的工作作风，不负时代，不辱使命，为建设"五强四宜"新青州而努力奋斗，以优异成绩迎接党的十九大胜利召开！

参观到此结束。感谢各位领导对我今天工作的支持与配合。我有做得不好的地方，敬请原谅。最后祝各位领导身体健康，工作顺利，万事如意！谢谢！

2017 年 9 月 22 日

庙子镇长秋村革命历史纪念馆景区解说词

——青州市党性教育基地解说词之六

樊光湘

尊敬的各位领导，各位来宾：

大家好！

欢迎参观庙子镇长秋村革命历史纪念馆景区，我是潍坊市"五老"志愿者关爱宣讲团成员、党史国史宣讲队副队长，青州市"五老"志愿者关爱宣讲团副团长，目前主要从事党史宣传教育与研究工作。很高兴为各位领导、各位来宾做介绍并进行现场教学。青州市庙子镇长秋村是著名的抗日堡垒村，被誉为鲁中山区的"小延安"。地处山东省青州市西南山区，东依阳明山，西面淄河，村庄历史可追溯至唐朝。在十四年抗日战争中，长秋村人民在以冯毅之为首的党组织领导下，不屈不挠、坚持斗争，为抗日战争做出了巨大贡献。庙子镇长秋村革命历史纪念馆景区，正是以冯毅之为代表的八路军四支队新一营八年抗战历史的浓缩、凝练和升华。

庙子镇长秋村革命历史纪念馆景区在 1985 年建成并对外开放，是全面系统反映冯毅之"一门忠烈"及八路军四支队新一营从组建到发展、从巩固到壮大光辉历程的综合性纪念馆，先后被命名为"青州市红色旅游景区""青州市国防教育基地""青州市中小学爱国主义教育基地""青州市青少年教育基地"和"青州市重点文物保护单位"。

庙子镇长秋村革命历史纪念馆景区，由一门忠烈纪念馆、长秋村抗日烈士纪念碑组成。现在我们所在的位置正是一门忠烈纪念馆。馆内陈列了冯毅之生前所用之物，还展出了有关抗日图片 500 多幅，再现了马鞍山战斗中一门忠烈浴血抗战的壮烈事迹。

请随我参观，这是冯毅之的照片：最上面的那张照片是冯毅之的侄孙女冯庆敏在 1998 年给冯毅之拍的。

冯毅之（1908—2002），山东青州人，中共党员，高中毕业，历任北平左联组织部部长，八路军四支队新一营营长，益寿临广（益都、淄川、博山、临朐）四边县联合办事处主任，鲁中区文艺协会主任，青州市市长，中共山东省委文艺处处长，山东省文化局局长兼党组书记，山东省文联主席兼党组书记，山东艺术学院院长；1932 年开始发表作品。1949 年加入中国作家协会。著有短篇小说集《日月星》，诗集《萤火诗集》《淄流》《六十年作品选》等；2002 年去世。

下面这张照片是"一门忠烈纪念堂"，1993 年由前山东省委副书记王众音题词。

在全市深入开展"不忘初心、牢记使命"主题教育之际，我们参观一门忠烈纪念馆，进行革命传统教育，在缅怀中提升党性修养，在传承中砥砺责任担当，在奋斗中坚守初心使命。

党的十八大以来，习近平总书记数次踏上红色革命圣地，接受红色精神的洗礼，多次强调要从中国革命历史、优良传统和精神中汲取养分。在全国开展主题教育工作会议上，习近平总书记再次强调，深入开展革命传统教育；传承红色基因；教育引导广大党员干部发扬革命传统和优良作风，团结带领人民把党的十九大绘就的宏伟蓝图一步一步变为美好现实。回首中华人民共和国成立 70 年、中国共产党成立 98 年来的光辉历程，党领导人民始终立于不败之地，很重要的一点就是因为始终坚持弘扬革命传统、赓续红色基因。在革命传统教育中筑牢信仰之基，在红色基因传承中补足精神之钙，不仅是深入开展主题教育的一项重要内容，也是我们党不断从胜利走向胜利的重要保证。

心中有信仰，脚下有力量。中国共产党人的初心和使命，就是为中国人民谋幸福，为中华民族谋复兴。当年，为了中华人民共和国的成立，无数革命先辈不畏牺牲、挺身而出，以非凡的智慧和大无畏的英雄气概，战胜千难万险，付出巨大牺牲，谱写了一曲感天动地的英雄凯歌。他们为人民服务的宗旨、坚如磐石的信念、百折不挠的意志、视死如归的坚贞、不畏牺牲的风范、艰苦奋斗的作风，绘就了共产党人的精神底色，也是共产党人初心和使命的集中体现。信仰、信念、信心，任何时候都至关重要。今天，我们的国家发展了，人民生活变好了，迎来了从站起来、富起来到强起来的历史性飞跃，这个时候更要饮水思源，不忘初心、牢记使命，大力弘扬革命传统，让红色基因代代相传。正如习近平总书记所强调的，不要忘了革命先烈，不要忘了党的初心和使命，不要忘了我们的革命理想、革命宗旨，不要忘了我们中央苏区、革命老区的父老乡亲。

看这张大图：1937 年"七七事变"，展开了轰轰烈烈的抗日战争。

"七七事变"爆发，抗日战争全面爆发，中国人民在共产党的领导下奋起抗战。自"七七事变"那天起，中国人民进入了艰苦卓绝的抗战时期。

日本帝国主义的侵华战争，是中华民族近代史上的一场空前浩劫，日本侵略军对中国人民的血腥杀戮，对敌后抗日根据地的狂轰滥炸，对沦陷区的蹂躏践踏，对解放区灭绝人性的"烧光、杀光和抢光"政策，无不震撼着每一位有良知的中国人的心灵。中国共产党领导抗日军民与侵略军进行了英勇悲壮的斗争，在这里每一座山头，都燃烧过抗日战争的烈火，每一寸土地，都浸透了抗日军民的鲜血。

众所周知，南京大屠杀，30 万同胞丧生；1938 年 1 月 8 日日军攻占青州，几天之内，300 多名无辜居民遭到惨绝人寰的屠杀。据不完全统计，青州市在 1938 年 1 月日寇入侵至 1945 年 8 月的六年当中，有 2985 人被杀死，675 人被打伤致残，200 多人被抓失踪，980 人妻离子散，200 余人被奸污。有 18420 间房屋被炸毁或烧毁，社会财产损失价值 122808 万元（时币）以上，其中直接损失 116708 万元（时币），间接损失 6100 万元（时币）以上。社会财富几近枯竭。

在抗战期间，八路军、县大队、武工队、游击队、地下工作者、自卫团、干部人员伤亡达 750 人，占抗战时期人员伤亡总数的 25%；国军、国民党军队伤亡 26 人，占抗战时期人员伤亡总数的 1%；群众伤亡 2209 人，占抗战时期人员伤亡总数的 74%。

请看，这是一组广大人民反抗日寇暴行的展览图片。

日寇的暴行激起了广大人民的反抗。无论男女老幼，都投入了这场伟大的抗战之中。这就是当时真实的写照。

抗战爆发后，冯毅之投笔从戎，受党组织派遣，又回到家乡青州，创建西南山区抗日根据地，在淄河流域组织建立地方抗日武装，发动群众参军参战，同日伪顽进行了艰苦卓绝的英勇斗争。为了团结各阶层共同抗日，在西南山区由山东人民抗日救国军第五军司令廖容标、政委姚仲明同中共益都县委委员冯毅之一起，与淄河流域的吴鼎章等国民党游击队建立了"淄河流域抗日联军办事处"，冯毅之任办事处主任，统一了淄河流域抗日政权工作，推动了抗日斗争形势的迅速发展。击毙了妄图投敌的翟汝鉴部副司令李思亮，拉出一部，成立了八路军四支队新编第一营，冯毅之任营长。在其上级领导下，发动群众，同日伪顽进行了艰苦卓绝的英勇斗争。同时，运送大量物资，有力支持、配合了中国共产党领导的鲁中敌后抗日根据地。至今，淄河一带仍盛传"冯司令的抗日传奇"，称他是青州的"李向阳"。

我们看一下这幅字："马鞍英烈千秋颂、长秋精神万代传。"这是庙子镇李彦武写的。

70多年前，马鞍山战斗在淄河流域谱写了一曲曲悲壮的革命之歌，虽然最终失败了，但其精神万古长存，数十名将士和革命群众用生命和鲜血凝成的为救国救民、不怕任何艰难险阻、不惜付出一切牺牲的长秋精神，是中华民族百折不挠、自强不息的民族精神的完美体现。

1942年冯毅之硬着头皮决定把父亲、妹妹、爱人和三个孩子送上马鞍山。

马鞍山地势险要，屹立在长秋村南30里外的淄河西岸。东西两峰相连，形成"凹"字，远望形似马鞍，故有"马鞍山"之称。山的周围陡壁千仞，悬崖如削，巍峨险峻。即使在其修缮成景区的今天，从山脚爬到山腰，也需近一个小时时间。

从山腰到山顶更是天险，数十丈高的石质山体，只在悬崖上凿出一条陡上石阶，形似"天梯"，窄处仅容一人通过。天梯上下有两道寨门，寨门关闭，鸟兽难入，实有一夫当关、万夫莫开之险。

在山上守卫的，只有一个班的正式武装，其他都是伤病员和家属。冯毅之的父亲冯旭臣自从到山上后，负责管理山上的伙食。冯毅之的爱人孙玉兰和妹妹冯文秀则忙着制作战士的棉衣。冯毅之有三个女儿：老大新年，12岁；老二芦桥，"七七事变"那年出生；老三平洋，太平洋战争爆发时出生。

1942年11月9日，敌人以数千人的兵力向马鞍山发起进攻。当时，冯毅之在马鞍山北十里外的黄花坡朝阳洞顶。此地并不低于马鞍山，可以清晰地看到山上的情景。还有刘厥兰同志参与战斗，他当时在马鞍山上养伤，负责镇守西峰。刘厥兰，1947年四保临江战役后，转业到吉林省西安（今辽源）煤矿工作，当管理员，是鲁中军区有名的爆破英雄，1941年4月山东省军区英模大会上被正式授予这一称号。军区政治部主任肖华称他为"爆破元老"。

战斗的第一天很顺利。敌人虽使用飞机、大炮进行了猛烈攻击，但山上的损失并不大，所有进攻都被打退。山下和山腰的乱石中留下了上百具的敌人尸体。

第二天一开始，敌人有了增援，火力更加猛烈。敌人把大炮和重机枪移到与马鞍山相距不远的孟良台、后峪岭等峰顶平射攻击，但同志们并没有被困难吓倒，仍然英勇地战斗。

下午，山上的子弹和手榴弹全部耗尽，石块成了唯一武器。据刘厥兰介绍，在最危急时刻，家属也投入了战斗。

冯毅之的父亲时常从东峰往西峰送水和手榴弹。他向同志们表示，宁愿粉身碎骨死于炮火中，也不能叫敌人捉去当俘虏。冯毅之的妹妹冯文秀是很好的宣传员，她唱歌喊话，传递情况，救护伤员。在以石块阻击敌人时，她同父亲一齐搬运石头。父亲在搬运石块时牺牲了。她也负了重伤，于是最后把一块石头狠狠砸向敌人，纵身跳下悬崖。冯毅之的妻子和三个孩子也都跳崖献身。

今天，我们建设中国特色社会主义现代化强国，仍然离不开坚定的共产主义理想和始终不渝的信念。"成千上万的先烈，为着人民的利益，在我们的前头英勇地牺牲了，让我们高举起他们的旗帜，踏着他们的血迹前进吧！"青州西南山区抗日根据地留下的宝贵的精神遗产，永远是激励我们前进的精神动力，是中华民族宝贵的精神财富，是实现中华民族伟大复兴中国梦的强大精神力量。

大家看：东边这间是冯毅之的卧室，展柜中，陈列着冯毅之使用过的公文包，穿用过的军装、军帽和拖鞋，用过的玉质砚台、笔筒、部分书籍和文稿等。还有一门忠烈的部分遗物……翔实的资料、熟悉的名字。他们都是八路军的骄傲。

接下来，请随我到村东面的长秋村抗日烈士纪念碑参观：

（途中解说词）

　　我们行走的这条崎岖道路就是当时长秋村的老百姓为八路军储藏军需物资的必经之路，也是西南山区抗日游击队员们，曾无数次地穿行过的游击小道。经过岁月的洗刷和景区的建设，我们已无法再见它昔日的模样。而 50 多年前，在长秋村东边的崇山密林中，西南山区抗日游击队的勇士们，曾无数次地穿行在这条游击小道上，下山与敌人进行斗争，留下了游击队员们无数的战斗足迹。游击小道，象征着革命道路的崎岖与艰难，这条道路不仅有着特殊意义，它也成为一门忠烈纪念馆与长秋村抗日烈士纪念碑的连线。

　　当时，日寇大举入侵，时局日趋紧张，盘踞山东的国民党韩复榘军队不战而退，地方官吏恐慌逃跑、散兵流匪到处要粮、要钱、抢劫烧杀，整个农村一片混乱，人心惶惶，民不聊生。面对这种局面，长秋村老百姓义愤填膺，迫切要求组织起来打击日寇，保卫家乡。因此，冯毅之回到长秋，首先发展党员，建立起党的组织，接着动员人民武装抗日，很快就组织起二十名勇敢、进步的青年，他们扛起防土匪用的土枪，组成了"农民自卫团"。"自卫团"的建立，使长秋村成为淄河流域开展抗日活动最早、最活跃的一个村庄。因此引起日寇对长秋村的特别注意。

　　1939 年，是长秋村值得怀念的一年，他们不但在抗战和反摩擦中立了功，锻炼了自己，而且还接待了好多共产党和八路军的领导同志，听取了这些领导同志的教导，其中，有中共山东分局书记郭洪涛同志，有山东纵队司令员张经武和副司令员王建安同志，有八路军四支队司令员廖容标和政委姚仲明同志，还有三支队司令员杨国夫和政委霍士廉同志等。这些领导同志平易近人、和蔼可亲，给长秋村的老百姓留下了很深的印象。

　　抗日战争中，中国共产党领导的对敌武装斗争，实行的是主力部队地方化，主力部队和地方武装及民兵"三位一体"协同作战。其间，发生在西南山区抗日根据地的抗战故事有（选讲一两个）：

　　1. 青州"抗日堡垒"长秋村人民打鬼子的故事

　　1938 年 1 月 8 日益都沦陷后，抗日斗争风起云涌，广大人民群众有组织地或自发地开展抗日游击战争，在青州西南山区层峦叠嶂之中，有个百多户人家的小山村——"抗日堡垒"长秋村。在艰苦的抗战年代，它屹立于硝烟烽火之中，打不垮，摧不烂，浴血奋战八年，是青州西南抗日根据地的旗帜……

1940 年抗日战争进入更加艰苦的岁月。以张店为大本营的侵华日军，对清河鲁中抗日根据地扫荡、蚕食频繁，据点碉堡林立。青州西南山区淄河流域打着各种旗号的"抗日"游击队近万人，大部已公开投敌，伪军骤增。国民党顽固派新四师吴化文部一再制造反共摩擦，人民抗战更加困难。胶济铁路以南，青州的 6 个行政区，一、十区变成敌占区，二、四、五区变成了游击区，抗日根据地只剩下三区，在三区又只剩下仁河流域 25.30 千米的狭长地带。

此时，刚刚建立不久的中共益都县委和抗日民主政府，就驻在仁河上游的桃行村一带。

为了加强武装力量，保卫新生的抗日民主政府，巩固扩大抗日根据地，准备长期坚持抗日游击战争。2 月，中共益都县委决定，在 1939 年底，八路军四支队新一营奉命升级为八路军四支队特务团三营后，留守地方的人民武装二、三、五区区中队队员 60 余人的基础上组建益都县大队（简称县大队），冯毅之（长秋村人）任大队长。

接下来，孤悬敌后的中共益都县委、县政府和县大队，在广大人民群众的积极支持下，采取游击战术，顽强地战斗在益（都）临（朐）淄（川）博（山）抗日根据地，战胜了日伪顽三面袭击，取得了一连串胜利。

（1）采用布袋战术伏击伪军唐应三部

益都县大队组建后，得知伪军唐应三部驻防马鹿据点以后，一贯抢劫奸淫、杀人放火，无恶不作，给周围村庄老百姓带来了灾难，决定对其进行伏击。为了打击伪军的气焰，县大队摸清了他们每隔 3~5 天就派 50 余人经长秋村去上庄接粮这一规律，决定根据敌人的行动规律，由长秋村游击队配合县大队，采用布袋战术，在马鹿、长秋之间敌人行进的路旁设下伏兵，形成布袋阵，打一个伏击。布袋底是长秋村南门，由县大队机枪组和长秋村游击队担任防守；布袋口向马鹿据点敞着，待唐应三部进入布袋阵地后，由埋伏在路两边的县大队负责封闭布袋口。那是 2 月的一天，淄河的冰冻未解，山上的青草还未萌芽。冯毅之和战士们不顾天寒地冻，很早就埋伏在河边的山坡上。直到上午 10 点，伪军才出村。敌人麻痹大意，把枪背在肩上，也不拉开距离，像赶集似的沿着老路线走来，毫无战斗准备。时机一到，冯毅之一声令下，枪声四起，手榴弹在敌群中爆炸，敌人措手不及，完全失去了抵抗能力，有的干脆缴械投降了。这次战斗极为顺利，我方只有3人轻伤，敌人少数漏网，其余被歼被俘。等马鹿敌人倾巢而出救援时，战斗已经结束，战士和老百姓已转移了。

（2）伪军唐应三怀恨在心伺机报复

伪军遭此伏击后，唐应三怀恨在心，伺机报复。

6月24日，伪军唐应三部勾结国民党顽固派吴化文部400余人，从仁河流域大举进犯，妄图配合日伪军消灭中共益都县委、县政府和县大队。敌人重点进攻窦家崖山顶的县大队指挥部，县大队英勇反击，经过七八个小时激战，战士们的子弹几乎打光，为了避免更大牺牲，县大队只好突围，撤出战斗。这次战斗，毙伤不少敌人，但县大队也伤亡惨重，通信班12名同志中冯光全、孙在进、赵家会、白怀亮等8名牺牲。

（3）虎口夺粮土制地雷显威力

6月下旬的一天，驻扎在张店的日军，为了从农民手中掠夺麦子，出动1000余兵力，对淄河流域进行"扫荡"。在鬼子行进到与长秋村一河之隔的西崖头村时，巡逻的民兵送来情报，县大队立即组织长秋村民兵迎战，队长冯毅之身先士卒，沉着指挥队员和民兵们奋勇杀敌，在淄河流域与敌人展开激烈战斗，当场击毙11个，其余鬼子害怕再中埋伏，溃逃到黑旺村。然后，他们辗转到长秋村南面的岸崖村，县大队乘胜追击，再次进行了伏击。战斗中，土制地雷显示了杀敌威力，日军伤亡惨重，直到天黑才跑到西桐古村外焚烧日军尸体，然后，趁黄昏狼狈逃窜。

（4）阳明山北岭设伏兵击毙鬼子小队长小林

7月下旬，朱崖据点换了一个鬼子小林小队长。他三天两头领兵到长秋村"扫荡"。日寇进村，牵着大狼狗，见了跑的就开枪，见了鸡羊驴骡就抢走，不开门的就放火，见了青壮年就抓去做劳务。大家能躲的就躲起来；特别是村里的大姑娘小媳妇，都把脸抹上灰，穿上破旧的衣服，打扮成老太太的样子，以躲避日寇的魔爪，整天过着担惊受怕的日子，甚至是一日数惊，庄稼也收不成。群众纷纷要求县大队给敌人以狠狠打击。朱崖鬼子到长秋"扫荡"有个规律，他们怕村里有八路军埋伏，所以从不直接进长秋，总是先到上庄，再从上庄爬到阳明山顶，俯察过情况后再下山进村。一天早上，当得到日寇小林又领兵出发的情报后，县大队队长冯毅之根据敌人活动规律，在阳明山北岭设下一个班的伏兵，并配备机枪一挺。县大队其余的人，隐蔽在长秋村里做预备队。县大队的人数不多，长秋村的游击组主动要求参战。为了造声势，村中几十名青年小伙子也组织起来临时参加了战斗。日寇爬上阳明山时，发现了伏兵，双方交了火。益都县大队的伏兵咬住敌人后，预备队和200多名老百姓从村里全部出动，在玉米棵庄稼掩护下迅速向敌人身后迂回包抄。来犯的敌人中只有6个日寇，其余全是伪军。伪军胆小怕死，一看到八路从身后包抄，顿时乱了阵脚，迅速撤退，向朱崖方向逃窜。冯毅之率人拼命追击，日伪军伤亡十余人，其余逃过了马岭行。在铁佛寺前，冯毅之打死了一个端着一挺轻机枪的日寇。后来查知，这个日寇就是小林小队长。

（5）县大队和长秋村民兵与敌人展开激烈巷战以弱胜强

每次"杀鬼子"后，日军都会进行疯狂报复。长秋村76岁的冯保杰老人对记者说："在小林小队长被击毙一个星期后，日军组织朱崖据点的日寇，直扑长秋村。一路上，日军像发了疯一样，挨家挨户烧杀掳掠，无恶不作。来不及逃走的妇女，有的被强奸，有的被刺刀捅死。日军还到铁佛寺附近的村庄把那些未来得及逃避的男青壮年编成'苦力队'，强迫他们搬运抢劫来的财物，有逃跑或反抗者，当场刺杀……"21日晨，日伪军再次侵犯长秋村，敌人架起机枪向围墙南门射击，民兵在村内点起土炮打退两起进攻。日军用重炮打开一段围墙后，蜂拥而上。在这紧急关头，冯毅之满怀对日寇的仇恨，毅然下令与日军干到底。他身先士卒，沉着指挥队员们奋勇杀敌，在村内与敌人展开激烈巷战。长秋村的民兵们积极配合，利用村内熟悉道路、壕沟、圩墙、房舍与敌人展开捉迷藏式的游击战。激战一天，击毙日伪军8人，缴获枪支弹药若干，粉碎了日寇的企图，也创造了以弱胜强的战例。

2. 青州市庙子镇（原益都县四区）土湾村抗日伏击战

发生在1939年3月20日的青州市庙子镇（原益都县四区）土湾村抗日伏击战，是鲁中地区抗日联军在抗日战争初期打的一个漂亮仗，在当时的鲁中地区有着巨大影响，也是青州地区抗战史上的光辉一页。

1937年冬，冯毅之根据中共益都县委领导的分工，在统一战线的旗帜下，以第二次国共合作为中心，到家乡青州市西南山区开展抗日救亡运动，组织人民抗日武装，建立抗日根据地。按照中共清河特委的指示，在八路军山东游击队第四支队司令员廖容标的指导下，冯毅之、孙同山、孙萌南、白金、宋岳、刁愈之等共产党员与在西南山区活动的国民党翟汝鉴、李思亮部共同组成了一支千余人的游击队。翟汝鉴任司令，李思亮任副司令，冯毅之任政治部主任。

1938年7月，国民党翟汝鉴部的李思亮副司令已秘密投靠张店侵华日军金井队长。冯毅之充分利用翟汝鉴、李思亮之间的矛盾，想尽快铲除李思亮，把部队拉出来，组建真正的抗日武装。8月，经领导批准，冯毅之将李思亮击毙，拉出该部一个大队，脱离了翟汝鉴部，正式改编为八路军山东游击队第四支队新编第一营（简称新一营）。冯毅之任营长，孙同山任副营长，白金任副指导员，陈圣溪任供给处主任。营下辖两个连，王文训任一连长，王洪义任副连长，宋岳任指导员；冯保庆任二连长，白金兼任指导员。这个营装备很强，绝大部分是钢枪，有两门迫击炮和两挺机枪。新一营建立后，在青州西南山区立即投入了反击日伪顽的战斗，并在斗争中不断发展壮大，取得了一个又一个胜利。

1939年3月，新编第一营接到情报，侵华日军为了迫使国民党投降，在张店、淄川、博山集结兵力，前往沂水，进攻国民党山东省政府。

在此危急情况下，冯毅之营长为巧妙设伏，出奇制胜，立即召开敌情分析会，认为黑旺镇土湾村位于卸石山山脉北段、益都、临淄两县接壤处，又是益都县、益临县、临淄县3县的交界地带；村东有三个岔路口，向东是朱崖村，可以进入益都县，向南跨过该村，可以进入益临县，向西南是西崖头村，可以进入临淄县；四面环山，重峦叠嶂，沟壑纵横，峡谷陡峭，道路奇险，素有"龙虎环抱"之称，实为屯兵设卡之要地。再经过对土湾村实地调查和对敌情的分析，冯毅之营长认为，土湾村是日军前往沂水，进攻国民党山东省政府的必经之路，也是我军伏击日军的理想之地。

事情果然不出冯毅之营长所料。20日下午2时左右，敌人千余人向朱崖村进犯。

冯毅之营长听到这个消息，马上对营部作战人员说："土湾村是庙子镇通往沂水的咽喉要道，日军一定经土湾村向前方运送军需物资，送到嘴的'肥肉'，我们一定把它吃掉！"讲到这里，他拿起铅笔，走到地图前，在"土湾村"3个字周围果断地画了1个红圈，接着又说："就在这里设伏，切断日军前往沂水、进攻国民党山东省政府的交通，夺其辎重。"说完，他当即下令：

一连连长王文训在庙子镇的朱崖村、西崖头村一线设伏，采取运动防御战法，阻止日军南进；二连迅速赶往土湾村，准备痛击南进的日军。

他随即带领营指挥所人员进入伏击地区。接着，各单位迅速跑步进入阵地。战士们为了搞好隐蔽，灵活地利用地形地物，有的钻进草木丛，有的用野草和树叶把自己伪装起来，有的藏在土坎、岩石后，严阵以待，摩拳擦掌，等待着出击的命令。

下午3时左右，日军沿淄河流域向土湾村袭来。国民党顽固派在青州掀起第一次反共高潮后，日军一直未受到任何阻击，所以他们十分麻痹，警戒搜索也相当疏忽。先头步兵距辎重部队约400米，后面掩护的步兵距辎重部队更远一些，从远方望去，犹如青蛇蠕动。走在队伍最前面的1个日本兵，扛着1面日本旗，昂首挺胸，神气十足。但他们根本就没有想到，在前面不远的土湾村，八路军勇士们早已给他们挖好了葬身的坟墓。

下午4时左右，日军步兵开始进入我伏击区，埋伏在草木丛中的我军战士，双手紧握钢枪，两眼怒视着相距只有几十米的日军，咬牙切齿。

日军先头开路部队接近朱崖村和西崖头村时，辎重部队正好行至我新一营伏击地前面。冯毅之营长即令重机枪向日军扫射，伏击部队随之向日军展开猛烈射击。刹那间，成群的手榴弹，密集的子弹，像从山崖上泻下来的瀑布一样倾向敌群。正在行进中的日伪军，被这突如其来的袭击打蒙了，还没搞清是怎么回事，就死伤了一大片。此时，日军前进不得，后退不得，首尾不能相顾。面对全线遭到突然打击，敌人惊慌失措，晕头转向。这时候，一连按照原定计划，迅速抢占了土湾村村北大道两侧及山头，将日军步兵和辎重部队拦腰切成两段。当日军先头步兵企图掉头增援辎重部队时，又遭到二连的阻击；后面的掩护部队，又被一连击毙的横躺竖卧的马匹、车辆及抛弃的军用物资挡住道路，被截击在中间的辎重部队，上天无路，入地无门，完全丧失了控制能力。骤马受到惊吓，四处奔跑，畜撞畜、人撞人、人畜相撞，在狭窄的乡村道路上自相践踏，尘土飞扬，血肉四溅。残存日军一窝蜂似的朝南方向逃窜，刚跑到土湾村附近，又遭预先埋伏在那里的特务连1个排的猛烈袭击。特务连战士，一个个犹如猛虎下山，奋不顾身地扑向日军，与日军展开了白刃格斗。

在我军与敌人进行激烈战斗的同时，庙子镇的青少年学生组成的战地服务团，在抗日救国同盟会的领导下，冒着枪林弹雨投入了紧张的战地服务工作。朱崖村、西崖头村、土湾村附近的民兵和群众也在地方党的领导下，投入了战斗和战地服务工作。激战至下午 5 时左右，日军一看大势已去，匆忙沿淄河流域逃回张店、淄川、博山老巢。

这次伏击战，共歼灭日军 20 余人，伤者过半，缴获机枪 1 挺、手炮 1 门、三八式步枪 6 支、背包 10 余个。打掉了日军经青州南下临沂进攻国民党山东省政府的企图。

3. 击落敌机活捉日军飞行员金井

1940 年抗日战争进入更加艰苦的岁月。以张店为大本营的侵华日军，对清河和鲁中抗日根据地扫荡、蚕食频繁，据点碉堡林立。青州西南山区淄河流域打着各种旗号的"抗日"游击队近万人，大部已公开投敌，伪军骤增。国民党顽固派新四师吴化文部一再制造反共摩擦，人民抗战更加困难。胶济铁路以南，青州的 6 个行政区，一、十区变成敌占区，二、四、五区变成了游击区，抗日根据地只剩下三区，在三区又只剩下仁河流域五六十华里的狭长地带。此时，刚刚建立不久的中共益都县委和抗日民主政府，就驻扎在仁河上游的桃行村一带。为了加强武装力量，保卫新生的抗日民主政府，巩固扩大抗日根据地，准备长期坚持抗日游击战争。2 月，中共益都县委决定，在 1939 年底，八路军山东游击队第四支队新一营奉命升级为八路军山东游击队第四支队特务团三营后，留守地方的人民武装二、三、五区区中队队员 60 余人的基础上组建益都县大队（简称县大队），任命多次受到四支队廖容标司令员、姚仲明政委的表扬，被称为"青州李向阳"的冯毅之，且在家乡打游击，让日寇闻风丧胆，鬼子几次扫荡他的老家长秋村，始终未抓到的这个"冯铁头"大队长。

益都县大队建立后，采用"打小仗，多打仗"的方针，积极袭扰敌人，在不断战斗中锻炼队伍。经过组织多次战斗实战锻炼队伍，使部队的战斗力有了很大提高，而部队的装备也随着不断缴获敌人武器而迅速改善。几个月后，游击队每个连都最少配有 1~2 挺轻机枪、1 挺重机枪。鉴于县大队的发展壮大，冯毅之开始率领战士们主动寻找战机打击日军正规部队。与此同时，冯毅之还派人在附近县区建立起地方武装，其主要工作是配合廖容标领导的八路军山东人民抗日游击队破坏敌人交通线、割电线、制造地雷、伏击小股日伪军、惩办汉奸等。

在"保卫家乡、保卫鲁中、保卫全中国"的感召下，冯毅之提出"有人出人，有粮出粮，有钱出钱，有枪出枪"的政策，广大民众从县大队真切体恤民众疾苦、抗击侵略者的活动中看到了民族的希望，视县大队为保护民众利益的子弟兵。于是，"要出头，找冯游"的呼声不胫而走，出现了支持和参加抗战的热潮。长秋村一百来户的一个小村庄，竟有七八十人参加了县大队，西南山区一带近百名青年参加冯毅之领导的县大队。其中，不乏父送子、妻送夫、父子同参军的景象。同时，广大民众纷纷捐大刀、长矛、猎枪、步枪甚至手榴弹等物资。有的地主也捐出了看家护院的枪支。县大队共收集武器数百件。

随着部队的日益壮大，县大队加强了军事训练和周密的思想政治工作，队员们的政治和军事素质均有很大提高。特别是有一次，冯毅之带领部队经过一片田埂时，坐骑受惊跑到田里踩坏了庄稼，冯毅之当即掏出钱来赔偿给田边的老乡。这次事件给在场的战士们教育很大。在冯毅之等领导的亲自示范和带动下，县大队爱护群众的一草一木，不拿群众的一针一线，对群众公平买卖，借东西一定按时奉还，对损坏的东西坚决照价赔偿。县大队里形成惯例：每到一地，一定主动帮助当地群众挑水劈柴、打扫场院街道，而且帮助群众特别是军属解决实际问题。

由于严格的军纪和对抗战的坚决态度，冯毅之和县大队声望日著。在很短的时间里，村有自卫队、区有区中队、县有县大队的景象呈现出来，西南山区各村被建立成为一个中共的战斗堡垒。整个抗战期间，在西南山区曾经流传着一首名为《冯毅之走遍益都县四区10个乡镇和三区部分村庄》的民谣：冯毅之，意志坚，组织民众来抗战；自卫队，青抗先；妇救会，儿童团，全民总动员。冯队长，真能干，武装民众千百万，到处开展游击战。炸碉堡，崩汉奸，扒铁道，过淄川，打得敌伪心胆寒。

为了尽快蚕食和剿尽八路军、游击队、中共益都县委和抗日民主政府，日军轰炸机欺负八路军、县大队没有防空武器，低空盘旋，扔炸弹，机枪扫射……这给县委机关、八路军指战员和老百姓的安全造成了一定威胁。

7月16日这天，山东省益都县的一个小山村——东下册村，显得宁静祥和。这一带是八路军的根据地。东下册村附近的卸石山脚下长秋村驻扎着廖容标领导的八路军山东人民抗日游击队第四支队司令部和八路军山东人民抗日游击队第四支队特务团三营；在一山（卸石山）之隔的仰天山上桃行村驻扎着中共益都县委和抗日民主政府，卸石山上髻髻顶驻扎的益都县地方武装县大队为了躲避敌机轰炸暂时驻扎到东下册村。

为了保证县委机关、八路军指战员和老百姓的安全，中共益都县委决定，由冯毅之领导的县大队负责消灭敌军战机。经多次观察，冯毅之已掌握敌军战机的飞行路线，其中，敌机一定要经过卸石山脚下东下册村一带的山坡。冯毅之想，如果在卸石山下东下册村一带埋伏，可以击落敌军战机，因为站在那里可以缩短与射击飞机的距离。

这天早晨，正当战士们准备吃饭的时候，在村边山头放哨的战士突然向村里发出紧急防空信号。看到信号战士们迅速放下饭盆，拿上武器，快速向村边的山坡地疏散隐蔽，因为在那儿有许多灌木和沟壑。突然巨大的隆隆声由远而近，一架硕大的飞机超低空从东边的山头上空往西飞了过来，从人们的头顶掠过，它一接近村庄就开始向下俯冲，几乎刮碰到东下册村那棵挺拔高耸的秋树，并开始漫无目标地进行轰炸和扫射。这是一架日本战斗机。飞机尾上的日本国旗标志清晰可见，灌木丛中的战士们甚至还能望到飞机舱内面戴防风镜的飞行员轮廓。

后来，为了提高杀伤力，他们掠过山坡进行低空飞行，又扫射，又轰炸，并开始在部队隐蔽的山坡上空盘旋，找到目标就丢炸弹。

在其飞临卸石山脚下东下册村一带时，益都县地方武装县大队和八路军山东游击队第四支队特务团三营的行军纵队被发现了。敌机瞬时俯冲下来对前进中的特务团三营队伍实施低空扫射，当场造成三名战士伤亡。愤怒的县大队和特务团三营指战员决心教训这个趾高气扬的"空中飞贼"。

他们在敌机盘旋转弯准备再次俯冲攻击时，组织前卫连步、机枪手集中火力，在有效范围内，向敌机进行射击。危急时刻，战士们发扬以劣胜优、敢打敢拼的精神，积极地进行防空行动，并在敌机轰炸掀起的尘土和烟雾中一齐瞄准飞机对空射击，织成了一道愤怒的火力网，呼呼乒乓……乒乓呼呼，仇恨的子弹射向敌机。在密集的对空火力打击下，子弹好像击中了敌机尾部，失去平衡的敌机像醉汉似的摇晃了两下，立即失控，企图升高。抬高机头的敌机欲速则不达，弄巧成拙，不但没有找到逃跑之路，却摇晃着，歪歪斜斜一头向东南方向附近的树林里栽落下去。

"打下来了！打下来了！"群众见敌机被击落，欢呼雀跃，鼓掌如雷，民心大振。战士们也都怔住了。出乎意料，八路军游击队和县大队竟用步枪、机枪将一架敌机击落，毕竟，以八路军游击队和县大队的武器装备，击落日军飞机这样的战果，在那时是非常难得的。

随即，县大队队长冯毅之、特务团三营白金和孙铜山等人指挥全体指战员搜山，将一名跳伞的日军飞行员活捉，后查知名字叫金井，并缴获重机枪3挺。

被活捉的日军飞行员金井后来被送到延安"日本反战同盟"。这是日本帝国主义侵略中国，残害人民的又一大罪证。

当地老百姓见日寇飞机被击落下来，抑制不住兴奋，一个个从四面八方往飞机坠落的地方跑去，都想看个稀奇和热闹，鬼子飞机落下来究竟是个什么样子？

敌机坠毁的现场——东岭村附近山坡上，飞机残骸碎片散落得满山遍野，有的还在燃烧，两门机关炮炮身被摔弯，炮弹、饼干、罐头、香烟遍地都有，军用地图和笔记本等，都压在一个飞行员尸体下面。

这次出色的防空战斗，给骄狂的日军"空中骄子"以迎头痛击，狠狠打击了敌机肆无忌惮地进行低空俯冲轰炸的嚣张气焰。

县大队、特务团三营击落日军战机的消息很快传遍整个益都县，让当地民众非常高兴和自豪。一时传为佳话。

4. 中共益临工委驻地——孙家岭保卫战

1942年，已暗中投降日军的国民党顽固派新四师吴化文部队积极配合日军，对我青州西南山区抗日根据地实行封锁、包围。根据地百姓扶老携幼，纷纷离村。面对400多人国民党顽军和日伪军的包围及进攻，在益临工委带领下，少量地方武装和群众顽强保卫中共益临工委驻地——孙家岭一个多月，并取得最后胜利。

4月28日上午，国民党新四师300余人，马鹿据点的伪军80余人以及朱崖据点的伪军五六十人，分三路包围中共益临工委驻地——卸石山上的一个小村庄孙家岭。400多个国民党顽军和日伪军，既不列阵，也不布防，一路嬉笑打闹，如入无人之境，骄横至极。敌人连续用迫击炮、大炮轰击，但由于卸石山岩势奇崛，群峰如海，山深林密，寨墙高大坚固，敌人炮击受阻。大敌当前，益临工委决定坚守孙家岭。在危急关头，县大队迅速组织民兵控制孙家岭四面山头和各主要交通要塞，并派岗哨站在制高点监视敌人行踪，权衡地理条件、敌我双方力量，抓住有利时机，英勇抗击。队员们以分队为单位，分散独立作战，各自监视敌人，一旦敌人靠岸，就给予迎头痛击。各分队凭险要地形，与三面进攻之敌展开了运动战、地雷战、肉搏战，击退敌人多次冲击，打死敌人 10 余人。黄昏后，日伪军不敢夜战，停止进攻。中共益临工委敌工部长高奋根据敌情，命令县大队夜袭敌营。县大队立即组织了一个 50 余人的战斗队，悄悄地穿插进敌营，趁其不备，猛烈袭击，敌军措手不及，一个小时后只得夺路逃下卸石山，逃回了仁河流域。县大队终于取得了这场气壮山河的孙家岭保卫战的胜利。

孙家岭坐落在卸石山上，卸石山是位于淄河上游的一个险要山峰，由吉吉顶（髻髻顶，最高峰，海拔 786 米，面积 1.5 平方公里）、寨顶、轿顶、影像山、迎门山、三瞪眼、洼峪坡、将军帽、三角山、中军寨等 30 多座山头组成，方圆近百平方公里。岩势奇崛，群峰如海，山深林密，天蓝气清。因处齐鲁腹地，淄河水从它的西边流过。从源泉通往辛店的大道也经过它的旁侧。它卡住了南北交通孔道，是从沂蒙山区北往清河区的必经之处。又为出山东半岛之门户，连接胶东、清河、鲁中三大抗日根据地的枢纽。在抗日战争期间，为敌我必争之地。谁占领了卸石山，谁就取得军事上的主动权。我们占领了卸石山就可以沟通鲁中区、渤海区和胶东区的交通联络，并可以将其作为巩固我抗日根据地的屏障、开展敌占区工作的基地。

1941 年 7 月，隶属中共鲁中区党委，辖益都、临朐、淄川、博山、昌乐、安丘、潍县等县党组织的中共益临工委在孙家岭建立。中共益临工委一成立，就成了敌人集中进攻的目标。

在卸石山的惨败并没有迫使日军放弃消灭或挤走中共益临工委的企图。5 月 30 日黎明，卸石山上乌云密布，雾气笼罩，哨兵从朦胧中观察到山上有敌人向山上边移动，立即发出暗号，县大队当机立断，再次布置伏击战。果不其然，还真是新四师和朱崖据点的日伪军又联合向孙家岭——中共益临工委驻地进袭，他们毕竟吃过一次亏，一路加强了搜索警戒，遇有可疑处便发炮轰击。到了孙家岭村附近，他们更加小心翼翼，朝村里村外进行了反复的炮击。县大队指战员们隐蔽在灌木、草丛和石洞里，沉着镇定，不发一枪。但是，队员们都子弹上膛、手榴弹在握，严阵以待。凭借险要地形，紧紧盯着匍匐前行的敌人，摩拳擦掌地发誓：鬼子胆敢爬上来，就坚决把他们消灭在崖头阵地前面。待敌人往崖头阵地上爬到一半，进入伏击区时，队员们的满腔怒火爆发了，各种武器一起发射，一梭梭仇恨的子弹喷射而出，刹那间，敌人乱作一团，像热锅上的蚂蚁，叽里呱啦，到处乱窜。区中队闻讯后，乘机从敌后发起攻击，与日伪军进行白刃格斗，遭到前后夹击的日伪军，惊恐万状，不敢再战，夺路逃遁。队员们即用机枪进行猛烈扫射，使日伪军伤亡惨重，帐篷、油桶、武器丢了一地。这次战斗，县大队又毙伤日伪军 10 余人，缴获了一批武器弹药，而我军则无一人伤亡，抗日武装县大队再次获得胜利。

此战，益都县大队孙家岭保卫战在一个月零三天内，在同一地点两次设伏均获胜利，一次又一次地粉碎了日伪的"扫荡"和国民党反动派的进攻，彻底粉碎了日伪军和国民党反动派的长途奔袭中共益临工委计划。两次大捷，灭掉了日伪军的威风，有力地鼓舞了整个青州地区人民反抗日本侵略者的勇气。此后，青州地区的爱国青年和志士，踊跃参军、拥军……

5. 吉吉顶战斗

吉吉顶（髻髻顶）是卸石山风景区的最高峰，海拔 786 米，面积 1.5 平方公里。远望像高高耸立的"发髻"直插云霄，又称"髻髻寨"。位于青州城西南 35 千米处，与灵泽湖（原名仁河水库）相连。卸石山为连接胶东、清河、鲁中等三大抗日根据地的枢纽，而为古今军事必争之地。明朝永乐十八年（1420），唐赛儿曾以此作为大本营，扯旗聚义，攻城除贪，震惊当朝，并留下诸多历史遗迹与优美传说，后人遂称"唐赛儿寨"。

吉吉顶不是什么名山大川，只是一个面积不到 1 平方公里的小山头。但是紧靠吉吉顶（髻髻顶）的一个小村庄——孙家岭不一样，不仅是抗战时期隶属中共鲁中区党委，辖益都、临朐、淄川、博山、昌乐、安丘、潍县等县党组织的中共益临工委建立的地方，也是青州西南山区抗日根据地抗日武装——益都县大队驻扎过的地方。抗战时期，益都县大队和国民党顽固派新四师吴化文部曾在这个小山头上你来我往，互相攻击。每次规模虽都不大，却也打得难解难分，荡气回肠。

1940 年 8 月，由于临朐形势极端恶化，立足不住，临朐县大队在教导员高奋、大队长赵继武的带领下，分两路开赴青州西南山区仰天、杨集一带，与益都县大队合并，冯毅之任大队长，赵继武任副大队长，高奋代理临朐县委书记兼益都县大队教导员。

1941 年 2 月，鲁中军区二团副团长王凤麟带领四支队三营从张博支路西插到上张附近，27日拂晓发起对反共顽固派吴化文部新四师团部及驻团部一个营的攻击，益都县大队在外围佯攻麻痹敌人，战斗进行得十分顺利，八、九点钟就胜利结束，敌人大多被俘。我方10名同志牺牲。

7月，隶属中共鲁中区党委，辖益都、临朐、淄川、博山、昌乐、安丘、潍县等县党组织的中共益临工委在孙家岭建立。益都县大队随迁附近的吉吉顶。孙家岭北邻的李家峪是益都县委经常活动的村庄，群众基础好。8月，反共顽固派吴化文部新四师进驻该村以后，无恶不作，村民李元江恳求县大队消灭住在他家的机枪班。一天，益都县大队组织了15人的突击队，由李元江带领采取速战速决的战术，全歼新四师机枪班，缴获机枪1挺，步枪11支和子弹1批。

1942年，抗日战争进入最艰难的时刻。4月，国民党新四师300余人，马鹿据点的日伪军80余人和朱崖据点的日伪军五六十人，分三路包围我县大队驻地——紧靠吉吉顶的孙家岭。县大队凭险要地形，从容射击，打死敌人10余人，我县大队无一伤亡。夜里，县大队组织了一个50余人的战斗队，主动袭击敌人的营部所在地，激战一小时，将敌人赶回了仁河流域。

5月30日，新四师和朱崖据点的日伪军又联合向吉吉顶进攻我县大队，县大队毙伤敌人10余人。

6月4日拂晓，新四师在西南面，朱崖据点的日伪军在北面，联合进攻封山顶。益都县大队以少数兵力对付新四师，集中力量打击朱崖据点的日伪军，我一个机枪组占据封山顶右翼的一个险要山峰，凭借有利地形向敌人射击，战斗两个小时，毙伤敌人10余人，并击毙日军小队长金水，缴获战马1匹。

6月29日，日伪军千余人，以日军为主分三路合击吉吉顶，敌人采用分兵合击战术，硬拔山头，县大队130人，则分兵把守险要地点顽强抵抗，击退敌人的多次进攻。一直战斗到第二天中午，县大队弹尽粮绝，就连能搬动的石头也用完了，难以坚守阵地，主动撤退，吉吉顶山头失守。这次战斗毙伤敌人30余人，县大队伤亡14人。同时，国民党顽固派新四师吴化文部趁机进犯，侵占我抗日根据地，李家峪、上张、下张等村周围13个村庄被"蚕食"。我抗日根据地日益缩小，区与县、区与区之间都互相联系不上，各自独立作战，遇到了许多困难。

1943年1月，国民党新四师师长吴化文率部公开投敌，编为伪"和平建国军第三方面军"，更加直接地配合日寇与人民为敌。他曾在临朐、益都一带制造了纵横 30 千米的无人区，使大批难胞颠沛流离，逃亡他乡。

为打击罪恶累累的吴化文部，我鲁中区部队于 8、12 月和 1944 年 3 月前后发起三次讨吴战役，直至将该部彻底摧垮。在这三次讨吴战役中，地方党政军民都做了积极配合和支援。随着讨吴战役的胜利，益临边区形势好转，吉吉顶又回到了青州人民的怀抱。

吉吉顶战斗告诉我们：抗日战争的胜利来之不易，我们要勿忘历史，珍惜现在的幸福生活。

事实证明，中国共产党及其领导的八路军、新四军才是抗战的中流砥柱，是名扬天下的雄师劲旅。

我们常说，军民团结、天下无敌，兵民是抗战胜利之本。

十四年抗战中，八路军、新四军为拯救人民于水火，舍生忘死、浴血奋战；人民群众在共产党的发动与组织下，积极参军参战，劳武结合保卫根据地，工、农、青、妇、文、儿、少数民族、宗教各界民众抗战总动员，参军、参战、参政、生产、支前，人民群众是抗日民主政权的基础，八路军、新四军的靠山。

那时，因为敌人严密封锁，军需品非常缺乏，尤其是医药更难买到，长秋村的老百姓在这方面给了很大的帮助，谢长水、冯佃顺、冯佃奎同志经常冒着生命危险到淄川、张店、周村等地采购急需物资。有一次，谢长水到周村给县大队买油印机、纸张文具、手电筒、医药等物品。正遇敌人大搜查，不幸被捕，敌人把他吊在树上，打了个半死，他只字不露真情，敌人又要活埋他，而且让他自己掘坑，还在一旁看着，掘慢了就用鞭子打。伪军一个头目说："你这个八路死到临头了，还不承认。"谢长水说："你们说我是八路，有什么证据？"敌人问："你是老百姓，你买油印机、纸张、手电筒和药品干什么？"谢长水回答说："这些东西是蓼坞村天主教堂要我来买的，不信，你们就去调查。"敌人信以为真，谢长水方才脱险。

长秋村的妇女，在这方面也做过许多值得赞扬的事，长秋村在 1939 年就成立了妇女抗日救国会，会长是后来的马鞍山战斗中牺牲的冯文秀；副会长是赵俊美。妇救会下设六个小组，妇女们除了参加反"扫荡"的战斗外，还为部队纺线，织布，做军衣、军鞋等。推碾压米、摊煎饼更是经常性的工作，六个妇救小组，一天摊过 600 斤煎饼，一夜碾过 200 斤小米。有时遇到特殊情况，即使是男同志难以完成的任务，妇女同志也勇敢地接过去干。

长秋村的老百姓还为八路军储藏过许多军需物资，长秋村被称为"保险库"。那时无论是铁路北的三支队，还是四支队，只要到淄河流域活动，收了粮食、有了物资，都交给长秋村保藏。保藏的办法，是在南沟和东沟，利用土崖头打成土屋，将粮食和物资藏好后，再用石头把门堵死，堆上黄土，安放上石块当供桌，装饰成掩埋死人的坟墓。这巧妙办法，外人谁也不知道，所以从来没出过差错。

长秋村还是八路军的一个物资转运站。只要淄河流域有战役，八路军需用的粮食、布匹、军衣、军鞋等，都是运来长秋村暂时保存，然后转运到战场上去。有时随来随转运，晚上进晚上出，因为白天常有敌人活动。黄花坡、窟窿山都是极为偏僻的小山村；益都县政府和县大队经常住在那里，所需粮食都是长秋村负责运送的。他们每人背上一口袋，重达八十至一百斤，晚饭后出发，2.5~3千米崎岖难行的山路，一夜赶到。有时，每隔几天就送一次。

十四年抗日战争中，长秋村，这个只有三百户人家的小村庄，在共产党的领导下、不屈不挠、坚持斗争，为革命做出了巨大贡献。该村先后参加八路军及我党地方武装的就119人，有39人牺牲在战场上，还有63人死于日本人的监狱中或被抓去东北做苦工，被摧残致死。村内房屋被烧18次之多。到1942年，全村已无一间完好的房屋。长秋村的战斗历程是可歌可泣的，长秋村的老百姓宁死不屈、前仆后继的精神，是值得赞扬和学习的。

各位领导，前面就是长秋村抗日烈士纪念碑。请随我一起参观。

历史播迁，春秋迭易。43年后，1985年9月，长秋村在外工作人员在冯毅之的发动带领下，为庆祝抗日战争胜利40周年和纪念长秋村为国捐躯的抗日烈士，缅怀革命先烈丰功伟绩，以慰忠魂，通过捐资和庙子镇政府共同投资修建了长秋村抗日烈士纪念碑。

碑身没有任何烦琐装饰，只有碑前铜铸火坛的火在静静燃烧，它象征着八路军将士铸就的铁军精神的不朽，象征着革命先烈在烈火中得以永生！

抗战时马鞍山战役中，共牺牲26名烈士。纪念碑占地面积260平方米，内围栏为9米×9米，以示久久纪念，底座3米×3米，高1.2米，碑高5.2米。该碑坐东朝西，正对马鞍山，经过26道台阶到达碑下。纪念碑及围栏材质皆为山中青石，正面镌刻着由原山东省委书记高启云题写的"抗日烈士纪念碑"七个镏金大字，西面镌刻着"烈士英名录"，共有26位烈士，走在"烈士英名录"前，我们仿佛穿过了岁月的沧桑，重现了战火纷飞的岁月。在

"烈士英名录"中，我们看到有不少烈士，他们的生命虽已消逝，但他们的名字，如八路军——五师教导一旅二团副团长王凤麟、鲁中区党委组织科长李成式等，永远留在青州人民的心中。东面为碑文，记载长秋村抗日事迹，特别写出了马鞍山战役，在战役中冯毅之一家六口（抗日军属冯旭臣老人和女儿冯文秀、儿媳孙玉兰及 3 个孙子冯新年、冯芦桥、冯平洋）壮烈牺牲。1945 年，鲁中参议会和行政公署为表彰冯旭臣及子女、媳孙殉国，赠给冯家"一门忠烈"的门匾（1984 年冯毅之同志将其献给淄博市博物馆收藏，现为国家一级保护文物）。北面记载了建碑过程和捐资情况。

各位领导，各位来宾，通过参观您是否有这样一种感觉：长秋村抗日烈士纪念碑从建立至今，一直担负着"褒扬烈士，教育后人"的职责，而长秋村抗日烈士纪念碑本身就是一座丰碑，记载着中国革命光荣的过去，昭示着伟大祖国辉煌的未来。

行程万里，不忘来路；信念如磐，一脉相承。在硝烟弥漫的战争岁月，为追求民族新生，多少人舍生忘死、前仆后继；在白手起家的建设年代，为改变祖国面貌，多少人不计得失、奉献一生。在新时代新征程上，依然会有雪山沼泽、浅滩暗礁，唯有鼓起信仰风帆，在"为了谁、依靠谁、我是谁"的问题上不犯迷糊，我们才能在繁重任务面前挺起脊梁，在利益诱惑面前站稳脚跟。而信仰从哪里来？来自红色资源、红色传统、红色基因。

红色标注信仰与方向，连接过去和未来，传承于一代代人的不懈奋斗中。深入开展主题教育，就要组织好革命传统教育，铭记光辉历史，传承红色基因，把握好世界观、人生观、价值观这个"总开关"，在新的起点上把革命先辈开创的伟大事业不断推向前进；就要教育引导广大党员干部坚定对马克思主义的信仰、对中国特色社会主义的信念，增强"四个意识"、坚定"四个自信"、做到"两个维护"，自觉在思想上政治上行动上同以习近平同志为核心的党中央保持高度一致，始终忠诚于党、忠诚于人民、忠诚于马克思主义；就要对照革命先辈的崇高品质，深入查找自身差距，用更高标准要求自己、更严尺子检视自己、更大勇气提高自己，进一步坚定理想信念、养成浩然正气，保持只争朝夕、奋发有为的奋斗姿态和越是艰险越向前的斗争精神，让思想观念、理论素养、政治品格与初心契合、与使命相符。

"参天之木，必有其根；怀山之水，必有其源。"光荣传统不能丢，丢了就丢了魂；红色基因不能变，变了就变了质。全市各级党组织和广大党员干部要深入开展革命传统教育，把理想信念的火种、红色传统的基因一代代传下去，不忘初心、牢记使命，凝聚起众志成城的磅礴力量，为决胜高水平全面建成小康社会、开启基本实现现代化建设新征程、加快建设"五强四宜"美丽青州贡献我们的智慧和力量。

近年来，庙子镇党委和政府多次对景区进行修整及扩建，新建了集会广场和两处停车场，完成了水、电、通信等配套设施，增加绿化面积近10万平方米，使景区旅游环境和游客接待条件得到进一步改观。如今的抗日烈士纪念碑风景区，已是亭塔耸峙，碑碣林立，松柏常青，花木峥嵘，一个以抗日烈士纪念碑为主体，以休闲旅游为内涵，集人文景观、自然景观、革命传统教育、旅游休闲于一体，山水环绕，植被茂密，景色优美，风光独特的风景区，以独特的魅力每年吸引着来自全国各地的游客前来观光游览，成为远近闻名的红色旅游胜地。一幅"山上人文景观，山坡绿树果园，山下娱乐休闲"的壮丽画卷正在向世人缓缓展开。每年清明节期间，青州市、庙子镇、临淄区等地数十万党员干部、群众尤其是广大青少年前来抗日烈士纪念碑前，瞻仰先烈，凭吊忠魂。一些大型集会、纪念活动等，就是在这抗日烈士纪念碑前广场上进行的。深化革命传统教育和红色文化教育，一幅幅画面、一段段文字、一个个故事、一桩桩英勇事迹……让党员干部、群众尤其是广大青少年感觉仿佛炮火在耳边响起、硝烟在身边弥漫、波澜壮阔的革命历史正在发生，心灵上受到强烈震撼，不断推进主题教育入脑入心，激励全体党员干部坚守初心担使命，为夺取脱贫攻坚全面胜利、建设"五强四宜"美丽青州凝聚强大合力。

各位来宾，庙子镇长秋村革命历史纪念馆景区的参观到这里就要结束了，八路军及"一门忠烈"历史浩瀚、博大，我们只能是精选其中的主要内容、重要事件、重要战斗、重点人物和重要文物，向大家做一简单介绍。愿我今天的讲解，能使大家对这支光荣部队和"一门忠烈"多了一点了解和崇敬。

很高兴和各位一起重温八路军及一门忠烈的光辉历程，谢谢！

2019 年 12 月 8 日

青州九龙峪陈毅纪念馆解说词

——青州市党性教育基地解说词之七

樊光湘

尊敬的各位领导：

大家好！欢迎你们来到陈毅纪念馆参观。

我是潍坊市"五老"志愿者关爱宣讲团成员、党史国史宣讲队副队长、青州市"五老"志愿者关爱宣讲团副团长，目前主要从事党史宣传教育与研究工作。下面由我为大家解说。根据市委"不忘初心、牢记使命"主题教育安排，今天我们来到了青州市红色旅游景点、青州市爱国主义教育基地、青州市关心下一代教育基地、青州市党性教育基地、当今"弘扬革命精神，传承红色基因"的主要场所——陈毅纪念馆教学点开展现场教学活动，活动有助于大家在各自岗位上牢牢把握"守初心、担使命、找差距、抓落实"总要求，始终牢记"为中国人民谋幸福，为中华民族谋复兴"的初心使命，进一步将"深入一线、服务靠前"主题实践活动向纵深开展。

说起青州九龙峪生态旅游景区，人们都熟悉。青州九龙峪生态旅游景区位于青州市南部山区，跨弥河、王坟两镇，规划面积10平方公里。景区有龙门崮、修真宫、紫阳洞、衡王墓等18处人文、自然景观，合称"九龙十八景"。景区以生态、文化、高端服务为引领，主要分为三大功能区，分别为原生态山体保护区、生态旅游开发区、旅游配套区。原生态山体保护区，山体、植被将严格被保护，不进行任何开发建设，保持原有的自然风貌。并利用雨季造林，在景区内大面积栽植松树、侧柏等植被，提高森林覆盖率。该景区内既有丰厚的自然资源，也有龟背石、竹叶石等鬼斧神工的山体景观，还有赵匡胤、修真宫等人文历史资源，是人们回归自然、观光旅游、避暑度假的理想去处。生态旅游开发区，分为民俗文化园、生态养老区、禅修文化园三部分，注重保护生态资源，强调生态与自然、人文与环境、休闲与旅游的和谐统一，并依托得天独厚的地理、地貌优势，适应国情与时代发展趋势，培植可持续发展的生态养老益生新型产业。旅游配套区，温泉大酒店、有云鼎会所、生态停车场、养老配套设施、生态安置区等几部分，为景区的发展提供配套服务，并对景区内的村落进行拆迁安置。

陈毅纪念馆就坐落在青州九龙峪生态旅游景区内。

这个地方，1945 年前属于临朐县。1947 年 7 月下旬发生于九龙峪地区的临朐战役，就是陈毅、粟裕、饶漱石等领导的华东人民解放军为粉碎国民党反动派对我山东解放区的重点进攻，打开李弥第八军占据临朐县城造成的鲁中、渤海两大根据地的阻碍通道，在实施"七月分兵"后发起的一次军史上具有深远影响的惨烈战役，在这场战役中，陈毅元帅亲赴前线指挥所，观察敌情鼓舞士气，令人感动。同时战役中涌现出许多可歌可泣的英雄形象，让人动容！

大家都知道，青州市是一个人杰地灵的地方，也是我省重要的红色旅游地之一，很多的革命故事都在这个具有特定意义的地方发生，无数的革命先烈曾经在这里为了祖国的解放和人民的幸福抛头颅，洒热血！今天的故事就是明天的历史，昨天的历史就是今天的财富。回首那些发生在 20 世纪的沧桑历史和红色风云，人们总是感慨万千！

理想信念是共产党人精神上的"钙"。习近平总书记强调，理想信念坚定，骨头就硬；没有理想信念，或理想信念不坚定，精神上就会"缺钙"，就会得"软骨病"。"缺钙"就要补钙，"软骨"必须壮骨。为适应红色旅游的发展，同时讲好青州故事，传承红色基因，弘扬爱国主义精神，补足共产党人精神上的"钙"，从 2013 年起，我们开始筹建陈毅纪念馆，诠释青州党政军民"水乳交融、生死与共"共同铸就青州精神的深刻内涵。经过艰苦努力，2015 年，在陈毅元帅诞辰 114 周年之际，为纪念和缅怀开国元勋陈毅，为此修建的陈毅纪念馆开馆。纪念馆的开放，就是要回望历史，集中展示青州革命斗争的发展历程，教育党员干部"不忘初心、继续前进"；就是要缅怀先烈，赓续传承革命老区的红色精神；就是要鉴往知来，汲取砥砺前行的强大力量；就是要充分发挥红色教育基地作用，切实加强理想信念教育、党性党风党纪教育，补好精神之"钙"，促使党员、干部坚守共产党人精神家园。

陈毅纪念馆以临朐战役为背景，在挖掘历史遗存、复原村落旧貌的基础上，透过历史烟云，再现那段南征北战、浴血华东的宏阔场景，以使人们不忘过去那些血与火的岁月，珍惜美好今天，为实现中国梦的伟大理想而不懈努力。

今天就让我们参观陈毅纪念馆，身临其境地体会一下人们心目中没有熄灭的那种特殊的精神和文化。

请各位领导跟我来，进入广场。

大家请看西边的图画长廊——武装斗争教学模块。

（长廊有六幅画——武昌起义举赤旗、会师井冈军威壮、梅岭、江南抗战浴血火、百万雄师过大江、革命长城青松诗。画的作者是闵昭波、冀欣。）

武昌起义，又称辛亥首义、武汉首义，是指 1911 年 10 月 10 日（农历辛亥年八月十九）在湖北武昌发生的一场旨在推翻清朝统治的兵变，也是辛亥革命的开端。

井冈山会师，是指 1928 年 4 月 28 日（三月初九）毛泽东率领的秋收起义部队，朱德、陈毅领导的湘南起义和南昌起义部分部队在井冈山（原宁冈县龙市镇）胜利会师，是中国人民解放军建军史上的重要历史事件。

根据中共湘南特委决定，两军会师后，合编为工农革命军第四军。壮大了井冈山的革命武装力量，对巩固扩大全国第一个农村革命根据地，推动全国革命事业的发展，具有深远的意义。

百万雄师过大江，在我国一般指的是渡江战役，这是中国人民解放军实施战略追击的第一个战役，也是向全国进军作战的伟大起点。

武装斗争教学模块主要讲述人民军队听党指挥、拥政爱民、机智灵活、敢打必胜的光荣传统和优良作风。

看到武装斗争教学模块，我们仿佛回到了 80 多年前烽火连天的长征岁月，深刻地感受到中国共产党领导人民开创革命道路的艰辛，体会到革命先烈前赴后继的牺牲精神和革命勇气，领悟到"坚定信念、实事求是、独立自主、敢闯新路、民主团结"的遵义会议精神精髓，使大家从多视角理解和把握了习近平新时代中国特色社会主义思想，在潜移默化中坚定了革命理想、锤炼了党性修养、增强了使命担当。

下面我们看一下群众工作教学模块。

"争民主，反内战……"当年，九龙峪地区的墙面上，到处都是这类迎接民主高潮的标语。

（拾级而上）

大家看到的大门上方这块书写着"陈毅纪念馆"的匾额，是我们请中国美协会员、中国书协会员、中国美院博士生导师闵学林教授题写的，字体稳健、洒脱。

请各位领导跟我看一下这面墙上的陈毅元帅饱蘸深情写下的名句：

"靠人民，援助莫相忘，他是重生亲父母，我是斗争好儿郎，革命强中强！"诗句发自肺腑，是陈毅元帅对包括九龙峪地区在内的广大人民常怀感恩之真实心声。

解放战争时期，"在党的领导下，男女老少齐上阵，家家户户忙支前。前方需要什么，后方就支援什么，解放军打到哪里，人民群众就支援到哪里。浩浩荡荡的几十万支前大军，为后人留下了许多感天动地、震撼人心的故事。在解放临朐战役、解放潍县战役、解放济南战役中，数十万有着不同口音的支前民工，从四面八方赶往战场。民工们车上装的是大米，肩上挑的是白面，自己吃的却是红高粱、红辣椒、红萝卜咸菜"。"'宁可自己挨饿，也要让解放军吃饱饭。''就是倾家荡产，也要支前！'成了老百姓自发的壮举，他们以空前的热忱和伟大的牺牲精神，全民支前、全程支前、全力支前、舍家支前，这就是人民战争的威力和伟力。"这让我想起了陈毅在总结淮海战役胜利的报告中那段话："淮海战役取得伟大胜利的最后一个原因，是人民群众的广泛支前。支前民工达500多万人，遍地是运粮、运弹、抬伤员的群众。他们不惜倾家荡产，历尽艰辛，冒着枪林弹雨，忍着风雪饥寒，支援子弟兵作战。这是人民解放军的真正优势。人民群众用小车、扁担保障了部队作战。""淮海战役的胜利，是人民群众用小车推出来的。"这句话说明，人民群众以人力、物力等方面积极支援前线，支持前线赢得了淮海战役的胜利。这实际上体现了当时中国共产党对于社会资源具有极其强大的动员和组织力量。

不忘初心、牢记使命、永久奋斗。中国共产党人的初心和使命，就是为中国人民谋幸福，为中华民族谋复兴。作为一名基层党员干部，我们必须要不忘初心，做到权为民所用，利为民所谋，时时刻刻把群众的利益放在首位。

请各位领导跟我进入院子：

（门洞中）

大家回头看一看这个门龛里，里面的诗是陈毅元帅最著名的诗句："大雪压青松，青松挺且直，要知松高洁，待到雪化时。"这也是元帅一生铮铮铁骨、青松精神的写照！

我们进入的这是一座北方的四合院。四合院，又称四合头（套）房，至少有 3000 多年的历史，在中国各地有多种类型，其中以北京四合院最为典型。这是汉族的一种传统四合院式建筑，其格局为一个院子四面建有房屋，从四面将庭院合围在中间。

大家看，院子的正中间是陈毅元帅塑像。根据 1955 年授元帅衔时的照片形象，当地人民为他制作铜制雕像，生动再现华东人民解放军统帅的形象，棱角分明、目光炯炯，果敢、坚定、刚毅。作为热情的革命诗人，陈毅元帅同人民始终保持着子弟亲人般的联系。戎马倥偬，战功赫赫，公廉清白，雕像前，青少年在这里学习，老百姓在这里瞻仰，党员干部在这里宣誓。2016 年，已是 93 岁高龄的原赵疃村党支部书记赵佃庆的夫人吴大娘，这个临朐战役支前中纳军鞋、摊煎饼，临朐战役后又被党组织转移到黄河北的老人，抚摸着元帅铜像，满含感情地对人们说：“别忘了毛主席，别忘了陈毅啊，没有毛主席，我们怎能过上好日子。”

群众工作教学模块主要讲述我们党相信群众、依靠群众，从群众中来到群众中去的执政理念、基本经验和优良作风。

接下来我们就参观一下元帅生平展室：

陈毅元帅，1901 年 8 月 26 日生于四川乐至县一个小地主家庭，名世俊，字仲弘，父亲陈昌礼，学识渊博，喜爱琴棋书画，又能作诗填词；陈毅的母亲叫黄培善，母亲黄培善性格刚毅，为人贤惠。陈毅自幼跟父亲认字，打下了良好的旧学基础，陈毅元帅是久经考验的无产阶级革命家、政治家、军事家、外交家、诗人；中国人民解放军的创建者和领导者之一、新四军老战士，中华人民共和国十大元帅之一，党和国家的卓越领导人，曾任中共中央军委副主席，第一至第三届国防委员会副主席，全国政协第三、第四届副主席，中共第七、第九届中央委员、第八届中央政治局委员。

“文革”期间，与四人帮斗争，被诬陷为“二月逆流”。1968 年，下放石家庄。1972 年 1 月 6 日，人民敬爱的陈毅元帅在北京逝世。

1977 年，他的遗作专集《陈毅诗词选集》出版。

我记得：“断头今日意如何？创业艰难百战多。此去泉台招旧部，旌旗十万斩阎罗。”这是陈毅在广东和江西边界的梅岭被敌人围困 20 多天后，奋笔写下的“绝笔”诗。死后也要召集那些此前牺牲的旧部，在阴间革阎王爷这个统治者的命！革命和写诗都到了不要命的境界，这样的信仰，该是何等彻底的自觉与豪迈。有什么力量可以战胜这样的共产党人呢？

为什么《梅岭三章》差点成了陈毅元帅的绝笔诗？

提起陈毅元帅，他有个雅号叫作"元帅诗人"，不仅留下数量众多的革命诗词，更重要的是，他的诗词意境深远、含意隽永，读来让人心生向往、赞叹不已。

今天我着重说一下陈毅元帅最著名的一组诗词《梅岭三章》，这组带有绝笔性质的诗篇是陈毅被困梅山，自料难免牺牲，危难之下写就的。这组诗出名不仅是因为它的气势和当时的战役，更多的是能彰显出陈毅元帅当时准备舍生取义的大无畏的革命精神！

1936 年冬，梅山被围。余伤病伏丛莽间 20 余日，虑不得脱，得诗三首留衣底。旋围解。

《梅岭三章》

〔一〕

断头今日意如何？
创业艰难百战多。
此去泉台招旧部，
旌旗十万斩阎罗。

〔二〕

南国烽烟正十年，
此头须向国门悬。
后死诸君多努力，
捷报飞来当纸钱。

〔三〕

投身革命即为家，
血雨腥风应有涯。
取义成仁今日事，
人间遍种自由花。

1934 年 10 月，中央红军在第五次反"围剿"斗争中，由"左"倾冒险主义的错误指挥而导致失败，红军主力不得已被迫战略转移。陈毅因伤奉命留下，担负起领导江西革命根据地的工农红军进行游击战争的重任。当时形势如黑云压顶，敌强我弱，赣南游击队在敌人重兵围攻中，斗争万分艰苦。陈毅和战友们转战深山密林中，已有两个年头。由于和陕北中央长期失去联系，大家非常着急。这时，安排在敌军内部做兵运工作的陈海叛变投敌，他写信上山谎称中央派人前来联络，要游击区负责人下山前往县城接头，妄图诱捕我游击区领导人。陈毅接到密信，亲自赶往大余城接头，幸遇我基本群众报告陈海叛变，于是立即离开县城。归途中又遇陈海带领反动军队搜山，只好躲进树丛，避开敌人的搜捕。敌人听说山上有游击队的重要负责人，便调集了四个营的兵力，将梅山团团围了20多天。陈毅以伤病之身伏丛莽间，幸得脱险。

《梅岭三章》堪称陈毅生死存亡关头铸就的一曲气壮山河的无产阶级正气歌。刘勰《文心雕龙》论艺术神思有"登山则情满于山，观海则意溢于海"之说，此其谓也！在《梅岭三章》84个字里，陈毅的思绪舒卷自如、流转无碍，从人间断头之危到泉台的招、斩壮举，从往昔百战艰难到死后捷报纷飞，从古代忠良头悬国门到今日自己取义成仁，从个人十年征程到未来自由花开，真可谓古往今来任驰骋，地上阴间纵逍遥，有虚有实，虚实相生，称得上是"精骛八极，心游万仞……恢万里而无阂，通忆载而为津"（陆机《文赋》）了。

人生中最重要的两个节点便是生和死。在生死存亡关头的抉择，最能彰显一个人的精神和气节。有人视死如归，杀身成仁，舍生取义，流芳百世；有人畏死远难，求生害仁，苟且偷生，遗臭万年。前一种选择，是我国仁人志士遵循的至死不渝的真理。孔子在《论语·卫灵公》说过："志士仁人，无求生以害仁，有杀身以成仁。"正是这种杀身成仁、舍生取义的理想鼓舞着无数民族英雄为国家与人民舍生就死，留下了无数惊天地泣鬼神的英雄业绩。

苏武渴饮雪、饥吞毡的坚贞气节，诸葛亮鞠躬尽瘁、死而后已的勤勉精神，文天祥"人生自古谁无死，留取丹心照汗青"的浩然正气，夏明瀚"砍头不要紧，只要主义真"的铮铮铁骨，构成了中华民族历史长河中最为崇高壮美的景观，民族之魂就在这洋洋大观中闪烁出永恒灿烂的光芒。

在陈毅光辉的一生中，有20多年时间在铁马金戈的枪林弹雨中度过，而赣南三年游击战，正如他自己所说："是我在革命斗争中所经历的最艰苦最困难的阶段"，《梅岭三章》正是反映这一历史阶段最具代表性的杰作。陈毅以其崇高的革命情操，临危而斗志弥坚的豪迈胸怀，谱写了不朽的壮烈诗篇。

这个展室是用实物和图片相结合的方式将元帅生平概括地展示出来的。

这个展柜里的这只皮箱，被战士们戏称为元帅的"诗囊"。

元帅在 1969 年被检查出患有直肠癌，"文革"期间，他怀着对党对人民的事业高度负责的精神，同"四人帮"斗争，被诬陷为"二月逆流"。他不畏病魔，鞠躬尽瘁，被人民群众亲切地称为：直声闻天下。

他是半路出家从军的文人，立下赫赫战功，成为中华人民共和国开国元帅；他是出色的外交家，采用"围棋外交"打开中日两国僵局；他是富有才情的诗人，《青松》《梅岭三章》都是他的名篇；他身居高位，不谋私利，"手莫伸，伸手必被捉"是他的告诫；他对孩子提出要求："祖国如有难，汝应作前锋。"

各位领导，习近平总书记在党的十八届中纪委三次全会上讲话强调，反腐败高压态势必须继续保持，坚持以零容忍态度惩治腐败，并引用陈毅元帅"伸手必被捉"的名言，敬告广大党员干部"手莫伸"。习总书记的讲话铿锵有力、掷地有声，反映了中央有贪必肃有腐必反的坚定信心和坚强决心。

众所周知，"伸手必被捉"的意思是在众目睽睽之下，伸手一定会被捉到。党政干部只要敢伸不义之手，发不义之财，早晚会被捉，早晚会受到党纪国法的制裁。然而，我们也知道，"早被捉"与"晚被捉"虽然都是被捉，但是意义相去甚远。

而据深圳大学当代中国政治研究所的研究报告，在 2002 年 11 月至 2011 年 6 月里，72 名"落马"的省部级官员中，有近八成曾得到职务上的晋升。在 55 个有明确的腐败时间跨度的样本中，时间跨度为 10 年以上者近四成，也就是说，从其开始腐败到落马，这段很长的时间，他们一直在"潜伏"着。很多贪官是边潜边腐、边腐边升。虽然最后的结果都是被捉，但是"晚被捉"造成的危害更大，影响更深远。

所以，我们认为，"伸手必被捉"重在"伸手即被捉"。"伸手即被捉"与"伸手必被捉"，虽然有一字之差，但是难度相去甚远。"伸手即被捉"就是党政干部只要一伸手，只要越雷池一步，就会立即被捉，就会马上受到党纪国法的制裁。"伸手即被捉"即缩短腐败分子从开始腐败到落马的周期，减少其腐败"潜伏"的时间。

而要实现"伸手即被捉"，一是必须按照总书记曾强调的，规范权力运行，把权力关进制度的笼子里。而且必须做到制度的笼子"零漏洞"。党政干部之所以能腐败，主要是权力运行不规范，制度存在较大的漏洞，以至于腐败分子有空子可钻，导致权大于法、权钱交易、权色交易、私吞私占等腐败案件频发。

二是必须让纪律成为带电的高压线。纪律成为带电的高压线，目的并不是对违纪的党政干部一击毙命，而是警醒其别违纪。我们知道，在野生动物园中，不管多凶猛的野兽，都逃不出去。因为野生动物园的四周，建有高压电围墙。只要触碰，就会被电击。当然，被电击只是被击倒，或临时性电晕，不会受到大的伤害，带电围网高压虽高，但是电流不强，这是出于对野生动物的保护。让纪律成为带电的高压线就是要做到违纪必被捉，做到即腐即查。

三是必须撕掉腐败官员"潜伏"的伪装。贪官腐败，最终的目的一般都是为了财产，为了享受奢靡的生活。推进财产公示和房产登记制度，让党政干部的财产晒在阳光下，接受党和人民群众的监督。这样就会让腐败无所遁形。让其知道，伸手得来的不义之财，不能高枕无忧地享受，只能是担心何时被查处，何时获得牢狱之灾。

红色革命精神不因时代变迁而失色，更不因岁月流逝而黯淡，它与我们每个人相连、相通……

元帅生平展室共收藏了陈毅元帅生前照片 300 余幅，文字和实物资料 50 余件。这些资料能够展现陈毅元帅青年时代远涉重洋，寻求救国救民的真理；加入中国共产党之后投身革命，义无反顾地奋勇向前；革命战争年代审时度势，运筹帷幄；中华人民共和国成立初期，主政上海；"文革"中坚持真理，无私无畏的无产阶级革命家、军事家、外交家的雄才大略和高风亮节的概况。这些传记的意义远远超越个人生平记述的范围，它们是中国特色社会主义事业奠基史、创业史的浓缩，是中华民族一份永远值得倍加珍视的宝贵精神财富。

请各位领导跟我来，让我们参观一下作战指挥展室：

这些老桌椅就是当年陈毅、粟裕、许世友等华东人民解放军指挥员研究战役用过的物品。本着尊重历史的原则，这里复原了当时的样子。

这块临朐战役沙盘是当时军队指挥作战中必不可少的设备之一，是按一定的比例关系，用泥沙、兵旗和其他材料堆制而成的地形模型，非常逼真地再现了当时敌我双方力量、准备、进攻的激烈场面。站在它的前面，我沉思良久：在这片古老而充满生机的土地上，为了中华人民共和国的成立，我解放军战士不惜抛头颅、洒热血，战胜了武器落后、地形不利等种种困难，终于取得了最后胜利，真是来之不易！大家有何感想呢？

这台被称为"红皮机"的电话，是德国西门子公司制造的。据记载，当年，在攻打胸山时，通信员小王和另一名战士就是靠它把最前沿的敌情报告给了前方指挥员。

这里还有电台、电话、荷花灯、罩子灯、手枪、步枪、机枪、手雷、子弹、炮弹、航空炸弹、军事证章、军用工具、生活用品及作战形势地图、笔记资料……

指挥部里当年解放军首长使用过的枪械保存完好、作战文稿依稀可辨，形象地再现了当年攻城部队誓死克城、紧张备战的逼真场面。这是重温革命历史、接受红色教育、缅怀革命先烈的理想之所。

看到这里，我不由自主地想到：近代以来，中华民族走向复兴的历史进程一次次被打断，最重要的一个方面是有国无防、强敌入侵、内贼当道、残害忠良，可谓是内忧外患。

富国和强军，是中华民族实现伟大复兴的两大基石。70年来，中国共产党率领全国人民进行了不懈的追求和艰难的探索，积累了宝贵的经验。

各位领导，请在留言簿上留言，留下您的墨宝，留下您的宝贵意见。

请各位领导跟我来看一下室外图廊：

大家看到的这幅壁画《浴血胸城》，作者是王彪、闵昭波等。

画面以华东人民解放军九纵勇士在临胸战役中攻取北关为背景，当时，敌人飞机轰炸，炮弹横飞。英勇的解放军战士，排除万难，不怕牺牲，付出极大代价，占领了临胸城的北关！该画作，在挖掘历史真实基础上，透过历史烟云，再现那段南征北战，浴血华东的宏阔场景，让人们不忘过去，珍惜今天，为实现中华民族伟大复兴中国梦的伟大理想而不懈努力！

请各位领导跟我来参观一下"临胸战役事迹陈列室"：

这个展室就将双方战斗序列，参战部队和将领，用图文并茂的展板，给大家做了一个展示。

这是在战场上缴获的重机枪、"汉阳造"、飞机炸弹、迫击炮、三八大盖、日军匕首、旧电话等物资，一幅幅图画、一件件实物、一件件模型，把人们的思绪带回到那段惨痛的历史中。

参观该陈列馆，目的是使党员干部牢记中华民族曾经遭受过的屈辱、受到的创伤，从而进一步增强使命担当，提高"民族复兴有我在"的思想自觉和行动自觉。

临朐战役历时 7 天 7 夜，正值雨季，战役打了 7 天，雨下了 7 天，所以，九龙峪当地至今流传着"大打大下，小打小下，不打不下"的民谣，说出了当时的无奈。华东野战军第二、第六、第七、第九纵队，特纵和渤海军区，鲁中军区部队同国民党整八师、山东省保安第十一师以及前来增援的敌整编第九师、第二十五师、第六十四师等强敌进行了艰难激烈战斗，予敌以沉重打击。由于种种不可预见的因素，战役没有取得完全胜利，打成了消耗战！

1945 年 8 月，日寇投降。8 月 19 日，八路军鲁中军区部队收复了临朐城。

1947 年 6 月，根据中央军委的战略部署，刘邓大军一举渡过黄河，挺进中原，把战争引向国民党统治区，揭开了向国民党反动集团战略进攻的序幕。

国民党军事当局急于"尽快结束山东战事"，以便抽调山东兵力，转援中原战场。以四个整编师的机动兵力，在原胶东驻军的配合下，共 42 个旅约 42 万人的兵力，向鲁中山区进犯，企图在沂水、临朐一带与华东野战军东线兵团决战，或迫使华野部队退到黄河以北。

1947 年 7 月，国民党军在山东对解放区进行重点进攻，共 9 个团的兵力，趁人民解放军围困南麻之际，向临朐县城进犯。7 月 23 日临朐县城又落入敌军手中。

敌军侵占临朐城后，构筑防御工事，部署兵力，积极准备与人民解放军决战。国民党第八军军长李弥，率 5 个团驻守城里。

临朐位于鲁中、渤海两区中间的咽喉要道。这时候，人民解放军华东野战军第二、第六、第七、第九纵队刚刚撤出南麻战役。临朐县城被国民党军队占领，对鲁中和渤海两大解放区的交通构成极大威胁。为了掩护华野总部和苏、浙、皖党政机关的转移，华东野战军决定趁敌立足未稳之机，夺回临朐县城。

7 月 24 日下午，华东野战军第二、第六、第七、第九纵队和特种兵部队、渤海军区 5 个团部队，在陈毅司令员指挥下，冒雨行军，开赴临朐，包围临朐之敌。

战斗在大雨中展开。

对敌实施包围后，总指挥部命令立即发起攻击。当晚，第二纵队一部逼近临朐城，向南关之敌发起进攻。但因大雨滂沱，弥河河水暴涨，围墙外壕沟及南关周围一片汪洋，部队行动受阻，几次进攻都未能逾越城壕。此时，第二纵队在第九纵队第二十七师配合下，向龙岗、尼姑山之敌进攻，将敌人向潍县方向的退路切断。渤海军区部队于 24 日开始攻击。在第二纵队攻占郑母、龙岗时，外围敌军 1 个营企图逃窜至昌乐，被截击。第九纵队主力 25 日拂晓发起攻击，突进北关。

25 日，倾盆大雨仍然不停。此时，我军查明敌军主力已集中临朐城后，第二、第九纵队冒雨攻城。同时，第九纵队一部攻歼临朐县城东北外围之敌，并准备歼击可能由昌乐而来的西援之敌，以第七纵队 1 个师的兵力向朐山攻击。第九纵队二十五师两个团向北关进攻。在炮火支援下，第九纵队二十五师和七十四、七十五两个团先后从城北羊市围子攻入北关，与敌展开巷战。第九纵队第二十七师东渡弥河，由北向南配合第六纵队歼击河东之敌，首取寨虎山歼敌一部。25 日夜，第七纵队十九师五十六团对朐山之敌冒雨进攻数次，但都因敌居高临下，火力凶猛，遭受很大损失，被迫于天明前撤出战斗，返回郎家洼进行休整。

经过一天多的战斗，敌人感到解放军火力猛烈，城外阵地一块块丢失，更加疯狂起来。26 日拂晓，他们便组织全面反扑，向解放军阵地后方攻击，并以 20 架战斗机，对阵地轮番扫射、轰炸，在城里用大炮向城四周狂轰。一时间，弹片横飞，大地颤抖，房屋晃动。为阻截解放军从东门攻城，不到一天时间，敌军把城东整个东庄子村全部炸平，使解放军进攻失去依托。

第九纵队第二十七师配合第六纵队，冒着倾盆大雨，包围了城东北盘龙山之敌。敌人凭借有利地势和精良武器，但在人民解放军勇猛激烈的攻击下，一个营的守敌全部被歼。人民解放军接着又进攻粟山之敌。看到盘龙山已被攻陷，附近又无援军，与解放军交火后，无心恋战，敌营长率部仓皇逃往城里，向李弥求援。李弥看到这群败兵，当即将该营长枪决，逼迫士兵继续向我军反扑。

在炮火掩护下，第二纵队第五师十四团副团长宋延年率领 7 个连的兵力，冒着敌军密集的炮火，从城西勇猛地突进城里。但因突破口未能扩大和巩固，被敌火力封锁，继被两翼敌人阻截。后续部队因伤亡过大，未能连续投入，联系中断。西门内又是一片开阔地带，周围全是敌人修筑的梅花式子母堡，地堡暗道，火力纵横交叉。宋延年率部突入后，遭受敌人强烈炮火袭击。当时大雨滂沱，敌众我寡，退路又遭敌封锁，弹药几乎打尽。在此情况下，解放军战士英勇还击。班、排、连干部牺牲了，战士们自动站出来代理继续指挥战斗。与敌激战达3个小时，宋延年副团长在激战中壮烈牺牲。弹药耗尽了，战士们用刺刀、枪托与敌展开了肉搏战，直到最后壮烈牺牲。

这时，南边援敌第六十四师、第九师等也向人民解放军阻援部队展开攻击，进至银矿峪、豹头崮东西一线。解放军即调第七纵队一部加强阻援力量，调第六纵队主力西渡弥河参加攻城。弥河水涨，漫溢两岸，无桥无舟，部队只好将两岸扯连大绳，或将裹腿带接起来，拽扶绳带而过。因水流湍急，冲力很强，绳带超越负荷而被冲击扯断，许多战士被洪水卷走牺牲。而后，第六纵队战士只好绕道到弥河上游，从孔村渡河到冶源镇，至28日才到达城西衣家庄子村。

白天，县城里的敌人凭借有利地形，在飞机、炮火的掩护下，向解放军攻占的南关、北关阵地组织一次次反扑；晚上，敌人则一个劲地向解放军阵地打炮，四面围墙上的轻重机枪不停地向四周扫射，雷声、炮声、枪声交织在一起，震耳欲聋；照明弹、炮火、闪电照得大地如同白昼。整个临朐城上空，在几十里外看去明亮一片。

一个院落一个院落地攻打。

为了压制敌人的炮火，配合攻城部队攻城，特纵野炮团一营一连侦察班赵树榛接受了侦察任务。26日，夜幕刚一降临，赵树榛与5名战友扛着炮队镜，带着方向盘、"红皮机""西门子"和两部有线电话机，从炮阵地张家亭子村出发，撒着电线进入了南关阵地。这时，攻打南关的第二纵队已是两进两出，此时攻城战士又攻进了南关。为躲避朐山敌人的机枪扫射，攻城部队把大街两旁的民房打通，一个院落一个院落地向里攻打，一鼓作气，攻到了城墙根下。在步兵的帮助下，侦察班的4名战士来到城南门下的房顶上，步兵用门板搭起一个架子，作为观察台。观察到城墙外面是一片水汪地带，铁丝网和鹿砦淹没大半，分不清护城壕和地面，敌人的炮兵阵地主要设在西门内。他们用"红皮机"和"西门子"有线通信与部队取得联系。顿时27门三八式野炮齐响，一发发炮弹射向西门。在猛烈的炮火下，城墙的垛口不见了，敌炮变成了哑巴。从拂晓开始近2个小时的炮击，杀伤敌军800余人，摧毁一个指挥所，炸毁汽车10余辆，一部对空联络电台也被击毁。这时，炮阵地一营一连连长张志勇传来命令：侦察班以最快的速度观察好文庙所在方位。位置找到，迅即向炮阵地报告。

26日19时，第九纵队第二十六师七十六团从城西北角发起攻击。

27日上午10时，在夜间缩回城里的敌人开始组织反扑了。这时，雨越下越大，从南关缩回城里的敌人居高临下和胸山之敌形成钳形，凭借有利地势，在飞机的掩护下，用日式迫击炮、轻重机枪、手榴弹向解放军所在的南关阵地猛烈轰击。村里的房屋被炸倒，观察所也被炸毁，解放军伤亡很大，攻城部队和观察所遂撤出南关。

为了集中兵力歼灭北关之敌，第九纵队第二十六师两个团及第二十五师之七十四团，继续攻击。连日大雨，给进攻带来极大困难。

27日深夜，第九纵队第二十五师七十五团二营300多名战士，扛着铁镐、铁锹，冒雨从陡沟驻地出发，径直来到北阁子（北关北门）下。战士们有的用人搭梯，有的用铁镐、铁锹挖开缺口，越进墙里，在墙根底下挖了防空洞，作为临时指挥所，营长、教导员、副营长在这里指挥战斗。进攻开始，敌人从大街小巷集中射击，二营只好从大街两边打通民房进攻，打通一个院落攻占一个院落，再向前挨次打通、攻占……二营占领朱家院后，又攻到郭家院当铺一带。这时北关已被二营控制了2/3。当攻到离城北门50米处时，敌人组织兵力，以猛烈的火力阻止二营前进。

担负南线阻敌援军的第七纵队第二十师和第二十一师，在上雕窝和上呈子之间及九子山、孤山、箕子山、七宝山等地，顽强地阻击着敌整编第九师和整编第十一师的北进。敌多次猛犯均被击退。

当敌整编第六十四师、第九师沿南（麻）临（胸）公路北上增援进至沂源三岔店一带时，我第二纵队第四师进行了顽强的阻击。第二纵队以一个师的兵力对敌两个军的兵力，致使敌人付出了相当大的代价，才得到有限的进展。

主动撤出战斗。

28日天一亮，敌人即以几个旅的兵力，摆开1~1.5千米宽的正面战场，向第二纵队猛烈攻击。第二纵队第四师十团五连二排击退敌人约一个团的十数次进攻，歼敌200余名。

到29日，在人民解放军不断地攻击下，临胸城内的敌人已伤亡过半，弥河以东及县城周围共歼敌一个多团，南关和北关大部被解放军占领，敌人被压缩到城里的狭小圈子里，行将被歼。

29 日晚，华野以 3 个纵队的兵力发起总攻。因在阴雨连绵的天气中炸药受潮，火力不济，攻击器材不足，仍未突破城垣。由南而来的援敌，以 4 个军的兵力向县城压来。由于解放军兵力不足，三岔店东西一线阵地被敌突破。敌人占领了三岔店、西井、银葫芦山等地后，继续向北进犯。华野总指挥部鉴于连续作战已达数日，战士十分疲劳，部队伤亡又大，同时连绵大雨，致使山洪暴发，粮物供应及伤员转运均十分困难，最后决定撤出战斗。

30 日晚，人民解放军分别向胶济铁路以北及诸城地区转移。战役至此结束。战役进行了 7 昼夜，大雨 7 天 7 夜未停，双方投入兵力较多，战斗异常激烈。此次战役，给敌人以重创，共毙、伤国民党军队 13800 余人，俘敌 714 人。

7 天 7 夜的临朐战役，是在大雨连绵中进行的。由于天降大雨，河水漫溢，临朐城外一片汪洋，对我军进攻十分不利。战役虽然给敌人以重创，但解放军也付出较大代价，未达全歼敌军，解放临朐县城之目的。

1947 年 7 月 30 日，临朐战役结束。31 日，华东野战军全部撤离临朐。国民党第九军（整编师）、第二十五军（整编师）、第六十四军（整编师）等，向胶济铁路东段和胶东解放区大举进攻，侵占临朐之敌第八军奉命从坊子向东进犯。为了打破敌人的攻势，粉碎敌人对胶东的进犯，华东野战军遵照中央指示，分成内外两线作战。9 月初，外线兵团进入鲁西南地区，内线兵团在胶东以一部担负阻击任务，主力跳出敌人包围圈，位于外线，待机歼敌。10 月上旬，东线兵团发起了胶河战役，并取得了大捷，扭转了胶东战局，山东战场转入了进攻。此后，我军继续反击敌人，在滨北、渤海、鲁南等地节节胜利。山东整个战局变化，迫使临朐守敌逃离，鲁中兵团一部于 10 月 20 日收复了临朐县城。

临朐战役牵制了敌军主力，完成了围城打援、掩护华野总部和苏浙皖党政机关干部群众转移的任务。当年的 8 月 7 日，陈毅司令员在总结此次战役时说，毛泽东主席发来了电报，表扬华野 7 月的作战有很大的收获。主要是把敌人的重点进攻由集中而逼迫其分散，有力地配合了刘邓大军取得鲁西大捷，实现战略计划上的伟大胜利。

临朐战役，至今已 70 多年了，战争对于今天的人们已经变得遥远而陌生。半个多世纪的光阴，把那个缔造英雄的年代推向了岁月的深处。但是，我们的记忆不能因为久沐和平的阳光而模糊，我们永远不能忘记为伟大的解放战争英勇战斗的前辈们，今天，为继承革命先烈的遗志，为加强党性教育，振兴民族大业，我们在这里，抚今追昔，重温入党誓词；在这里，我们重读民族解放的光荣历史，缅怀革命先烈，焕发继续革命的斗志。让青州战斗的民族爱国主义精神发扬光大，传承后世！

请各位领导跟我到南屋红色映像展室参观：

临朐战役中，九龙峪地区的党组织和人民群众踊跃支前，用一碗碗饭菜，一筐筐煎饼，一架架抬子（土担架），谱写了一曲军爱民、民拥军的鱼水情歌。这个展室墙上的图片就将当时的支前情况真实地记录下来。展厅里，还展出了支前民工们的"三红"和"三宝"："三红"指的是民工们肩上担的、小车上推的是大米、白面，自己吃的却是红高粱、红辣椒和红萝卜咸菜；"三宝"指的是狗皮、蓑衣和葫芦瓢，狗皮可御寒，蓑衣可挡风雨，葫芦瓢可用来喝水吃饭。民工们常把狗皮垫在伤员身下，蓑衣盖在担架和粮车上，葫芦瓢在接重伤员大小便时派上了用场。

现在，大家可以坐下来看看反映华东野战军历程的《南征北战》老电影。这部电影是八一电影制片厂两次在我们东面的弥河拍摄的，大沙河就是现实中的弥河，电影中女民兵的形象就是我们九龙峪当时的妇女主任等这些真实人物的写照。

通过对《南征北战》老电影、纪录片《陈毅元帅》的播放，借助高科技技术，给现场观众带来了巨大的心灵震撼：枪声隆隆，炮声不断，敌我双方紧张部署，运输枪支弹药，展开近距离肉搏战，我方战士登上主峰后欢呼雀跃，庆祝胜利的来之不易。作为21世纪的党员干部，我们大家认真观看了当时战役紧张的场面，一起缅怀了革命先烈为人民解放事业英勇奋斗的顽强革命精神，我们应该牢记党的教导，时时处处以一名优秀党员的标准严格要求自己，努力在个人素养、业务水平、与人相处等方面不断进步，特别是应该具有勤劳上进、不怕苦、不怕累的精神，以饱满的情绪和良好的精神状态迎接生活与工作中的每次挑战，努力成为一名优秀的党员干部。

让我们在各自的生活中，各自的岗位上，努力读懂《为人民服务》的真正含意，读懂陈毅元帅等共产党人的崇高境界和为无产阶级打天下的为人民服务精神。为建设中华民族共有精神家园、构建和谐社会增光添彩！

不忘初心，牢记使命，精神犹在，高扬理想，面向全国，走向世界。

各位领导，下面我们参观一下院子四周这些农具、畜舍和生活用品。这些都是当时解放军战士与支前群众使用过的。

（东屋前）

我们看到的这面墙上的这圈东西叫褶子，是当地老百姓圈围鸡雏、晾晒豆谷隔离鸡鸭所用。在战争年代，这圈叫褶子的东西，却成了解放军休息室里的席子，见证了老百姓对共产党军队的拥护，见证了民心所向。临朐战役期间，青州的农民，把自己晾晒豆谷隔离鸡鸭所用的褶子拆掉，给解放军做休息的席子。

（北屋前）

我们看到的这个石制品叫掐臼，是农耕时代劳动人民一种常用的生活用品。在生活用具中，掐臼是最简单耐用的东西。它分臼窝和掐锥两部分。在北方掐臼的功用一般是用来舂数量不大的糙米、杂粮、米粉和面粉，在南方还兼带着打糍粑。陈毅元帅，小地主家庭出身，打小最喜欢吃母亲做的糍粑。

墙上挂着的这对花篓的主要用途就是上山挑运柿子、地瓜、玉米等农作物的。

（后院）

我们看到的这是粮囤、鸡舍、猪圈、马棚……

（西屋前）

我们看到的这盘石磨就是当年为子弟兵磨糊子、摊煎饼用的，当然，在战斗之余，战士们都会帮老乡们推磨、倒碾，洒扫庭院。这是解放军区别于国民党部队的显著特点，是军民鱼水情的生动写照！也是我军取得胜利的法宝！

我们再看一下这面墙上这两架被称为"播种机的祖先"的耩子。

耩子是一种传统农用播种的工具。这种木制的耩子在20世纪分田到户后就少有人用了，退出农耕舞台至少30年，如果还有，那么不是朽了就是散架了，要想找个完整的估计很难。

还有大锄小锄，"杈耙扫帚扬场锨……"这些农具，都是当年解放军帮助老百姓干农活使用过的。

前些天，我国的传统民俗日历的"二十四节气"被列入联合国"非遗"名录。"传统民俗日历是农耕文化的千年沉淀。农作物的播种，无论麦田或秋田，都要掌握准确时间节气，不同季节使用不同的农具。"我听过老农民介绍，"比如'白露没有雨，犁地要早起'；'小满不满，芒种开镰'，芒种时收麦需要镰刀，打麦需要石碌子、木锨；耧子是播种时节用的；大雪时天寒地冻，用石磨磨粉，生产粉条、粉皮……"

节气与农耕文化密切相关，是"非物质的文化"。农村有广博而深厚的历史文化背景，在旧时生产力极为低下的情况下，创造了很多当时颇为先进的生产、生活工具。随着社会的不断发展，这些工具逐渐消失在人们的日常生活与视野当中。"如果不收集，我们的子孙后代怕是再也见不到或只能从影视作品中见到了。"这里展示的这些农具、畜舍和生活用品，不但使农村丢弃的生产、生活用品和畜舍有了归属，更重要的是可以记录本地及周边地区近代农村的发展与变迁，对我们的后代进行乡土历史文化教育。

（即将出院）

红色根据地青州，在土地革命、抗日战争、解放战争时期，共留下革命旧址遗迹270余处，其中转战青州的遗址就有25处，有10余处被列为市级文物保护单位，有几处被列为省级文物保护单位，希望不久的将来陈毅纪念馆也位列其中。

谁对百姓好，人民对谁亲。陈毅传奇的一生，留下了许多感人的故事。纪念馆前基地周边，鲜花、国槐环绕，与围子山青松翠柏相映成趣。

（出院）

"南天一柱百战身，将军本色是诗人。"这是郭沫若先生写给陈毅元帅的诗，元帅的诗曾受到毛泽东、党内外专家的高度评价。因此，我们还将建立陈毅元帅诗碑廊。

诚恳希望大家提出宝贵意见，以便我们进一步完善。

请各位领导跟我一起向围子山方向进发：

各位领导，我们现在可以向围子山瞭望——这是一个有古代围子墙的山头，自2015年开始，修建围子山山顶亭子三个、复建旧房屋三间，山道2500米，围子跺口周边设施在修建、修复中。在提升改造时，尊重历史，保留原有特色，传承红色历史记忆。

我们可以看到围子山上的一个个垛口和这些石屋，都是我们在历史原貌的基础上复建的。当年，陈毅元帅和他的战友们就曾在山顶的几间破旧石屋前冒雨用他的德国望远镜瞭望弥河东边的胸山、盘龙山、尼姑山，指挥临朐战役，当我们沿着现在铺设的石级——"解放军路"穿过，到达山顶时就能感受到了。

"解放军路"是当时连接东南方向——临朐县城与临朐战役指挥部的一条通道，是当年革命前辈们为了祖国事业的胜利不惜抛头颅、洒热血走过的道路。我们这里只是走"解放军路"的一小段。

当我们穿上解放军服装，带上解放军军帽，重走当年解放军小道，虽然只是一小段，还是让我们大汗淋漓，不由得唏嘘当年创业艰难，感叹现在时光美好。这不仅仅是对我们体力和耐力的小检验，更引发我们对如何走好今天的新长征路的深思。穿行于泥巴、石阶与荆棘、丛林间，当年解放军战士们的身影仿佛依然在这里跃动，那一个个奔走的身影，是对中华人民共和国诞生坚定不移的盼望和实践，那坚实的脚印好像还镶嵌在这小道上，指引我们前进的道路。在这里，大家共同聆听革命先烈的奋斗史诗，探寻共产党人的初心，感悟共产党人的使命。在物质条件渐渐改善的今天，这品质更显得弥足珍贵。向历史致敬，向历经辉煌的汗水致敬！

（山顶）

我们现在通过的围子山门，是在原来木门的基础上修缮的。进门后我们看到的这座七米高的立像就是我们敬爱的陈毅元帅，雕像栩栩如生，再现了陈毅元帅当年作为临朐战役主要指挥者的光辉形象。

陈毅生前既是一位元帅，又是一位副总理，还是中华人民共和国第二任外交部部长。陈毅是我党杰出的无产阶级革命家，一身正气，一生传奇，在广大人民群众中享有崇高威望。

红色的土地，犹如一个没有围墙的革命历史博物馆，承载着血沃中华的历史源流，在新时代展现出独具魅力的风采。

今天，走进革命老区青州，天依旧蓝，水依旧清，山清水秀之中，到处是经济与社会发展的澎湃活力与激情！

参观到此结束，谢谢大家！

2019 年 12 月 2 日

益都赤涧支前粮站解说词

——青州市党性教育基地解说词之八

樊光湘

各位领导，同志们：

　　大家好！我是潍坊市"五老"志愿者关爱宣讲团成员、党史国史宣讲队副队长，青州市"五老"志愿者关爱宣讲团副团长，目前主要从事党史宣传教育与研究工作。下面由我为大家解说。今天我们来到了青州市红色旅游景点、青州市爱国主义教育基地、青州市关心下一代教育基地、青州市党性教育基地——益都赤涧支前粮站开展现场教学活动。

　　请大家随我进入参观。

　　该粮站旧址是在 1947 年国民党重点进攻陕北和山东的时候成立的。当时，我野战部队正在与国民党部队总计 212 个整编旅或相当于整编旅的未整编师决战。

　　为什么要在赤涧设立粮站，主要是这里地理位置优越。当时赤涧村比较特殊，一个村隶属两个县。那个时候，村里有条小河，河南岸属于临朐，河北岸属于益都。到临朐也没有现在这么多的公路，只有一条老大道，这可是过去的官道，交通优势显著，再加上这里老百姓接受党的教育早、觉悟高、支前热情比较高涨。

　　对于益都县政府来说，压倒一切的任务，就是确保野战部队的粮草军需和城市居民的粮食供应。赤涧粮站发动群众征粮征草、储运粮草、加工军粮，支援前线，主要负责临朐和青州地界粮食的收藏、运输和加工。

　　紧迫的筹粮重任，刻不容缓地压在了刚刚成立、站脚不稳的益都赤涧支前粮站工作人员身上，因为此时，他们已经在益都县政府的领导下担任主角。

然而，当时的环境，却对他们极其不利。那时的青州，遍地饥饿，满目凄凉。一方面是老百姓衣不遮体、食不果腹，地主恶霸横行乡里、挥金如土；另一方面是国民党散兵、特务勾结地主、土匪、恶霸，造谣惑众，趁机作乱，与人民政府为敌，进行血腥对抗，使得心向人民政府的真正的贫下中农们，不敢接近支前粮站工作人员。赤涧支前粮站工作人员面临着成立以来的第一场严峻考验。

尽管环境与条件极其恶劣，但是要干净、彻底、迅速地歼灭国民党反动派的战略目标，却不能因此受到影响。革命的任务，却不能因此而发生丝毫折扣。就是在这种主客观因素的强烈反差中，在益都县政府的领导下，以赤涧支前粮站工作人员为主，县市区干部密切配合，开始了借粮、征粮的艰难跋涉……

在烽火硝烟的解放战争期间，紧随解放大军的前进脚步的，是益都赤涧及其周边村民艰苦卓绝的送粮支前队伍。他们用一双双大手，一辆辆手推车，一副副铁脚板，或人拉肩挑背扛，及时地将粮食饭菜弹药送到战斗前沿，为胜利提供了有力保障，谱写了一曲曲可歌可泣的篇章。

大家看，东边墙上挂着 63 张毛泽东照片，从毛泽东青年时代到晚年生活，从战争时期记录到中华人民共和国成立之后，这些珍贵的资料把毛泽东在各时代的工作、生活连贯了起来。

这两边是村里在各地收来的战争纪念品：有各式各样的子弹炮弹、发报机、枪套、红军背包……

这一幅幅图画、一件件实物、一件件模型，一下子把我们的思绪带回到那段惨痛的历史中……我们要牢记中华民族曾经遭受过的屈辱、受到的创伤，从而进一步增强使命担当，提高"民族复兴有我在"的思想自觉和行动自觉。

接下来，我们现在所看到的文物都是当时支前队员们使用的家具、炊具。左侧的这个房间是粮站的筹粮办公室，基本再现了当时的原貌，这张方桌、桌子上的算盘、煤油灯等都曾经起到过重要作用。

墙上悬挂的这五幅作品，展示的是粮站工作人员带领赤涧村和附近几个村镇，以及临朐、广饶、寿光等地老百姓征粮、储存、运粮、加工、运输的工作场景。为了避免被特务盯上，他们在藏粮的过程中群策群力：挖土屋、垒双墙、砌重堰、造假坟。粮食运到赤涧后，几千人响应号召，在几天内就把粮食做成熟食。没有交通工具，当地老百姓挑扁担、推小车，为前线战士送去了充足的食物。

现在馆内共收集的 20 世纪 40 年代以来的军用设备、农用工具，多达 200 余件，这些展品大多是村民自家收藏的"宝贝"，都是通过村民自发捐赠而来的。

前面，我们右手边这件木质风车，是分离粮食和糠的一个农具。原先庄户人家弄粮食都是用簸箕簸，效率很低。当时粮站一天进出粮食很多，簸箕簸效率太低，也不知道是谁发明了这个风车，一下子就大大提高了粮食的加工效率。大家看，木质风车底下这里是一个木轮，安上一些木板，把粮食倒进上面这个斗，转动木轮后，风就产生了，糠就被风吹出去了，剩下的就是粮食粒了。再看风车旁边这辆年代久远的木轮推车，车轮已经磨损得非常厉害，足以见得它为支前工作做了多大的贡献。在纪念馆里，为解放战争做出贡献的不仅仅是这些大物件，那些小物件中也承载着过去的艰辛。一件件蓑衣，一个个苇笠、木锨，展示的不仅仅是军民团结的意志，更加折射出了人们对那段记忆的缅怀。

"益都赤涧支前粮站展馆不是纯粹的党史馆，而是用多个角色比较、以史求论的方法，从中华民族复兴历史的大视野，全方位观察解放战争中国政治舞台上的各种政治力量，探寻历史和人民为什么会选择中国共产党。"我认为，"参观益都赤涧支前粮站，就是沿着民族救亡之路，追溯中华民族对复兴的渴望、对救亡的努力；沿着中国共产党苦难辉煌的历程，感悟中国共产党人对初心的坚守、对使命的担当"。

各位领导，同志们："红色基因是中国共产党的'传家宝'，我们有责任有义务讲好中国共产党的故事，讲好青州红色故事，传承好宝贵的革命文化、红色基因。"我在想，"党员、干部通过参观、学习，在重温历史中引发思考、接受洗礼，自觉认识到中国共产党为什么'能'，为什么中国因中国共产党而能，从而进一步坚定理想信念、锤炼坚强党性。"希望大家能够通过瞻仰革命前辈丰功伟绩、观看教育基地的历史遗迹，结合"不忘初心、牢记使命"主题教育，推进"两学一做"学习教育常态化，更加深刻地体会到，人民群众是历史的创造者，只有不忘初心、牢记使命，牢记全心全意为人民服务的宗旨，从群众中来，到群众中去，站起来当伞，为人民群众遮风挡雨；俯下身做牛，为人民群众鞠躬尽瘁，把党的路线方针政策变为群众的自觉行动，才能传承红色基因、继承发扬革命先烈的光荣传统，永远与人民同呼吸、共命运、心连心，时刻牢记共产党人的初心和使命，才能团结带领群众在全面建成小康社会的实践中，扎扎实实做好经济发展、结构调整、脱贫攻坚、民生改善、乡村振兴等各项工作，为建设"五强四宜"美丽青州、共圆复兴梦想而努力拼搏，为把青州建设成为现代化中等城市和高质量发展地区而努力奋斗。

今天的党性教育基地参观到此结束，感谢大家的莅临指导！

2019 年 11 月 15 日

参考文献

（1）樊光湘：《向青州抗日英雄学习，致敬！》，中红网——中国红色旅游网，2016年7月12日。

（2）《中共青州地方史》（第一卷1925-1949），樊光湘编著，中共党史出版社，2006年7月第1版。

（3）《中国共产党青州历史大事记》（1949-2016），樊光湘主编，线装书局，2017年11月第1版。

（4）《青州抗战专辑》，樊光湘主编，中国文史出版社，2016年1月第1版。

（5）《云门抗日烽火》，樊光湘主编，中共党史出版社，2016年12月第1版。

（6）《青州市抗战时期人口伤亡和财产损失》，樊光湘主编，中国文史出版社，2016年3月第1版。

（7）《青州人在抗日战场上》，樊光湘主编，中共党史出版社，2005年8月第1版。

（8）《中国共产党青州历史》（第二卷1949-1978）樊光湘编著，中共党史出版社，2006年7月第1版。

（9）《中共青州党史资料专题探讨与研究》（1921-1978）樊光湘主编，青海人民出版社，2010年11月版。

（10）《发展中的青州革命老区》（1949-1978）樊光湘主编，中共党史出版社，2016年8月第1版。

（11）《青州市青少年党史教育》樊光湘主编，中共党史出版社，2016年8月第1版。

（12）《青州市红色旅游指南》樊光湘主编，光明日报出版社，2017年6月第1版。

后　记

　　《红色文化蕴青州》收录了 5 篇青州红色文化宣讲稿和 8 篇党性教育基地解说词，比较系统地展示了青州红色文化的内容。日前已经付梓印刷，这是编撰人员通力合作的成果，是市镇街道各级领导和有关部门支持的结果。在此，一并深表谢意。

　　本书的编纂是在编审委员会的领导下进行的，主要依据《中国共产党历史（第一卷）》《中国共产党历史（第二卷）》《中共青州历史大事记（1949–2016）》《青州人在抗日战场上》《中共青州地方史（第一卷 1921–1949）》《中国共产党青州历史（第二卷 1949–1978）》《中共青州党史资料专题探讨与研究（1949–1978）》《青州抗战专辑》《云门抗日烽火》《青州市抗战时期人口伤亡和财产损失》《青州市青少年党史教育》《发展中的青州革命老区》《青州市红色旅游指南》等参考书目，同时，参考了其他相关党史资料。

　　该书的编撰，是继 2012 年青州市党史国史宣讲团成立之后，青州市推进红色文化宣传教育工作，发挥红色文化资政育人功能，推动红色文化宣传教育"进机关、进学校、进军营、进社区、进农村、进企业"工作的又一新举措，填补了青州市红色文化宣讲基本读本的空白，为青州红色文化教育工作者开展红色文化宣教教育工作提供了基本素材，有利于公众加深对青州红色文化的了解和认识。

　　本书所辑录的宣讲稿，正作为全市广大党员干部"开展中共党史学习教育"和全市广大青少年"传承红色基因 争做时代新人"教育活动普及红色文化的基本教材之一，在市委党校和基层单位、全市大中小学校进行宣讲，解说词已经用于红色文化教育现场教学，均受到有关领导和党员干部尤其是青少年的一致好评；有关内容曾在中红网上发表，受到许多媒体的好评和传播。遗憾的是，还有一些很好的宣讲稿和新的纪念设施解说词，由于篇幅所限，本书尚未能收入，只好以后补充完善。

该书不仅对于广大干部群众学好党的历史，增强"四个意识"、坚定"四个自信"、做到"两个维护"，决胜全面建成小康社会、开启全面建设社会主义现代化国家新征程、实现中华民族伟大复兴的中国梦，具有十分重要的指导意义，而且也是青州市首部贯穿大中小学各个学段革命传统教育的系列学习读本。用好《青州红色基地解说词》，讲好青州红色故事，有助于学校以史育人，筑牢学生的信仰之基；有助于学校课程育人，把稳学生的思想之舵；有助于校园文化育人，铸就学生的红色之魂；有助于实践育人，补足学生的精神之钙。青州市各级各类学校要重视用好《红色文化蕴青州》，打造校园多元红色文化传播平台。

今年，适逢中国共产党成立 100 周年，此书当属献礼之作。由于时间仓促，加之水平有限，书中在史实叙述的详略、判断的轻重、材料的取舍运用等方面，难免疏漏、缺失和不妥之处，恳请广大读者提出宝贵意见。

编者

2021 年 3 月